HEYNE BIOGRAPHIEN

Zu den Autoren

BERNARD CHEVALLIER ist Kunstkonservator am Schloß Malmaison und zählt zu den bedeutendsten Kennern der Kunst des Empires.

CHRISTOPHE PINCEMAILLE, ein junger Historiker, arbeitet zur Zeit über die Französische Revolution und ist Mitarbeiter der Unesco, Paris.

Bernard Chevallier
Christophe Pincemaille

KAISERIN JOSÉPHINE

Napoleons große Liebe

Deutsche Erstausgabe

Wilhelm Heyne Verlag
München

HEYNE BIOGRAPHIE
12/210

Aus dem Französischen übersetzt von
Alexandra von Reinhardt

Titel der Originalausgabe:
L'IMPÉRATRICE JOSÉPHINE

Printed in Germany 1991
Umschlagillustration: Historisches Farbarchiv
Albert Messerklinger, München
Umschlaggestaltung: Atelier Ingrid Schütz, München
Satz: Kort Satz GmbH, München
Druck und Bindung: Presse-Druck Augsburg

ISBN 3-453-05042-8

Kaiserin Joséphine.
Ausschnitt aus einem Gemälde von
Pierre-Paul Prud'hon, 1805.

Inhalt

1
Vom Kaiser gekrönt
Seite 9

2
Die kleine Amerikanerin (1763–1779)
Seite 16

3
»Ich wage zu hoffen,
daß die beiden glücklich sein werden« (1779–1783)
Seite 36

4
Problematische Zeiten (1783–1790)
Seite 53

5
»Ein republikanischer Haushalt« (1790–1794)
Seite 61

6
Die Witwe des Generals Beauharnais (1794–1795)
Seite 82

7
»Sie besuchen eine Freundin, die Sie liebt, nicht mehr« (1795–1796)
Seite 98

8
»Ich langweile mich sehr in Italien« (1796–1797)
Seite 112

9
»Wir müssen eine sehr weite Reise machen« (1798–1799)
Seite 129

10
Das Ende des Direktoriums (1799)
Seite 145

11
»Ich traue mich nicht mehr,
Bonaparte aus den Augen zu lassen«
Seite 160

12
»Ich gehe sehr spät zu Bett und stehe früh auf«
Seite 181

13
»Ich werde mich mit Kunst und Botanik beschäftigen«
Seite 195

14
»Die Kaiserin macht überhaupt keine Ersparnisse«
Seite 211

15
»Ich fühle mich jetzt mehr denn je als Kaiserin«
Seite 225

16
»Wohltuende Ruhe«
Seite 255

17
»Wie sehr schmerzt es mich,
daß der Kaiser so schändlich behandelt wurde«
Seite 266

Epilog ›Joséphine de Beauharnais‹
Seite 281

ANHANG

Zeittafel · *Seite 287*

Bibliographie · *Seite 290*

Bildnachweis · *Seite 292*

Personenregister · *Seite 293*

»Era la dama la piu graziosa di Francia.«

Napoleon

1

Vom Kaiser gekrönt

2. Dezember 1804. Im Hof der Tuilerien und auf den beflaggten Balkonen wartet eine große Menschenmenge gespannt auf das Erscheinen der Kaiserin. Kurz vor zehn Uhr tritt sie auf die Freitreppe des Palastes hinaus, eskortiert von ihren Schwagern, den Prinzen Joseph und Louis.

Joséphines majestätische Anmut beeindruckt die Höflinge. Sie sieht einfach hinreißend aus, nicht wie einundvierzig, sondern wie zwanzig. Der Friseur und die Schneider haben ein wahres Wunder vollbracht. An diesem kalten, aber schönen Morgen trägt Joséphine* eine weiße Satinrobe, bestickt mit goldenen Bienen und übersät mit Diamanten, die in der Wintersonne funkeln. Ihr Haar ist hochgesteckt und zu Ringellocken frisiert, wie es unter Ludwig XIV. modern war, und das Diadem aus Perlen und Diamanten paßt zum übrigen kostbaren Schmuck.

Nun erscheint auch Napoleon, in einem mit Gold bestickten Galarock aus rotem Samt. Mit unvergleichlicher

---

* Rose de la Pagerie, Rose de Beauharnais, Joséphine Bonaparte, Kaiserin Joséphine, Joséphine de Beauharnais ... Welchen Namen soll man wählen?

Bei der Taufe erhält sie die Vornamen Marie Joseph-Rose, und sie wird bis zu ihrer Heirat mit Bonaparte meistens Rose genannt. Napoleon beschließt 1796, sie Joséphine zu nennen – das ist die weibliche Form ihres zweiten Vornamens. Da sie unter diesem Namen weltweit berühmt wurde, haben wir beschlossen, sie von Anfang an so zu nennen.

Anmut besteigt Joséphine als erste die Karosse. Der Kaiser nimmt rechts von ihr Platz. Seine Brüder Joseph und Louis setzen sich auf die Vorderbank, mit dem Rücken zur Fahrtrichtung.

Man könnte glauben, Joséphine wäre eigens für den Thron geboren worden, so selbstsicher und natürlich tritt sie auf. Mit strahlendem Lächeln genießt sie zu Recht ihren Erfolg, denn sie hat es großartig verstanden, Widerstände zu besiegen und ständige Intrigen zu überstehen, besonders von seiten der Familie ihres Mannes. Die Gefahr einer Scheidung – diese Schreckensvision, die sie noch vor kurzem verfolgte – scheint endgültig gebannt. Napoleon hat sich geweigert, die Ratschläge seiner Brüder zu befolgen, von denen besonders Lucien der Schwägerin ausgesprochen feindselig gesonnen ist.

Gewiß, sie hat ihren Aufstieg Bonapartes Triumph zu verdanken, der sie als Napoleon erst zu Joséphine gemacht hat, aber dennoch hat sie ihr Schicksal mit bewundernswertem Geschick auch selbst mitgestaltet.

Um zehn Uhr verkündet Kanonendonner allen Parisern, daß der Festzug sich in Bewegung setzt. An der Spitze reitet Marschall Murat, Gouverneur von Paris, umgeben von seinem gesamten Generalstab. Ihnen folgen Schwadronen von Kürassieren und Karabiniers, dann die Gardejäger und die Mamelucken.

Nach den Waffenherolden sowie den zehn Berlinen für die Minister, Würdenträger und Prinzessinnen kommt endlich die Karosse des Kaiserpaares in Sicht, ungeduldig erwartet von der dichten Menschenmenge, die schon im Morgengrauen zusammengeströmt ist und entlang der Straßen von einer Doppelreihe Infanteristen in Schach gehalten wird. Die prächtige Karosse wird von acht isabellfarbenen Pferden gezogen. Das riesige Gefährt aus vergoldetem Holz hat acht Fenster und ist reich verziert mit geschnitzten Blumengirlanden, Palmwedeln und Lorbeerkränzen. Auf dem Dach prangt, auf vier

Adler gestützt, eine imposante Krone. Die Menschen können den Kaiser und die Kaiserin durch die Scheiben gebührend bewundern, denn die Kutsche bewegt sich mit feierlicher Langsamkeit.

Im Labyrinth der schmalen Straßen, die zur Kathedrale Notre-Dame führen, wäre ein zügigeres Tempo sowieso nicht möglich, zumal der Festzug durch die Zuschauermassen – schätzungsweise eine halbe Million – zusätzlich behindert wird. Es herrscht eine Atmosphäre allgemeinen Jubels, woraus man allerdings nicht zwangsläufig schließen sollte, daß die Untertanen von glühender Begeisterung und Liebe für ihren Herrscher erfüllt sind.

Es ist fast Mittag, als die Karosse Ihrer Kaiserlichen Majestäten vor dem erzbischöflichen Palast hält. Napoleon und Joséphine legen die Krönungsgewänder an. Ein Diadem aus Amethysten ziert nun das Haupt der Kaiserin, und man befestigt den schweren Krönungsmantel an ihren Schultern.

Papst Pius VII., der seit mehreren Stunden in der eisigen Kathedrale wartet, macht den resignierten Eindruck eines Opferlammes, das durch sein Wohlverhalten eine bevorzugte Behandlung seiner Staaten zu erkaufen hofft.

Die Salbung der Kaiserin ist ein bewegender Augenblick, nicht so sehr wegen der religiösen Zeremonie als solcher (denn wer glaubt noch wirklich daran?), als vielmehr wegen Joséphines Persönlichkeit. Alle Blicke folgen ihr bewundernd, als sie anmutig zum Altar schreitet und vor den Stufen niederkniet.

Napoleon läßt sich vom Papst zwar salben, doch die Krone aus Lorbeerblättern setzt er sich selbst aufs Haupt. »Er hatte große Ähnlichkeit mit einer antiken Medaille«, berichtet Mme. de Rémusat, »aber er war sehr bleich, wirklich erschüttert, und sein Gesichtsausdruck wirkte streng und ein klein wenig verwirrt.« Danach krönt er eigenhändig die vor ihm kniende Kaiserin. Joséphine erhebt sich und will neben ihrem Gemahl zum Thron

Kaiserkrönung am 2. Dezember 1804. Gemälde von David.

schreiten, kommt aber nicht von der Stelle, weil der mit Hermelin besetzte Samtmantel sie nach hinten zu ziehen droht. Die Prinzessinnen, die auf Befehl ihres kaiserlichen Bruders die Schleppe tragen sollen, haben diese aus bösartigem Neid plötzlich fallen gelassen. Der Zwischenfall entgeht Napoleon nicht, und er ruft seine Schwestern scharf zur Ordnung.

Der Papst segnet den Kaiser und ruft: *Vivat Imperator in aeternum.* Die Chöre stimmen das Tedeum an.

Um fünfzehn Uhr ist die Zeremonie beendet, und der Festzug formiert sich zur Rückkehr in die Tuilerien. Eine noch dichtere Menschenmenge als am Vormittag säumt die Straßen. Die Dunkelheit bricht herein, lange bevor das Kaiserpaar den Palast erreicht. Man hat Fackeln entzündet, deren Flammen die vergoldete Karosse feenhaft schillern lassen. Ganz Paris erliegt dem Zauber dieser Stunde, die etwas Märchenhaftes an sich hat. Auch Joséphine selbst ist nicht mehr ganz dieselbe wie noch am Morgen. Sie steht jetzt sogar über den Königinnen von Frankreich, die alle nicht gesalbt waren, mit Maria von Medici als einziger Ausnahme. Schweifen Joséphines Gedanken zurück in die Vergangenheit? Erinnert sie sich an den weiten Weg, der hinter ihr liegt, an die ferne Kindheit auf Martinique, an ihre erste Ehe, die zwar scheiterte, ihr aber zwei heißgeliebte Kinder bescherte, an die düsteren Tage des Schreckens, an das unsichere Leben im Gefängnis, an den Schatten der Guillotine, an Alexandres Hinrichtung?

Napoleon bewundert die Anmut, mit welcher Joséphine das Diadem trägt, und bittet, sie möge die Krone während des ganzen Abendessens aufbehalten, das sie in trauter Zweisamkeit einnehmen. Sehr viel später vertraut die Kaiserin Mlle. Ducrest an, das fast drei Pfund schwere Diadem sei ihr schier unerträglich gewesen. »Obwohl sie es mit dickem Samt unterlegte, drückte es sich tief in ihre Stirn ein, und sie bekam davon fast immer Migräne.«

Kaiserin Joséphine nach ihrer Krönung.

2

Die kleine Amerikanerin (1763–1779)

Als Gaspard-Joseph de Tascher, Seigneur de la Pagerie, im Jahre 1726 nach Martinique aufbricht, hofft er zwar, dort sein Glück zu machen, kann sich aber bestimmt nicht einmal in seinen kühnsten Träumen vorstellen, daß eine seiner Enkelinnen dereinst Kaiserin der Franzosen werden wird.

Die Tascher sind eine alte Adelsfamilie aus dem Blésois. Ihr Stammbaum läßt sich bis zur Mitte des 15. Jahrhunderts zurückverfolgen – sie selbst behaupten sogar, bis ins 12. Jahrhundert. Es gab nie besonders glänzende Partien, aber stets Eheschließungen mit Mädchen aus gutem Hause. Trotzdem brachten es diese Junker zu keinem Vermögen. Aus Tradition stellte man sich in den Dienst des Königs. Als Schwertadelige opferten die Tascher ihre Söhne und ihre mageren Geldmittel dem Kriegshandwerk. In einem Regiment standesgemäß aufzutreten und eine eigene Kompanie zu unterhalten, war eine kostspielige Angelegenheit – für die Tascher eine geradezu ruinöse Angelegenheit.

Gaspard-Joseph hat deshalb gute Gründe, sich auf das Abenteuer einer Umsiedlung in die Kolonien einzulassen. Amerika ist im ersten Drittel des 18. Jahrhunderts für viele Unzufriedene das Land ihrer Träume. Allerdings hat er nicht bedacht, daß man auch auf den Inseln ohne ein gewisses Anfangskapital nicht weiterkommt, daß man finanziell in der Lage sein muß, Sklaven zu kaufen, wenn man Erfolg haben will. Neger sind eine kostbare Ware und dementsprechend teuer. Außerdem bedarf es guter Beziehungen zu irgendeiner bedeutenden Persönlichkeit – einem einflußreichen Höfling, Minister oder Intendanten –, um eine Konzession für die einträglichsten Domänen zu erhalten. Mit diesen Grundvoraussetzungen kann man in den Kolonien innerhalb von zwei Generationen ein großes Vermögen erwerben. Dann eine triumphale Rückkehr nach Frankreich, wo man sich bei Hofe oder in den Pariser Salons im Ruhme sonnt und von den kolonialen Einkünften auf großem Fuße lebt.

Aber Gaspard-Joseph verfügt weder über Geld noch über gute Beziehungen, und sogar seine Vorstellungen, wie er es zu Reichtum bringen könnte, sind reichlich vage. Auf der Insel Martinique ist er anfangs gezwungen, eine Stellung bei einem Pflanzer anzunehmen – für einen Adeligen eine entwürdigende Situation.

Diese Lage bessert sich, als er im August 1734 Marie-Françoise Boureau de la Chevalerie heiratet, deren Mitgift aus einigen Ländereien auf der Insel Sainte-Lucie besteht, wo das Ehepaar sich niederläßt. M. de Tascher erweist sich jedoch als miserabler Gutsbesitzer. Bald häufen sich die Schulden, er muß Hypotheken aufnehmen, und schließlich wird der Besitz konfisziert. Die enteignete Familie nimmt daraufhin ihren Wohnsitz in Fort-Royal auf Martinique. Inzwischen gilt es, fünf Kinder zu versorgen: zwei Söhne, Joseph-Gaspard und Robert-Marguerite, geboren 1735 bzw. 1740, und drei Töchter, Marie-Euphémie-Désirée, Marie-Paule und Marie-Françoise-Rose. Der amerikanische Traum ist geplatzt, und in der harten Realität sieht die Situation der Tascher alles andere als rosig aus. Gaspard-Joseph nimmt verschiedene Stellungen als Verwalter an, doch sein Gehalt reicht nicht zum Unterhalt der großen Familie aus. Ihm bleibt nur ein einziger Ausweg aus der Notlage: Er wendet sich hilfesuchend an einen Bruder, den Abbé de Tascher, Schloßkaplan der Dauphine. Der Abbé bringt seinen Neffen tatsächlich als Pagen am Hofe der Maria-Joseph von Sachsen unter, der Mutter des zukünftigen Ludwig XVI. Der junge Joseph-Gaspard verläßt Martinique im Jahre 1751 und tritt in die Dienste von Madame la Dauphine. Vier Jahre später kehrt er mit einem Leutnantspatent auf seine Heimatinsel zurück, und nun kommt sein jüngerer Bruder als Page an den Hof der Dauphine.

Um diese Zeit läßt England, obwohl es sich im Frieden mit Frankreich befindet, zwei französische Schiffe mit Kanonen des Geschwaders von Admiral Boscawen beschießen und schmiedet Pläne zum Generalangriff auf alle französischen Kolonien. Ludwig XV. ist sich über Londons Absichten keineswegs im unklaren und organisiert die Verteidigung der Antillen. Er will vor Ort einen vertrauenswürdigen, energischen und fähigen Mann haben. Auf Empfehlungen hin ernennt der König am 1. November 1756 einen zweiundvierzigjährigen Militär, Messire François de Beauharnais, zum Gouverneur und Generalleutnant der Inseln Martinique und Guadeloupe und der französischen Antillen.

Die Karriere des neuen Gouverneurs hat sich bis dahin ausschließlich in seiner Heimatstadt Rochefort abgespielt, wo er mühelos alle militärischen Ränge durchlief und es 1754 bis zum Major der Kriegsmarine brachte. Größtenteils verdankt er das der Protektion eines einflußreichen Verwandten, des mächtigen Marineintendanten Bégon, und ohne dessen tatkräftige Unterstützung hätte er wohl auch nie die Küste der Vendée verlassen.

Die Beauharnais, im 15. Jahrhundert in Orléans, der Wiege der Familie, in den Amtsadel erhoben, haben es durch vorteilhafte Eheschließungen und durch kluge Verwaltung ihrer Güter zu beträchtlichem Einfluß und Vermögen gebracht. Das Kriegshandwerk steht ihnen seit dem 17. Jahrhundert offen, und innerhalb von zwei

Martinique – Blick auf Fort-de-France.

Generationen haben sie sich in der Marine einen Namen gemacht. Claude, François' Vater, ist Schiffskapitän und hat eine reiche Erbin geheiratet, eine Demoiselle Hardouineau, deren Familie riesige Plantagen auf Saint-Domingue besitzt. Man kann dem neuen Gouverneur von Martinique, der am 13. Mai 1757 die Reise dorthin antritt, folglich nicht absprechen, daß er ein vornehmer Herr ist. Abgesehen von seinem Gehalt – 150000 Livres – verfügt er über 100000 Livres persönliches Einkommen, während die Tascher völlig verschuldet sind und schon längst nicht mehr standesgemäß leben können.

Armut ist entwürdigend, aber sie ändert nichts am Stolz auf eine vornehme Abstammung. Zwischen Adeligen, die ursprünglich aus ein und derselben Provinz stammen, müssen sich doch Beziehungen knüpfen lassen, sagt sich Gaspard-Joseph. Es gelingt ihm tatsächlich, sich beim neuen Gouverneur einzuschmeicheln, der für

Taschers drei Töchter geeignete Stellungen findet. Désirée nimmt François de Beauharnais in sein eigenes Haus auf, zunächst wohl als Gesellschafterin für seine junge Frau. Mlle. de Tascher ist fest entschlossen, aus ihrer demütigenden Situation herauszukommen, und sie versteht es hervorragend, sich ihren Gönnern in kürzester Zeit unentbehrlich zu machen – als Freundin und Vertraute von Madame, als Geliebte von Monsieur.

Nun strebt Désirée eine reiche Heirat an, um nie in eine ähnlich prekäre Lage wie die ihrer Eltern zu geraten. Den Beauharnais mangelt es nicht an Beziehungen, und der Gouverneur ist fest entschlossen, den größten Wunsch seiner Geliebten zu erfüllen. Er wirft sein Auge auf einen jungen Erben, Alexis de Renaudin, dessen Vater auf Martinique eine bedeutende Persönlichkeit ist und auf Sainte-Lucie riesige Ländereien besitzt. Die Eltern Renaudin wollen von einer derartigen Verbindung jedoch nichts wissen, denn die Tascher haben ein schlechtes Renommee. Der Gouverneur ist keineswegs gewillt, seinen Plan aufzugeben, und er verfolgt diese Angelegenheit mit solcher Beharrlichkeit, daß seine Dienstmoral erheblich darunter leidet. An sich wäre es nämlich seine Pflicht, die Verteidigung der Antillen zu organisieren, Befestigungen errichten zu lassen, Truppenübungen durchzuführen und die Milizen auf den Ernstfall vorzubereiten.

Am 16. Januar 1759 versucht Admiral Moore eine Landung in Fort-Royal, aber seine Männer werden von Freiwilligenverbänden der Kolonisten zurückgeschlagen. Daraufhin wendet der Engländer seine Aufmerksamkeit Guadeloupe zu. Basse-Terre wird am 22. Januar eingenommen; der französische Oberleutnant Nadau du Treil versucht Widerstand zu leisten, muß aber am 26. April kapitulieren, weil er keine Verstärkungen erhält. Während dieser ganzen Zeit hat M. de Beauharnais Fort-Royal nicht verlassen, da ihn das Schicksal seines unglückseligen Offiziers weit weniger interessiert als die

Verhandlungen mit Alexis' Eltern. Der plötzliche Tod von M. de Renaudin befreit ihn von einem unnachgiebigen Gegner. Die Witwe hat nicht mehr den Mut, ihre Zustimmung zu verweigern. Sogleich wird der Ehekontrakt unterzeichnet, und die Hochzeit findet am 22. April 1759 statt.

Von nun an scheint die Zukunft der Tascher etwas gesicherter. Die junge Mme. de Renaudin setzt sich nach Kräften für ihre Familie ein. Sie verheiratet ihre Schwester Marie-Paule mit einem reichen Musketier, sie verschafft ihrem Vater eine Kommandatur bei den Milizen, sie bringt ihren Bruder Joseph-Gaspard – Oberleutnant der Küstenartillerie – als Adjutanten des Gouverneurs unter, dessen Geliebte sie trotz ihrer Eheschließung bleibt.

Sobald der König von der Katastrophe auf Guadeloupe erfährt, befiehlt er eine Untersuchung. Um seine eigene Haut zu retten, belastet François de Beauharnais den armen Nadau du Treil und dessen Offiziere. Die Angeklagten werden von einem Kriegsgericht mit Degradierung und Gefängnis in Frankreich bestraft. Doch auch Beauharnais wird trotz seiner mächtigen Protektoren seines Postens enthoben und durch einen Kreolen – Levassor de la Touche – ersetzt. Beauharnais nimmt die Schwangerschaft seiner Frau zum Vorwand, um Martinique – und somit seine Mätresse – nicht gleich verlassen zu müssen. Am 28. Mai 1760 bringt Mme. de Beauharnais in Fort-Royal einen Knaben zur Welt, der die Vornamen Alexandre-François-Marie erhält. Ein knappes Jahr später läßt sich die Abreise allerdings nicht länger aufschieben. Am 17. April 1761 geht das Ehepaar Beauharnais an Bord der Fregatte *L'Hébé*, deren Ziel Frankreich ist – wo sich seit kurzem auch Mme. de Renaudin aufhält! Da man ein Kleinkind unmöglich den Risiken einer solchen Überfahrt aussetzen kann, wird Alexandre der Obhut von Mme. de Tascher anvertraut.

Vor ihrer Abreise nach Frankreich hat Désirée noch die Zeit gefunden, die Heirat ihres Bruders Joseph-Gaspard mit Rose-Claire des Vergers de Sannois zu arrangieren. Die Hochzeit wird am 9. November 1761 gefeiert. Die Braut gehört einer der angesehensten Adelsfamilien der Kolonie an und erhält als Mitgift Liegenschaften auf Sainte-Lucie und auf Martinique.

Südlich der Bucht von Fort-Royal erstreckt sich eine Art Halbinsel, und dort besitzen die Sannois eine große Plantage namens Petite-Guinée, die nach Rose-Claires Heirat in ›La Pagerie‹ umbenannt wird. Hier läßt sich das junge Ehepaar nieder. Der Besitz – etwa fünf Hektar – erstreckt sich von der Küste bei Trou-Morin, gegenüber von drei winzigen Inseln (Trois-Ilêts), bis weit ins Landesinnere.

Im Jahre 1766 zerstört ein heftiger Zyklon das Herrenhaus, und da die nötigen finanziellen Mittel zum Wiederaufbau fehlen, zieht die Familie ins obere Stockwerk der Raffinerie. Statt der einst 150 Sklaven werden auf der Plantage nur noch etwa 20 beschäftigt, die unweit der Zuckermühle, in der Rue Cases-Nègres, untergebracht sind. In dem tropischen Klima gedeiht eine Vielzahl von Obstbäumen und Zierpflanzen. Die Gärten der ›Pagerie‹ sind voller Pflaumen-, Kaffee-, Mango- und Mandelbäume, voller Lilien, Lorbeerrosen und anderer Blumen. Besonders zur Regenzeit ist die Vegetation von geradezu überwältigender Üppigkeit.

Doch auch inmitten dieser herrlichen Natur lassen sich Geldsorgen auf Dauer nicht verdrängen. Wie sein Vater, so gerät auch Joseph-Gaspard in finanzielle Schwierigkeiten und macht Schulden. Er ersucht schließlich bei Hofe um eine Beihilfe, als Anerkennung für seine militärischen Dienste. François de Beauharnais, soeben zum Marquis erhoben, setzt sich in Versailles für ihn ein, und die königliche Administration gewährt ihm daraufhin eine Pension von 450 Livres, obwohl er keine besonderen Heldentaten vollbracht hat. Die von Engländern belagerte Insel Martinique mußte am 15. Februar 1762 kapitulieren, und in seiner Eingabe konnte sich M. de la Pagerie – damals Kommandant der Batterie von Pointe-des-Nègres – nur rühmen, dem Feuer dreier feindlicher Schiffe neun Stunden lang widerstanden zu haben, bevor man zum Rückzug gezwungen war. Die Kolonie ging in britischen Besitz über und fiel erst im März 1763, nach dem Friedensvertrag von Paris, wieder an Frankreich.

Die Notlage, in der sich Joseph-Gaspard befindet, ist nur zum Teil selbst verschuldet; hauptsächlich ist sie auf jenen Zyklon zurückzuführen, der die Insel in der Nacht vom 13. auf den 14. August 1766 heimgesucht, schwere Verwüstungen auf der Plantage angerichtet und zahlreichen Sklaven das Leben gekostet hat. Hinzu kommt noch, daß die Familie sich inzwischen vergrößert hat.

Am 23. Juni 1763 bringt Mme. de la Pagerie ein Mädchen zur Welt, das die Vornamen Marie-Joseph-Rose erhält, nach dem Großvater mütterlicherseits, Joseph des Vergers de Sannois, und der Großmutter väterlicherseits, Marie-Françoise Boureau de la Chevalerie. Das ist die zukünftige Kaiserin Joséphine. Zwei weitere Mädchen folgen: Cathérine-Désirée, geboren 1764, und Marie-Françoise, geboren 1766.

Das erste Kind hätte nach den Wünschen der Eltern ein Sohn sein sollen, doch zumindest Rose-Claire tröstet sich rasch darüber hinweg, daß Gott ihnen nur eine Tochter geschenkt hat. »Sollten wir unser Geschlecht nicht viel höher einschätzen, als wir es gewöhnlich tun?« schreibt sie ihrer Schwägerin, Mme. de Renaudin. »Ich kenne Frauen, die so prächtige Eigenschaften in sich vereinen, wie sie beim anderen Geschlecht nie anzutreffen sind. Die mütterliche Liebe macht mich schon jetzt blind und läßt mich hoffen, daß meine Tochter solchen Frauen gleichen wird. Doch selbst wenn mir diese Befriedigung zuteil werden sollte, könnte ich sie darum nicht mehr lieben als jetzt, hat sie in mir doch bereits die tiefsten Gefühle geweckt, die eine Seele überhaupt zu empfinden vermag.«

Mme. de la Pagerie hält die anmaßende Einstellung der Männer, daß sie den Frauen überlegen seien, keineswegs für eine unumstößliche Wahrheit. Der Charakter ihres Ehemanns läßt sie sogar sehr daran zweifeln. Die kleine Marie-Joseph-Rose, die zärtlich Yeyette genannt wird – ein Kosename, den die zukünftige Kaiserin in ihrer Korrespondenz mit der Mutter immer wieder erwähnt –, wächst hauptsächlich in weiblicher Gesellschaft auf, umgeben von ihren Schwestern, ihrer Großmutter Tascher, ihrer Amme Marion und den anderen Sklavinnen.

Über Joséphines erste Lebensjahre ist so gut wie nichts bekannt. Sie selbst spricht auf dem Gipfel ihres Ruhmes nur selten von ihrer Kindheit und begnügt sich mit einigen Anekdoten, die geeignet sind, zur Legendenbildung beizutragen. Ansonsten bleibt diese Zeit jedoch in undurchdringliches Dunkel gehüllt, und damit sollte ein Biograph sich abfinden, auch wenn es zugegebenermaßen frustrierend ist. Schilderungen von schmachtenden Sklaven, die hingebungsvoll den Körper der jungen Kreolin liebkosen, kann man jedenfalls getrost ins Reich der Phantasie verweisen.

Mme. de la Pagerie möchte ihren Kindern eine möglichst gute Erziehung angedeihen lassen. Deshalb kommt Joséphine 1773 zusammen mit ihrer um ein Jahr jüngeren Schwester nach Fort-Royal, ins Pensionat der ›Dames de la Providence‹ – des Ordens der göttlichen Vorsehung –, wo »junge Mädchen Schulunterricht erhalten, gute Sitten lernen und gemäß den Geboten der Religion erzogen werden«. Das Pensionat stellt sich zur Aufgabe, die Mädchen »frühzeitig zu jener Schamhaftigkeit und Sittsamkeit anzuhalten, welche die schönste Zierde ihres Geschlechts sind, sie in jener Sanftmut und Güte zu unterweisen, die man in der Gesellschaft von ihnen erwarten

Das Geburtshaus von Joséphine, heute ein kleines Museum.

Marmorstatue der Kaiserin im Park von Fort-de-France.

wird, in ihnen die Tugenden des Fleißes, der Ordnungsliebe und der Sparsamkeit zu fördern, die zur Führung eines Haushalts unablässig sind«.

Vom letzten Punkt einmal abgesehen, fallen viele dieser Lehren bei Joséphine durchaus auf fruchtbaren Boden und werden ihr später – nicht zuletzt auch als Kaiserin – zugute kommen. Was manche Leute als angeborene Charaktereigenschaften priesen – ihre Güte, ihre natürliche Anmut –, war ihr von den Kapuzinerinnen auf den ›amerikanischen Inseln unter dem Wind‹ anerzogen worden. Die Nonnen wollten freilich tugendhafte Katholikinnen heranbilden, keine gelehrten Frauen, und deshalb wurde die Bildung bedauerlicherweise sträflich vernachlässigt. Man begnügte sich damit, den Schülerinnen die elementarsten Kenntnisse zu vermitteln. Joséphine lernt lesen und schreiben, aber darüber hinaus nicht allzu viel. Ihr späteres Interesse an Botanik und Kunst zeugt allerdings von einem wachen Verstand. Sie war keineswegs jenes seichte, hirnlose Geschöpf, als das ihre Verleumder sie so oft hingestellt haben.

Joséphine bleibt in der Klosterschule, bis ihre Schwester Cathérine-Désirée im Oktober 1777 an Tuberkulose stirbt.

Gegen Ende des Jahres 1769 entreißt der Marquis de Beauharnais seinen Sohn Alexandre der liebevollen Obhut von Mme. de Tascher und läßt ihn nach Frankreich kommen. Nach der Ankunft in Paris erfährt der Knabe, daß seine Mutter schon vor zwei Jahren gestorben ist. Diese Nachricht erschüttert ihn allerdings nicht besonders, ist Mme. de Beauharnais für ihn doch eine völlig Fremde gewesen. Zudem hegt Mme. de Renaudin mütterliche Gefühle für den jüngeren Sohn ihres Geliebten und nimmt sich des Kindes liebevoll an. Als Alexandre am 15. Januar 1770 in der Kirche Saint-Sulpice getauft wird, ist Désirée seine Patin. Das ist der Beginn einer langen, innigen Beziehung. Désirée kümmert sich nicht nur um seine Erziehung, sie tröstet den Jüngling später auch, wenn er Liebeskummer hat, und berät ihn in allen Herzensangelegenheiten.

Zunächst aber geht es darum, Alexandre eine gute Bildung zu verschaffen. Der Marquis schickt ihn aufs Collège du Plessis, das auch sein älterer Bruder François besucht. Hier ist es den Schülern erlaubt, ihre eigenen Hauslehrer mitzubringen. M. de Beauharnais hat einen ehemaligen Mathematiklehrer, Antoine Patricol, mit der Aufgabe betraut, die Studien seiner Söhne zu überwachen. Im Jahre 1775 wird Patricol von Duc Louis-Alexandre de la Rochefoucauld engagiert, der einen Hauslehrer für seine Neffen Rohan-Chabot sucht.

Zusammen mit Patricol zieht auch Alexandre auf das Schloß derer von La Rochefoucauld, das in der Nähe von Andelys auf einem Hügel an der Seine erbaut ist. Hier wird ein herrschaftlicher Lebensstil gepflegt. Der Herzog, seine Mutter und seine Tante – die Duchesses d'Enville und d'Estissac – scharen im Sommer berühmte Persönlichkeiten um sich: Staatsmänner, Künstler, Wissenschaftler. Man unterhält sich über Astronomie, Agronomie und Politik, man begeistert sich für die Unabhängigkeitsbestrebungen der britischen Kolonien in Amerika. Der Unabhängigkeitskrieg ruft grenzenlose Begeisterung hervor. Duc Louis-Alexandre, ein Freund von Franklin und La Fayette, wird zum glühenden Befürworter liberaler Ideen und übersetzt die ›Unabhängigkeitserklärung der 13 Vereinigten Staaten von Amerika‹ ins Französische, um seine Landsleute damit vertraut zu machen.

Es bleibt ein Rätsel, weshalb ein Beauharnais mit offenen Armen in dieser Familie aufgenommen wurde, die zur Hocharistokratie gehörte und im Königreich sehr mächtig war. Verwandtschaftliche Beziehungen gab es nicht; folglich müssen enge Freundschaftsbande bestanden haben, die mit allergrößter Wahrscheinlichkeit von

Mme. d'Enville ausgingen. In einem Brief an Mme. de Renaudin, mit der er regelmäßig korrespondierte, berichtet Patricol, die Herzogin habe Alexandre dem Botschafter von Polen und dem Gesandten des pfälzischen Kurfürsten vorgestellt und ihn als ›große Bereicherung‹ bezeichnet, die sie der Güte des Marquis de Beauharnais verdanke. »Das ist ein sehr angenehmer Mensch«, soll sie gesagt haben, »den ich wie ein drittes Kind betrachte und dem ich mein Leben lang verbunden bleiben werde.«

Alexandre ist begeistert vom Lebensstil seiner Gönner und versucht sie möglichst perfekt zu imitieren. Er teilt den Unterricht und die Zerstreuungen seiner Gefährten, Alexandre-Louis und Armand-Charles de Rohan-Chabot, zu denen sich auch noch der Neffe des Staatsmanns Turgot gesellt hat. Eine Zeitlang interessiert sich Alexandre brennend für Astronomie, und der Herzog leiht ihm sein Fernglas, damit er die Sterne beobachten kann. Doch herrscht im Schloß durchaus keine trockene Atmosphäre der Gelehrsamkeit. Es werden auch rauschende Feste gefeiert, und der junge Chevalier de Beauharnais stürzt sich Hals über Kopf ins Vergnügen.

Patricol ist darüber sehr beunruhigt und würde ihn am liebsten von den Bällen fernhalten, weil er befürchtet, sein Schützling könnte allzu sehr von der Arbeit abgelenkt werden. Alexandre ist wie berauscht von diesen neuen Erfahrungen. »Meine liebe Patin«, schreibt er Mme. de Renaudin, »bis zu diesem Augenblick habe ich getanzt, und nun will ich den Boten nicht weggehen lassen, ohne ihm einen Brief für Sie mitzugeben. Von meiner Gesundheit brauche ich nicht zu sprechen. Nach einem Ball kann sie nur ausgezeichnet sein. Wie Sie wissen, ist Tanzen ein Universalmittel gegen alle Übel.« Er fühlt sich auf La Roche-Guyon ganz in seinem Element. »Es ist die Rede davon, daß wir morgen auf Eseln ausreiten wollen, nach dem Vorbild von Fontainebleau. ... Es wird eine fünfzehn- oder sechzehnköpfige Gesellschaft sein – die Esel nicht mitgerechnet.« Der Ton verrät einen sorglosen, lebensfrohen jungen Mann, dem das Glück hold ist.

Dank der Protektion des Herzogs, der Oberst des Saar-Infanterieregiments ist, wird Alexandre im Jahre 1777 Leutnant. Für den jungen Vicomte – er maßt sich diesen Titel an, obwohl er eigentlich nur ein Chevalier ist – wird Duc Louis-Alexandre de La Rochefoucauld zum leuchtenden Vorbild. Seine militärische Karriere profitiert von der Gunst des Herzogs; seine politische Karriere segelt im Kielwasser seines Protektors, dem er auch ins revolutionäre Abenteuer folgen wird.

Im März 1778 wird Alexandre nach Le Conquet in Garnison geschickt. Er langweilt sich zunächst schrecklich in der Bretagne. »Dies ist das Ende der Welt«, klagt er. »Ringsum nichts als Meer.« Eine Zeitlang sieht es in diesem Frühjahr dann ganz so aus, als käme es zum Krieg zwischen England und Frankreich. Weit davon entfernt, sich darüber Sorgen zu machen, hofft Alexandre ganz im Gegenteil, seinen Tatendurst im Kampfe stillen und durch Heldenmut Lorbeeren ernten zu können. »An den Küsten Englands möchte ich mir den Weg zum Erfolg bahnen, und ich wäre überglücklich, wenn ich Ihnen eines Tages aus Portsmouth oder Plymouth schreiben könnte«, heißt es in einem Brief an Mme. de Renaudin. Als dieser Wunsch unerfüllt bleibt, weil die Spannungen friedlich beigelegt werden, wendet sich Alexandre ganz anders gearteten – und viel angenehmeren – Eroberungen zu.

Getreulich berichtet er seiner Patin von seinen diversen Liebesabenteuern, und Désirée enttäuscht sein Vertrauen nicht. Sie leiht seinen Bekenntnissen ein aufmerksames Ohr, bestärkt ihn in seinem Treiben und gibt ihm weise Ratschläge, empfiehlt ihm beispielsweise, sich nicht allzu viel mit Nutten abzugeben. Der junge Beauharnais führt in der Bretagne zweifellos ein ausschweifendes Leben –

Alexandre de Beauharnais, erster Gatte von Joséphine.

Vorbilder gibt es dafür ja auch mehr als genug, sowohl unter aristokratischen Müßiggängern als auch in der Literatur, bei Schriftstellern wie Crébillon und dessen Epigonen. »Wer hätte geglaubt, daß ich in Le Conquet so glücklich sein würde? Ja, ich will es Ihnen nicht verheimlichen: Ihr Chevalier hat in dieser Gegend das Glück entdeckt. Er wird von einer bezaubernden Frau geliebt, der die Herzen der ganzen Garnison von Brest zu Füßen liegen.« Je mehr Alexandre sich amüsiert, desto kürzer werden seine Briefe. Aber woher soll man auch die Zeit für lange Episteln nehmen, wenn im Hintergrund des Raumes zwei niedliche Mädchen warten, die überhaupt kein Verständnis dafür haben, daß man sich mit etwas anderem als nur mit ihnen beschäftigen könnte? »Verzeihen Sie mir, meine liebe Patin, aber ihre schönen Augen sind meine Entschuldigung.«

Désirée hat bestimmt ihre Freude an den Eskapaden ihres Patenkindes, weil sie dadurch an ihre eigene Jugend erinnert wird. Aber gleichzeitig ist sie auch eine sehr kluge Frau: Der Jüngling soll sich die Hörner abstoßen, bevor er Ehemann und Familienvater wird. Mme. de Renaudin hat nämlich große Pläne mit ihrem lieben Alexandre. Sie möchte ihn mit ihrer Nichte Cathérine-Désirée verheiraten, um auf diese Weise eine dauerhafte Verbindung zwischen ihrer eigenen Familie und der des Marquis herzustellen. Seit der Rückkehr nach Frankreich ist ihr Einfluß auf die Beauharnais immer größer geworden: Als François' langjährige Mätresse und Alexandres Vertraute hat sie de facto die Stelle der 1767 verstorbenen Mme. de Beauharnais eingenommen.

Währenddessen macht sich M. de la Pagerie auf Martinique berechtigte Sorgen bezüglich der Zukunft seiner Töchter. Wie sollen sie gute Partien machen, wenn das Geld für eine Mitgift fehlt? Joseph-Gaspard ist sich durchaus darüber im klaren, daß eine Verbindung mit seiner Familie den meisten angesehenen Kolonisten unter diesen Umständen nicht wünschenswert erscheint. Gewiß werden sich irgendwelche Heiratskandidaten finden, zumal die Mädchen hübsch sind, aber diesen Bewerbern dürfte es dann ebenfalls am Allerwichtigsten fehlen – an Geld!

M. de la Pagerie macht deshalb keinen Hehl aus seiner Erleichterung, als seine Schwester ihm schreibt, daß der Marquis de Beauharnais im Prinzip mit ihren Plänen einverstanden sei. Wenn Cathérine-Désirée in die angesehene und begüterte Familie der Beauharnais einheiratet, wird er – M. de la Pagerie – seine beiden anderen Töchter mit ausreichenden Mitgiften ausstatten können.

M. de Beauharnais zeigt sich zufrieden, ihm auf diese Weise einen greifbaren Beweis seiner Zuneigung liefern zu können. »Ich kann Ihnen gar nicht sagen, welche Freude mir der Gedanke bereitet, durch diese Heirat der

Kinder unsere alte Freundschaft fortzusetzen.« In Wirklichkeit dürfte es Désirées ganzer Überzeugungskraft und Hartnäckigkeit bedurft haben, um den Marquis zur Zustimmung zu bewegen.

Sie lobt ihr Patenkind in den höchsten Tönen. »Ein angenehmes Gesicht, eine ausgezeichnete Figur, gebildet, geistvoll, vielseitig begabt. Und was von unschätzbarem Wert ist – alle Vorzüge des Herzens und der Seele finden sich bei ihm vereint. Jedermann liebt ihn.«

M. de la Pagerie interessiert sich aber bestimmt weit mehr für Alexandres finanzielle Lage, über die der Marquis eine Aufstellung beigefügt hat. Aus dem mütterlichen Erbe verfügt der Chevalier über ein Jahreseinkommen von 40000 Livres. Weitere 25000 Livres werden nach dem Tod seines Vaters hinzukommen. Diese mehr als reichlichen Einkünfte entheben Joseph-Gaspard der Notwendigkeit, seiner Tochter eine Mitgift auszusetzen. In Paris gibt man sich keinerlei Illusionen hin: man weiß genau, daß M. de la Pagerie bestenfalls die Überfahrt für sich und seine Tochter bezahlen kann.

Unglückseligerweise stirbt Cathérine-Désirée am 16. Oktober 1777 und macht damit die ehrgeizigen Pläne ihrer Familie zunächst zunichte. Doch Joseph-Gaspard ist nicht gewillt, diese einmalige Chance zu verpassen. Sofort propagiert er Yeyette, seine älteste Tochter, als Ersatzkandidatin. Von diesem Vorschlag ist M. de Beauharnais allerdings wenig begeistert. Joséphine ist seiner Ansicht nach viel zu alt, um ideal zu Alexandre zu passen. »Es ist wirklich ärgerlich, daß Ihre älteste Tochter nur drei Jahre jünger ist als der Chevalier. Aber dies wäre ja nicht das erste Mal, daß die jüngere vor der älteren Schwester heiratet; und da die zweite im Alter besser paßt, dürfte der Himmel selbst es so gewollt haben.«

Der Wunsch des Freundes und Wohltäters ist M. de la Pagerie Befehl. Wenn seine jüngere Tochter in Paris gefragt ist, wird sie eben dorthin gehen! Marie-Françoise, genannt Manette, ist ein hübsches und fröhliches Mädchen. Joseph-Gaspard teilt seiner Schwester mit, er werde sich im April oder Mai 1778 mit seiner Tochter auf den Weg nach Frankreich machen. Doch Manette ist der Gedanke an eine Trennung von ihrer Mutter unerträglich, und auch diese will ihr Kind nicht so weit in die Ferne ziehen lassen. Schließlich erkrankt Manette, und ihr hohes Fieber wird auf ihre schreckliche Angst vor der Abreise zurückgeführt. M. de la Pagerie weiß nicht mehr ein noch aus. Joséphine hätte zwar große Lust, sich nach Europa zu begeben, aber er traut sich nicht, sie noch ein-

Zeichnung Joséphines von Jean-Baptiste Isabey.

mal vorzuschlagen, nachdem der Marquis sie für zu alt befunden hat. Zu allem Übel sieht sie mit ihren fünfzehn Jahren wie eine Achtzehnjährige aus.

Mme. de Renaudin wird allmählich ungeduldig und treibt ihren Bruder zur Eile an. Sie befürchtet, daß ihre Pläne den Machenschaften gewisser Verwandten der Beauharnais zum Opfer fallen könnten. Alexandre ist eine so gute Partie, daß der Neid leicht zu Intrigen führen kann. Sie drängt Joseph-Gaspard, endlich abzureisen, ob nun mit einem Mädchen oder mit beiden.

Alexandre möchte zwar aus Liebe zu seiner Patin sehr gern eine ihrer Nichten heiraten, findet aber zunächst wie sein Vater, daß eine Fünfzehnjährige ihm im Alter viel zu nahe stünde. Doch als sich herausstellt, daß es nie gelingen wird, Manette nach Frankreich zu bringen, entschließt er sich, Joséphines ausgestreckte Hand zu ergreifen, allerdings unter dem Vorbehalt, daß eine Heirat für ihn nicht in Frage käme, »falls dieses Fräulein und ich einander zuwider sein sollten«, was er sich freilich selbst nicht recht vorstellen kann. »Der leidenschaftliche Wunsch dieser jungen Person, ihre Tante kennenzulernen, nimmt mich von vornherein sehr für sie ein, und ich bin überaus geschmeichelt, mit ihr bereits etwas gemeinsam zu haben: die Zuneigung, die sie dieser Tante – meiner Patin – entgegenbringt.«

Endlich sind alle Hindernisse für Yeyettes Ankunft in Frankreich überwunden. Joséphines Traum kann in Erfüllung gehen.

3

»Ich wage zu hoffen, daß die beiden glücklich sein werden« (1779–1783)

Vater und Tochter kommen Ende Oktober 1779 mit dem Kriegsschiff *L'Ile de France* in Brest an, wo sie von Mme. de Renaudin und Alexandre abgeholt werden. Désirée hat sich große Sorgen um ihren Bruder gemacht, für dessen seit langem stark angegriffene Gesundheit die Überfahrt nicht gerade zuträglich war. M. de la Pagerie hat die Seereise zwar überlebt, ist aber sehr geschwächt.

Alexandre ist überaus neugierig auf Joséphine, die er vor zehn Jahren zuletzt gesehen hat. Er erinnert sich aus seiner Kindheit an das kleine Mädchen, und seit sie als seine zukünftige Frau im Gespräch ist, versucht er sich vorzustellen, wie sie jetzt wohl aussehen mag. Seine Befürchtungen, daß er sich vielleicht nicht in sie verlieben könnte, zerstreuen sich, sobald er sie kennenlernt. Begeistert erklärt er, die Aufrichtigkeit und Sanftmut ihres Charakters übertreffe alle Schilderungen, und er bekennt mit großer Zufriedenheit, daß sie ihm gefalle.

Für die Fahrt nach Paris kauft Alexandre einen sehr bequemen Einspänner. Trotzdem kommt man nur sehr langsam voran, weil Joseph-Gaspards Kräfte keine großen Tagesetappen zulassen. In der Hauptstadt angekommen, werden Joséphine und ihr Vater im Hause des Marquis de Beauharnais, in der Rue Thévenot, untergebracht.

Am 10. Dezember 1779 wird in Anwesenheit von Familienangehörigen der Ehekontrakt verlesen. Alexandres Onkel Claude de Beauharnais ist mit seinem Sohn erschienen, ferner ein Cousin, Michel Bégon, Ehrenrat beim Parlament in Metz und Bruder des Marineintendanten. Alexandre verfügt über ein bedeutendes Kapital an Liegenschaften; hierbei handelt es sich in erster Linie um Besitztümer auf Saint-Domingue im Werte von etwa 800000 Livres. Hinzu kommen Schloß und Ländereien von La Ferté-Aurain im Blésois und die 40000 Livres Rente aus dem Erbe seiner Mutter – aber das alles gemeinschaftlich mit seinem Bruder François. Verglichen mit dem Vermögen ihres Mannes hat Joséphine nicht viel vorzuweisen: ein auf 15000 Livres geschätztes Mobiliarvermögen, das aber wie durch Zufall auf Martinique zurückgeblieben ist. Ihr Vater gewährt ihr – auf dem Papier – eine Mitgift von 120000 Livres, von denen sie allerdings nur 20000 für die dringend benötigte Aussteuer zu sehen bekommt; und auch diese Summe stammt in Wirklichkeit von der großzügigen Tante. Diese Eheschließung ist ausschließlich Désirées Werk, und da sie keine eigenen Kinder hat, schenkt sie der Nichte ihr Haus in Noisy-le-Grand, behält sich allerdings den Nießbrauch vor. Außerdem überschreibt sie Joséphine einen auf den Namen des Marquis de Saint-Léger lautenden Schuldbrief über 120000 Livres, der aus einem Erbvergleich ihres Mannes stammt. M. de la Pagerie verpflichtet sich seinerseits, seiner Tochter eine Rente von 5000 Livres zu zahlen; er kann dafür aber keine Garantien leisten, und Joséphine wird immer die größte Mühe haben, dieses Geld auch tatsächlich zu erhalten.

Die Trauung wird am 13. Dezember 1779 in der Kirche von Noisy-le-Grand vollzogen. Der Abbé de Tascher führt seine Verwandte anstelle des kranken Brautvaters dem Bräutigam zu. Diese Hochzeit ist kein großartiges Fest mit vielen Gästen, sondern eine sehr schlichte Zeremonie im engsten Kreise. Es sieht fast so aus, als hätte man eine eher lästige Formalität möglichst schnell hinter sich bringen wollen.

Das junge Paar lebt im Hause des Marquis. Alexandre und Joséphine, neunzehn und sechzehn Jahre alt, kennen sich noch sehr wenig, und ihnen ist auch nicht allzu viel Zeit vergönnt, um sich richtig kennenzulernen, denn im Juli 1780 muß Alexandre zu seinem in Brest stationierten Regiment zurückkehren. Diese frühzeitige Trennung hat eher nachteilige Folgen für die Ehe der beiden jungen Menschen. Anstatt das Zusammenleben zu lernen, müssen sie sich mit einem Briefwechsel begnügen, in dem sie einander Liebe und Treue schwören, ohne die wahre Bedeutung dieser Worte zu kennen. Alexandre neigt zudem von Natur aus zum Mißtrauen und hält in seiner ausschweifenden Phantasie bald alles für möglich. Dem kurzen Traum vom Glück folgt Hoffnungslosigkeit und ein Unglück, das er – wenngleich ungewollt – selbst verschuldet.

Auf der fernen Insel hat Mme. de la Pagerie gewisse düstere Vorahnungen. Sie bangt um ihre Tochter und spürt die Gefahren, die das junge Paar bedrohen. Ihre Sorge kommt in einem Brief an Désirée deutlich zum Ausdruck. »Ich wage zu hoffen, daß die beiden glücklich sein werden. Diese Ehe ist Ihr Werk, und deshalb sollte auch das Glück des Paares Ihr Werk sein. Sie können auf die beiden Ihren Einfluß geltend machen, und ich bitte Sie, liebe Schwester: pochen Sie auf Ihre Rechte. Meine Tochter ist noch sehr jung; in der großen Welt, die sie nun betreten hat, wird sie Rat benötigen, und ich bitte Sie um den Freundschaftsdienst Ihrer guten Ratschläge. Sie haben sich wie eine zärtliche Mutter für sie eingesetzt; bewahren Sie ihr auch in Zukunft Ihr Wohlwollen.«

Alexandre kommt am 1. August 1780 in der Garnisonstadt Brest an. Vor seiner Abreise hat er seine Frau der Obhut seines Vaters und seiner Patin anvertraut. »Abgesehen davon, daß sie dir mit Rat und Tat zur Seite stehen können«, hat er Joséphine erklärt, »werde ich auch ruhiger sein, weil sie dich immer dazu anhalten werden, mich zu lieben.« Doch schon bald nach der Trennung kommt es aufgrund viel zu hoher beiderseitiger Erwartungen zu Mißverständnissen, Verstimmungen und Enttäuschungen. Alexandre stellt an seine Frau extrem hohe Ansprüche, und Joséphine quält ihn mit geradezu infantiler Eifersucht. Der Vicomte hat von seinem Lehrer Patricol eine sehr stark ausgeprägte Pedanterie übernommen. Bildung gehört seiner Ansicht nach zu den unabdingbaren Voraussetzungen für jeden kultivierten Menschen, der in der Gesellschaft etwas gelten will, und da er selbst vielseitige geistige Interessen hat, erwartet er von seiner jungen Gefährtin einen ähnlichen Lerneifer. Er weiß natürlich, wie miserabel es um ihre Allgemeinbildung bestellt ist, und hält sie immer wieder dazu an, ihre erheblichen Wissenslücken zu schließen. »Ich bin begeistert, daß Du den Wunsch verspürst, Dich weiterzubilden«, schreibt er ihr und fügt hinzu, daß die erworbenen Kenntnisse ihr ja auch Überlegenheit über andere verschaffen und ihr selbst geistige Genüsse bescheren würden. »Wenn Du einen Teil des Tages Deinen Studien widmest, wirst Du auf diese Weise das Nützliche mit dem Angenehmen verbinden.«

Neben diesen eindringlichen Appellen an ihren Lerneifer häufen sich in seinen Briefen die Klagen über Joséphines Schreibfaulheit, und allmählich wird er mißtrauisch: verbirgt sich hinter einer gleichgültigen nicht vielleicht eine untreue Ehefrau? Wahrscheinlich sind es hauptsächlich die Neckereien und anzüglichen Bemerkungen seiner Kameraden über das häufige Ausbleiben von Briefen, die diesen Verdacht nähren. Es gelingt ihm nicht, seine Ohren vor solchen Einflüsterungen zu verschließen, und seine gegenteiligen Beteuerungen klingen nicht allzu überzeugend: »Was auch immer über das schwache Geschlecht gesagt wird – ich kenne Deine Charakterfestigkeit, ich zweifle nicht an Deiner zärtlichen Liebe, und beides zusammen garantiert mir, daß Du aufrichtig bist. Mein Vertrauen muß mir das Deinige eintragen, und wenn ich es noch nicht besitze, so gebe ich doch keineswegs die Hoffnung auf, es zu erringen.« Das hört sich so an, als wollte er sich selbst davon überzeugen, daß er geliebt und begehrt wird, während er im tiefsten Innern doch befürchtet, betrogen zu werden.

Joséphine überschüttet ihn ihrerseits mit tausend Vorwürfen, beschuldigt ihn, sie zu vernachlässigen, und beschwert sich über viel zu kurze Briefe. Gekränkt über ungerechte Beschuldigungen dieser Art, verteidigt sich Alexandre, er sei nicht immer Herr über seine Zeit und müsse es deshalb leider manchmal bei wenigen Zeilen belassen. Dieses sachliche Argument leuchtet Joséphine allerdings nicht ein. Dieses erste Ehejahr, das von leidenschaftlichen Liebesschwüren, aber auch von Mißklängen und heimlichen Vorbehalten gekennzeichnet ist, endet mit einer Wiederannäherung während Alexandres Urlaub. Als er sich danach im Frühjahr nach Verdun in Garnison begibt, ist Joséphine schwanger. Er reicht für Ende August und für September ein neues Urlaubsgesuch ein, um seiner Frau bei der Entbindung zur Seite stehen zu können. Doch mittlerweile sind am Ehehimmel erneut dunkle Wolken aufgezogen. Mme. de Renaudin ist darüber sehr besorgt und beauftragt Patricol, seinen ehemaligen Schüler nach den Gründen für die Zwistigkeiten zu befragen. Alexandres Antwort offenbart das Ausmaß seiner Desillusion: »Als ich Mlle. de la Pagerie kennenlernte, glaubte ich, mit ihr glücklich zusammen leben zu können. Ich nahm mir sofort vor, ihre Bildung zu fördern und die Versäumnisse von fünfzehn Jahren durch meinen Eifer wettzumachen. Kurz nach unserer Heirat habe ich jedoch bei ihr einen Mangel an Vertrauen festgestellt, was mich sehr bestürzt hat, da ich mir besondere Mühe gab, ihr dieses Vertrauen einzuflößen: und diese Erkenntnis hat – wie ich Ihnen offen gestehe – meinen Eifer etwas gedämpft, ihr zu mehr Wissen zu verhelfen. Ich habe jedoch versucht, Entschuldigungsgründe für ihr Verhalten zu finden, und ich habe an meinen Plänen festgehalten, bis ich erkennen mußte, daß ich nur meine Zeit vergeudete, weil sie denkbar wenig Lust zeigte, sich irgendeine Bildung anzueignen. Daraufhin habe ich beschlossen, meinen Plan aufzugeben und die Erziehung meiner Frau anderen Leuten zu überlassen. Anstatt meine Freizeit zu Hause mit einer Person zu verbringen,

Zeichnung Joséphines von Pierre-Paul Prud'hon.

die nichts zu sagen hat, gehe ich viel häufiger aus, als ich eigentlich vorgehabt hatte, und ich führe teilweise wieder mein altes Junggesellenleben. Bitte glauben Sie mir, daß es mir durchaus nicht leichtfällt, auf das Glück zu verzichten, das ich mir von einer guten Ehe versprochen habe. ... Auch jetzt noch würde ich ein gemütliches Zuhause den Freuden vorziehen, die das gesellschaftliche Treiben zu bieten vermag. Ich dachte, ich könnte meine Frau – wenn ihr wirklich etwas an mir liegt – durch mein Verhalten dazu bringen, sich mehr anzustrengen, ich dachte, sie würde nun bemüht sein, jene Eigenschaften zu erwerben, die ich schätze und die mich zu fesseln vermögen. Aber genau das Gegenteil ist eingetreten! Anstatt Lerneifer zu entwickeln, ist meine Frau nur maßlos eifersüchtig geworden und vergällt mir damit das Leben. Das ist der gegenwärtige Stand der Dinge. Sie will, daß ich mich ausschließlich mit ihr beschäftige; sie will wissen, was ich rede, was ich mache, was ich schreibe usw., und es kommt ihr gar nicht in den Sinn, daß sie sich dieses vollständigen Vertrauens erst würdig erweisen müßte, indem sie gebildeter und dadurch liebenswerter zu werden versucht.«

Man kann nicht umhin, an die Befürchtungen von Mme. de la Pagerie zurückzudenken: »Meine Tochter ist noch sehr jung; in der großen Welt, die sie nun betreten hat, wird sie Rat benötigen.«

Alexandre hat ein gefügiges Mädchen erwartet – schließlich wollte er ja zunächst die kleine Manette heiraten – und statt dessen eine junge Frau gefunden, die wenig Neigung verspürt, eine aufmerksame Schülerin zu spielen. Joséphine bemüht sich durchaus, ihre Sache gut zu machen, aber der ständig wiederholten Forderungen ihres Ehemanns wird sie bald überdrüssig. Sie will gefallen und arbeitet daran, aber auf ihre eigene Weise, ohne jegliche Hast. Mit der Bildung läßt sie sich noch etwas Zeit, denn im Augenblick gilt es, andere Schwierigkeiten zu überwinden. Sie muß sich an ein fremdes Land, an ein ungewohntes Klima und an neue Menschen gewöhnen, und das erfordert ihre gesamte Energie. Zudem ist Alexandres häufige Abwesenheit nicht gerade ein Stimulans zu übermäßigen Anstrengungen.

Der Lehrer hat versucht, seinen ehemaligen Schüler zur Vernunft zu bringen: Patricol hat Alexandre klargemacht, daß er an den Eheproblemen nicht unschuldig ist, daß er selbst durch seine Ungeduld und Hartnäckigkeit bei seiner Frau jene Gleichgültigkeit in bezug auf Bildung bewirkt hat, die er ihr jetzt vorwirft, daß er sie durch seine Methoden gekränkt und gedemütigt hat. Der Hauslehrer rät Mme. de Renaudin, einen Aufenthalt auf dem Land zu nutzen, um die Vicomtesse mit der Literatur, mit guten Autoren vertraut zu machen. »Und wenn die Gesundheit ihres Herrn Vaters es erlaubt, sollte er ihr Geschichte und Geographie beibringen.« Daneben gelte es aber auch, Mme. de Beauharnais davon zu überzeugen, daß sie Alexandre nicht durch Szenen, durch Schroffheit und Tyrannei für sich gewinnen kann, daß er sie liebt und begehrt, daß eine Frau aber auch Eigenschaften entwikkeln muß, um den Mann in den langen Intervallen zwischen der Leidenschaft an sich zu fesseln. Im Gegensatz zur Geliebten ist die Ehefrau eine Gefährtin für das ganze Leben, und deshalb darf das Fundament dieser Beziehung nicht nur vergängliche Leidenschaft sein, sondern unverbrüchliche Freundschaft. Soweit also Patricols Ratschläge.

Es hat der Intervention des Duc de La Rochefoucauld beim Kriegsminister, Marschall de Ségur, bedurft, um Alexandre Urlaub zu verschaffen. Am 3. September 1781 wohnt er in der Rue Thévenot der Geburt seines Sohnes bei, der am nächsten Tag in der Kirche Saint-Sauveur auf den Namen Eugène getauft wird. Doch auch dieses Kind kann eine neuerliche Entzweiung nicht verhindern. Der Vicomte hält an seinem Plan eines Italienaufenthalts von unbestimmter Dauer fest. Weder Joséphines Tränen noch Désirées Vorwürfe noch der kleine Eugène können ihn von seinem Vorhaben abbringen. Am 1. November 1781 schifft er sich in Antibes nach Genua ein, und kurz darauf reist M. de la Pagerie nach Martinique zurück. Mme. de Beauharnais kommt sich verlassen vor; ihr bleiben nur die mütterliche Zuwendung ihrer Tante, die Zuneigung ihres Schwiegervaters und die Beschäftigung mit ihrem Söhnchen.

Alexandre bleibt acht Monate in Italien. Es ist für ihn keine reine Bildungs- oder Kulturreise. Er flieht vielmehr vor seinen Eheproblemen und hofft, unterwegs Abstand und Einsichten zu gewinnen. So kehrt er denn auch mit vielen guten Vorsätzen Ende Juli 1782 nach Paris zurück und versöhnt sich mit seiner Frau. Die kleine Familie zieht in ein Haus in der Rue Neuve-Saint-Charles. Doch fehlt Alexandre und Joséphine die Zeit, ihre Wiederannäherung zu genießen. Schon nach knapp drei Monaten kehrt er zu seinem Regiment nach Brest zurück. Sie ist erneut schwanger.

Seit Eugènes Geburt erträgt es Joséphine nicht mehr, wie ein Schulmädchen behandelt zu werden, und sie reagiert gereizt auf Alexandres Ermahnungen. Sie hat von einem Mann geträumt, der ihr die Freuden von Paris zeigen würde; statt dessen hat sie es mit einem Schulmeister zu tun, der an ihr herumnörgelt und ihr eine regelrechte Klosterschulatmosphäre zumutet. Sie erträgt seinen ganzen Charakter nicht mehr, seine Impulsivität, seinen herrischen Ton, seine Selbstgefälligkeit. Ihre Liebesglut – vielleicht sollte man besser von Verliebtheit sprechen – erlischt, und angesichts der Gleichgültigkeit seiner Frau gerät auch Alexandres Flamme ins Flackern. »Wie kommt es zu diesen widerstreitenden Gefühlen?« fragt er sie. »Wirst Du mir verzeihen, teure Freundin, daß ich Dich verlassen habe, ohne Abschied zu nehmen, ohne Dir noch ein letztes Mal zu sagen, daß ich Dir ganz gehöre?«

Alexandre kann sich den Zwängen des Militärlebens nicht entziehen, speziell seit Marschall de Ségur beschlossen hat, der häufigen Abwesenheit der Offiziere ein Ende zu setzen. Joséphine fürchtet sich vor dieser neuerlichen Trennung und verdächtigt ihn der Untreue. Er protestiert heftig, beteuert seine lauteren Absichten und verlangt von ihr mehr Vertrauen: »Du solltest mir soviel Herz und Verstand zutrauen, daß ich meine Pflichten als Vater und Ehemann nicht vergesse und mich korrekt benehme.« Auch er ist sich ihrer nicht sicher und beschwört sie deshalb, die grausamen Opfer, zu denen sein Dienst ihn zwingt, mit ihm gemeinsam zu tragen. Er fühlt sich hin und her gerissen zwischen der Liebe zu seiner Frau und der Liebe zum Ruhm, und wenn er sich für letztere entscheidet, so glaubt er das doch zum Wohle seiner Familie zu tun. Er will Joséphine mit militärischen Erfolgen und Titeln imponieren, und obwohl ihre Vorwürfe ihn schmerzen, ist er überzeugt davon, daß sie ihm eines Tages für seine Opferbereitschaft dankbar sein wird. Er schreibt ihr einen Brief nach dem anderen, doch ihre Antworten lassen genauso wie früher auf sich warten. Ihre Gleichgültigkeit quält ihn, und er hat Anwandlungen von Hoffnungslosigkeit. In seinen Briefen macht das vertraute ›Du‹ einem kalten und distanzierten ›Sie‹ Platz. »Das Beste wird sein, wenn ich versuche, Sie zu vergessen. ... Ach, wie oberflächlich sind Ihre Gefühle! Sie haben mich nie von Herzen geliebt. Ich werde mich bemühen, es Ihnen gleichzutun. Falls unsere Ehe schiefgehen sollte, was ich zu befürchten beginne, werden nur Sie daran schuld sein.«

Doch ein Brief von seiner Frau genügt, um seine Verbitterung hinwegzuschwemmen. Dann macht er sich schwere Selbstvorwürfe. »Du hast völlig recht, meine teure Freundin, es ist schlimm, daß ich so schnell an Deiner Liebe und Treue zweifle und Dir mein Leid klage. Meine Ungerechtigkeit tut mir schrecklich leid, und ich bitte Dich tausendmal um Verzeihung. ... Ich verspreche Dir, mich in Zukunft ruhiger und besonnener zu verhalten.« Aber er ist außerstande, sich zusammenzunehmen, und jedes neuerliche Schweigen Joséphines führt zu Klagen und Vorwürfen. Sie scheinen sich gegenseitig zu mißtrauen.

Alexandre hat sich freiwillig zur Verteidigung der Antillen gemeldet, die wieder einmal von den Engländern bedroht werden. Seit September wartet er in Brest auf die Abreise. Am 18. November 1782 kann er endlich an Bord der *Vénus* gehen. Er hat gerade noch Zeit, seiner Frau einige letzte vorwurfsvolle Zeilen zu schreiben: »Wenn Ihr Wankelmut unabänderlich ist, lassen Sie es mich bitte wissen, damit ich Sie nie wiederzusehen brauche. Entschuldigen Sie diesen Brief, aber ich bin vor Zorn völlig außer mir.«

Während der langen Überfahrt versucht er, seine Melancholie und seine düsteren Vorahnungen abzuschütteln und sich einzureden, daß seine Frau ihn doch ein wenig liebt. Als sein Schiff am 21. Januar 1783 endlich in Fort-Royal anlegt, begibt er sich unverzüglich zu seinen Schwiegereltern. Er überrascht M. de la Pagerie bei der Zuckerherstellung auf einer vor kurzem neu erworbenen Plantage. Die arme Manette siecht an Skorbut dahin. Alexandre hätte sie gern mit einem seiner Kameraden verheiratet, muß diesen Plan aber aufgeben, nicht nur wegen Manettes Krankheit, sondern auch, weil Joseph-Gaspard so verschuldet ist, daß er keine Mitgift aufbringen könnte. »Die allgemeinen Vorstellungen von den Reichtümern dieses Landes sind etwas utopisch«, notiert Alexandre. »Die hervorragenden Bodenerträge in guten Jahren lassen leicht in Vergessenheit geraten, daß häufige Stürme enorme Schäden anrichten, deren Behebung so kostspielig ist, daß von lukrativen Einnahmen keine Rede sein kann und statt dessen Schulden gemacht werden müssen.«

In der herzlichen Familienatmosphäre schöpft Alexandre neue Hoffnung auf ein glückliches Familienleben. Er legt Joséphine ans Herz, sich gut um den kleine Eugène zu kümmern, Müßiggang – die Ursache ihrer Pflichtversäumnisse – zu vermeiden und sich mit allen Einzelheiten der Haushaltsführung vertraut zu machen, denn »nach meiner Rückkehr werden wir unseren eigenen Hausstand gründen müssen, und Du weißt ja, wie wenig ich mich dazu eigne, einen Haushalt zu führen«.

Sobald in den nächsten Monaten ein Schiff aus Frankreich ankommt, hofft er auf Nachrichten von Joséphine, erhält aber keinen einzigen Brief von ihr. Erneut befällt ihn starke Unruhe: »Ich erinnere mich daran, meine teure Freundin, daß Sie mir einmal gesagt haben, ich würde es merken, wenn Sie mir untreu wären, sei es nun an Ihren Briefen oder an Ihrem Verhalten mir gegenüber.« Sein Mißtrauen wächst, und damit auch seine Überzeugung, daß es zwischen ihnen aus und vorbei sei. Während Joséphine auf die leidenschaftlichen Appelle ihres Mannes nicht mehr reagiert, setzt sie nämlich die Korrespondenz mit ihren Eltern fort. Der Vicomte kennt den Inhalt einiger dieser Briefe, er weiß, daß sie sich über ihn alles andere als schmeichelhaft äußert, daß sie zugibt, ihre leidenschaftlichen Gefühle für ihn seien erloschen. »Die Trennung hat diesen Wandel herbeigeführt. ... Ich bin ein Verlassener«, klagt er in seinem Brief vom 29. April 1783. Er muß damit rechnen, nicht einmal über die Geburt seines Kindes von seiner Frau informiert zu werden. »Ich werde zu meinem Vater oder meinen Freunden Zuflucht nehmen müssen, um eine derart wichtige Neuigkeit zu erfahren.«

Am 10. April 1783 bringt Joséphine in der Rue Neuve-Saint-Charles ein Mädchen zur Welt, das die Vornamen Hortense-Eugénie erhält. Bei der Taufe wird ausdrücklich betont, der Vater, Vicomte de Beauharnais, befinde sich derzeit »im Dienste des Königs in Amerika«.

Mme. de Beauharnais entgeht nicht den Verpflichtungen junger Aristokratinnen. Bei ihrem Eintritt in die große Welt kommt Joséphine ihr natürliches Auftreten zugute, verbunden mit einem unbeschreiblichen Charme. Zweifellos hat Mme. de Renaudin ihr die Umgangsformen, das Lächeln und die kunstvoll dosierten Schmeicheleien beigebracht, ohne die man in der mondänen Gesellschaft der Pariser Salons nicht akzeptiert wird. Einmal in diese Geheimnisse eingeweiht, versucht die Vicomtesse in den Salons zu glänzen, und die Türen der vornehmen Häuser öffnen sich ihr bereitwillig, denn die junge Kreolin ist von einem reizvollen Hauch Exotik umgeben. Man schätzt ihre Gesellschaft. Alexandre kocht im fernen Amerika vor Wut, als er durch eine Indiskretion von Joséphines Zofe erfährt, daß die Damen – Mme. de Renaudin und Mme. de Beauharnais – sehr viele Verpflichtungen haben, daß sie Bälle und Soupers besuchen.

Wohlverstanden, Joséphine verkehrt nur in den Kreisen, die den Beauharnais genehm sind. Man findet sie bei den La Rochefoucauld und bei den Rohan-Chabot. Manchmal stattet sie der berühmten Literatin Fanny de Beauharnais einen Besuch ab, die inmitten einer Schar von Bewunderern Hof hält und sogar einen Restif de la Bretonne und einen Sébastien Mercier zu ihren Gästen zählen kann.

Auch Joséphine empfängt in ihrem Salon in der Rue Neuve-Saint-Charles eine kleine ausgesuchte Gesellschaft: einige vornehme Damen und einige Kameraden von Alexandre, die sie galant über die Abwesenheit ihres Mannes hinwegtrösten wollen, wie beispielsweise jener Chevalier de Bertrix, den sie kaum drei Wochen nach Hortenses Geburt zum Abendessen einlädt: »Madame la Vicomtesse de Beauharnais gibt sich die Ehre, Monsieur de Bertrix mitzuteilen, daß sie wieder empfängt und jederzeit entzückt sein wird, ihm ein Hühnchen zu offerieren.«

Alexandre versucht, Joséphine durch herzzerreißende Klagen zu erweichen, doch das sind nur Finten, denn in Wirklichkeit weiß er sich durchaus zu trösten. Seit seiner Ankunft auf Martinique dienen seine flehentlichen Appelle und seine Wutanfälle nur dazu, die Wahrheit zu verschleiern. Er ist nicht allein gekommen; wenn ihn melancholische Anwandlungen überkamen, als sein Schiff sich von der französischen Küste entfernte, so gab es dagegen ein probates Heilmittel.

In Brest hat er nämlich Mme. de Longpré, geb. Laure de Girardin, getroffen, eine Kusine zweiten Grades von Joséphine, die elf Jahre älter als der Vicomte ist und nach dem Tode ihres Mannes auf ihre Heimatinsel Martinique zurückkehren will. Ihre Freundschaft mit Désirée bringt sie Alexandre rasch näher, und sie beschließen, die eintönige Überfahrt gemeinsam zu machen. Laure läßt sich dabei weniger von Gefühlen als von ihren Interessen leiten. Ein Liebesabenteuer mit Alexandre reizt sie ungemein, denn durch einen starken Einfluß auf den von seiner Frau enttäuschten Vicomte hofft sie ihre Position als Frau von Welt stärken zu können. Daneben gefällt ihr Alexandre aber auch sehr gut. Wie sollte sie auch dem Charme eines Mannes widerstehen können, der zu einer Zeit, als das Tanzen eine Kunst ist, den Ruf des besten Tänzers von Paris genießt?

Laure de Longpré organisiert mit frappierender Bosheit die Zerstörung des Haushalts Beauharnais. Sie intrigiert äußerst geschickt gegen Joséphine; meisterhaft verschlagen, treibt sie ein übles Spiel mit dem Vicomte. So berichtet sie ihm von angeblichen Gerüchten über den unmoralischen Lebenswandel seiner Frau als ganz junges Mädchen. Zwei Sklaven, Brigitte und Louis, sollen ihre Komplicen bei ihren Liebesaffären mit einem M. de B. und einem M. de H. gewesen sein. Letzteren soll sie noch kurz vor ihrer Abreise nach Frankreich empfangen haben, als sie bereits Alexandre versprochen war. Der Vicomte ist angesichts dieser Nachrichten völlig außer sich, ohne den Wahrheitsgehalt der schweren Anklagen auch nur in Frage zu stellen. »Hätte ich Ihnen im ersten Zorn geschrieben, so hätte meine Feder das Papier versengt.« Aus dem, was er nun über die Vergangenheit zu wissen glaubt, schließt er sofort auf die Gegenwart und wirft Joséphine die schlimmstmögliche Beleidigung an den Kopf, wobei er völlig vergißt, wie sehr er sich noch vor kurzem über die Geburt seiner Tochter gefreut hat: »Was soll ich von diesem letzten Kind halten, das acht Monate und einige Tage nach meiner Rückkehr aus Italien zur Welt gekommen ist? Ich bin gezwungen, es anzuerkennen, aber ich schwöre bei Gott, daß es von einem anderen Mann ist, daß fremdes Blut in seinen Adern fließt.«

Als die Familie La Pagerie von Alexandres schweren Vorwürfen gegen ihre Yeyette erfährt, stellt sie sich geschlossen hinter sie. Empfindlich in seiner Ehre getroffen, schreibt Joseph-Gaspard dem Schwiegersohn im August 1783 einen kurzen ironischen Brief. »Das sind also die Früchte Ihrer Reise und des Feldzugs, den Sie gegen die Feinde des Staates zu führen gedachten, der sich aber letzten Endes darauf beschränkt hat, Krieg zu führen gegen den guten Ruf Ihrer Frau und gegen den Frieden ihrer Familie.«

Damit ist der Bruch zwischen M. de la Pagerie und dem Vicomte vollzogen. Mme. de la Pagerie gibt Laure de Longpré die Schuld an allem. Diese Frau, die ihren Verwandten wohl nie allzu freundlich gesonnen war, hat Alexandre derart den Kopf verdreht, daß er nicht mehr weiß, was er tut. Um ihn mit seiner Frau zu entzweien und für immer an sich zu binden, ist Laure jedes Mittel recht gewesen, und der Vicomte ist ein Opfer ihrer Intrigen geworden. Das ist für Mme. de la Pagerie die einzig mögliche Erklärung. Wie könnte ein vornehmer und gebildeter Mann sich sonst derart schändlich benehmen? In einem Brief an den Marquis de Beauharnais billigt sie ihrem Schwiegersohn mildernde Umstände zu: »Er hat gute Eigenschaften, ein gutes Herz. Ich bin überzeugt davon, daß er sich nichts vorzuwerfen hat. Solche Gemeinheiten sind einfach unvereinbar mit einem edlen, sensiblen Charakter. Als er uns zum letztenmal besuchte, schien er verwirrt und erschüttert zu sein. Er versuchte sogar, mir aus dem Wege zu gehen, meine Gegenwart zu meiden. Sein Herz sagte ihm wohl bereits, wie unangebracht sein Verhalten war.« Mme. de la Pagerie hält es aber für ausgeschlossen, daß ihre Tochter weiter mit einem Mann zusammenleben könnte, der sie dermaßen verleumdet, es sei denn, er würde ihr Beweise seiner aufrichtigen Reue liefern.

»O meine arme Tochter, ich fühle all Ihre Schmerzen in meiner eigenen Brust, und sie lassen mich weder bei Tag noch bei Nacht zur Ruhe kommen. Kehren Sie hierher

Kaiserin Joséphine. Gemälde von Jean-Baptiste Isabey.

zurück, damit Ihre Tränen sich mit jenen einer zärtlichen Mutter vereinen können. Alle Ihre Freundinnen stehen auf Ihrer Seite, lieben Sie zärtlich und werden Sie trösten. Geben Sie sie mir zurück, Monsieur, schenken Sie mir einen neuen Lebensinhalt. ... Leben Sie wohl, Monsieur, ich lege Ihnen meine Tochter ans Herz. Sie sind ein guter Vater, ein guter Freund, ein kluger, urteilsfähiger Mann. Diese Überzeugung lindert ein wenig meine Sorgen und Leiden.«

Doch je mehr Vorwürfe sich Alexandre von allen Seiten wegen seines Verhaltens anhören muß, desto mehr versteift er sich darauf, völlig im Recht zu sein. Einige Wochen vor seiner Überfahrt nach Frankreich im August 1783 teilt er Joséphine mit, er wünsche nicht, sie bei seiner Rückkehr in seinem Hause vorzufinden. »Haben Sie deshalb die Güte, sich sofort nach Erhalt dieses Briefes in ein Kloster zu begeben. Das ist mein letztes Wort, und nichts wird mich umstimmen können.« Allerdings werde er sich ihrer Rückkehr nach Amerika nicht widersetzen.

Bei seiner Ankunft in Frankreich im Oktober 1783 äußert er sein Befremden darüber, daß Joséphine sich noch nicht ins Kloster zurückgezogen hat, und empfiehlt ihr noch einmal, sich seinen Wünschen zu beugen. Alle Bemühungen seines Vaters und seiner Patin, die das Schlimmste verhüten wollen, bleiben fruchtlos, ebenso auch die Ratschläge des Duc de La Rochefoucauld, in dessen kleinem Stadthaus Alexandre sich einquartiert hat, weil er nicht unter einem Dach mit seiner Frau leben will. Auf die Appelle zur Mäßigung zu hören, würde bedeuten, die neu gewonnene Freiheit wieder aufzugeben, und dazu ist er nicht bereit, denn Laure de Longpré befindet sich ebenfalls wieder in Paris, und er glaubt, ohne sie nicht mehr leben zu können. Der schwere Vorwurf des Ehebruchs soll es ihm erlauben, Joséphine als Geächtete aus der Gesellschaft zu verbannen.

4

Problematische Zeiten (1783–1790)

Ende November 1783 zieht sich Joséphine in die Abtei Panthémont in der Rue de Grenelle zurück, um der Tyrannei eines Ehemanns zu entkommen, der sie in aller Öffentlichkeit verdammt. Im Kloster ist sie keineswegs von der Pariser Gesellschaft ausgeschlossen, sondern kann dort im Gegenteil ihre mondäne Ausbildung zur Vollendung bringen. Die Äbtissin Marie-Cathérine de Béthisy nimmt sie unter ihre Fittiche, und Joséphine ist imstande, ihren Bekanntenkreis erheblich zu erweitern, denn das Kloster ist eine Art großes Logierhaus für vornehme Damen, die vorübergehend einen Unterschlupf benötigen, sei es, weil ein Scheidungsverfahren im Gange ist, sei es aus anderen Gründen. Die unglückselige Vicomtesse wird allgemein bedauert: Man bemitleidet die verstoßene Ehefrau und verteidigt ihre Ehre. Ihr Unglück bringt ihr in diesen Kreisen ein gewisses Renommee ein.

Nicht nur ihre eigene Familie ist empört; auch die Beauharnais sind sehr betroffen. Mme. de Renaudin läßt ihre Nichte auch in dieser Schicksalsprüfung nicht allein und begleitet sie ins Kloster, damit Joséphine nicht zu allem übrigen auch noch vereinsamt.

Die junge Vicomtesse hat sich zwar dem Willen ihres Mannes gebeugt, ist aber fest entschlossen, ihre Ehre zu verteidigen. Mit Hilfe ihrer Tante entwirft sie einen

Angriffsplan, an dessen siegreichem Ausgang sie nicht zweifelt.

Am 8. Dezember 1783 erhebt Joséphine vor einem königlichen Kommissar im Châtelet Klage gegen Beauharnais, wodurch diesem ein öffentlicher Prozeß droht. Der Schuß trifft genau ins Schwarze: Um zu verhindern, daß sein Unrecht an die große Glocke kommt, beugt sich Alexandre nun doch dem Druck seiner Umgebung und seiner Freunde.

Am 3. Dezember 1785 trifft Joséphine ihn beim Notar. Der Vicomte gibt zu, keinerlei Beweise für seine Beschuldigungen gehabt zu haben, und er entschuldigt sich für seine beleidigenden Briefe. Ein künftiges Zusammenleben ist jedoch ausgeschlossen, und so einigt man sich auf eine Trennung im gegenseitigen Einvernehmen. Joséphine stimmt dieser Lösung – anstelle einer formellen Scheidung – zu, »um ihren Kindern den stärksten Beweis ihrer Mutterliebe zu liefern«. Sie hat einen großen Sieg errungen und ihre Würde zurückerlangt. Von nun an kann sie ihren Wohnort selbst bestimmen. Alexandre gewährt ihr eine Jahresrente von 6000 Livres. Das Sorgerecht für die beiden Kinder wird aufgeteilt: Eugène wird seinem Vater zugesprochen, Hortense ihrer Mutter.

Mit zweiundzwanzig Jahren ist Joséphine wieder ein freier Mensch und kann über eine Summe von 11000 Livres im Jahr verfügen – vorausgesetzt, daß ihr Mann und ihr Vater ihr die Renten korrekt zukommen lassen. Zweifellos ist diese vorteilhafte Regelung in erster Linie dem außerordentlichen Geschick von Mme. de Renaudin zu verdanken, und ihr Bruder gratuliert ihr denn auch zu ihrem Sieg über den ›hirnlosen‹ Alexandre. »Wenigstens einmal im Leben hat die Unschuld gesiegt«, schreibt er ihr, »denn leider geht es auf dieser Welt nicht immer gerecht zu. Sie haben sehr viel für sie getan; sie verdient es und wird Ihnen bestimmt zeit Ihres Lebens dankbar sein.«

Die Schande eines öffentlichen Skandals ist vermieden worden, aber die Trennung des Ehepaars macht es erforderlich, die materielle Situation neu zu überdenken. In das Haus in der Rue Neuve-Saint-Charles, das auf Alexandres Namen gemietet ist, kann Joséphine nicht zurückkehren, zumal er sein Einkommen, das den Großteil des gemeinsamen Familienvermögens darstellte, mitgenommen hat.

Joséphine, Mme. de Renaudin und der Marquis de Beauharnais müssen sich von nun an einschränken. Sie beschließen, Paris zunächst einmal zu verlassen – zweifellos in der Hoffnung, damit auch schmerzliche Erinnerungen hinter sich lassen zu können. Désirée trennt sich von ihrem Haus in Noisy, dessen Unterhalt zu teuer ist. Wo soll man sich niederlassen, ohne sich zu weit von Paris und damit von den Freunden zu entfernen? Fanny de Beauharnais, die in Fontainebleau lebt, überredet sie, dorthin zu ziehen. Die kleine Familie mietet ein Haus in der Grand-Rue, bevor 1787 ein anderes in der Rue de France gekauft wird. Etwa um diese Zeit gibt Joséphine einem damals beliebten Pastellmaler, Joseph Boze, den Auftrag, sie und die kleine Hortense für 288 Livres zu porträtieren.

Das Leben in Fontainebleau ist sehr eintönig. Es gibt nur wenig Abwechslung. Fontainebleau ist nicht Versailles; König Ludwig XVI. hält sich immer seltener dort auf. Seine Anwesenheit – manchmal jagt er im Wald – ist jedesmal ein wichtiges Ereignis. Joséphine, die niemals bei Hofe vorgestellt worden ist, gelangt natürlich nicht in die Nähe des Monarchen, aber sie verfolgt die königlichen Jagdgesellschaften wenigstens aus der Ferne.

Die Gesellschaft von Fontainebleau hat etwas leicht Provinzielles an sich, das Joséphine sogar gefallen könnte, wenn sie aus freien Stücken und nicht gezwungenermaßen hier wäre. Vorbei ist das mondäne Pariser Leben! Allerdings lernt die charmante junge Vicomtesse auch hier bald interessante Leute kennen. Sie schließt Freundschaft mit der Familie des Schloßverwalters, Comte Luce de Montmorin, und mit der Familie des königlichen Kammerjägers François Hüe. Sie begegnet den Eltern der Äbtissin von Panthémont, Vicomte und Vicomtesse de Béthisy, und sie verkehrt im Salon der alten Marquise de Moulins, einer angeheirateten Verwandten von Mme. de Chastenay, die sehr reich ist und weniger begüterten Freunden großzügig unter die Arme greift.

Joséphine hat allerdings so große Sorgen, daß sie schier verzweifeln würde, wäre da nicht die kleine Hortense. Das Töchterchen schenkt ihr viel Freude, Trost und Kraft. Sie rühmt auch ihren Sohn Eugène, den Alexandre in einem vornehmen Internat untergebracht hat. »Ich stelle mit Befriedigung fest, daß er sich genauso vorteilhaft entwickelt wie seine Schwester. Sein Vater liebt ihn sehr und läßt mir allwöchentlich Nachricht über ihn zukommen. Ich halte ihn über seine Tochter gleichermaßen auf dem laufenden.«

Schloß Fontainebleau.

Sorgen bereitet Joséphine zum einen der schlechte Gesundheitszustand ihrer Tante, die das Bett hüten muß und ständiger Pflege bedarf. Zum anderen steht es um Joséphines finanzielle Lage nicht zum besten. Das Schreckgespenst der Armut taucht wieder am Horizont auf. »Ich besitze nichts, und es fehlt mir an allem«, klagt sie. Alexandre hat seine Besitztümer in Frankreich verkauft, um seine hohen Ausgaben decken zu können. Seine Mätressen kosten ihn viel Geld, denn er neigt dazu, sie verschwenderisch auszustatten. Alte Rechnungen aus der Zeit des gemeinsamen Haushalts mit Joséphine bleiben hingegen unbeglichen, so daß die beunruhigten Lieferanten sich schließlich an Mme. de Beauharnais wenden. Sie bestätigt zwar, daß die Einrichtungsgegenstände tatsächlich geliefert wurden, erklärt aber wahrheitsgemäß, daß die Sachen sich seit der Trennung nicht mehr in ihrem Besitz befinden. Einem dieser Gläubiger schreibt sie: »M. de Beauharnais hat gleich nach seiner Ankunft in Paris alles

verkauft; er muß am besten wissen, was aus den Möbeln geworden ist. ... Was Schmuck betrifft, so war ich sehr erstaunt über eine Rechnung, die mein Schwiegervater mir vor vierzehn Tagen vorlegte. Der Juwelier hat sämtliche Gegenstände aufgeführt, die M. de Beauharnais anläßlich der Eheschließung geliefert wurden; viele dieser Gegenstände waren für ihn selbst bestimmt oder wurden von ihm als Geschenk verwandt. Der Juwelier wollte von mir eine Bestätigung haben, daß ich all diese Sachen erhalten hätte. Er erklärte, er bräuchte diese Bestätigung, um mit dem Vicomte zu einer Übereinkunft kommen zu können. Ich erklärte mich jedoch nur bereit, ihm eine Aufstellung jener Schmuckstücke zu geben, die ich tatsächlich von M. de Beauharnais erhalten habe und die sich in meinem Besitz befinden. Dabei handelt es sich um ein Paar Ohrringe, zwei Armreife, eine Uhr und sein mit kleinen Diamanten geschmücktes Ordensband.«

Notgedrungen wird Joséphine zur Bittstellerin – eine Rolle, in der sie es bald zur Meisterschaft bringt. Sie bestürmt das Steueramt, ihr die Kopfsteuer zu ermäßigen, und ein mitleidiger Beamter läßt sich tatsächlich erweichen. »Durch unglückselige Umstände war ich Ende des Jahres 1783 gezwungen, mich in die Abtei Panthémont zurückzuziehen. Seit zwei Monaten lebe ich in Fontainebleau, zusammen mit meinem Schwiegervater und meiner Tante, habe aber in besagter Abtei eine kleine Wohnung behalten, die mich 300 Livres Miete kostet. Nun soll ich eine Kopfsteuer in Höhe von 66 Livres, 15 *sols* und 3 *deniers* bezahlen. Ich erlaube mir, Sie darauf aufmerksam zu machen, Monsieur, daß ich finanziell völlig von meinem Mann abhängig bin, der seinen Wohnsitz in Paris hat, nachdem wir uns in gegenseitigem Einvernehmen getrennt haben. Falls Sie nach diesen Ausführungen auf der Bezahlung der Kopfsteuer beharren sollten, muß ich leider erklären, daß diese Summe, gemessen an meinen Möglichkeiten, exorbitant ist.«

Sie drängt ihren Vater, ihr über ihren Onkel oder über Geschäftsleute in Hamburg Wechsel zukommen zu lassen, und als sie im Mai 1787 2789 Livres erhält, klagt sie, das reiche nicht einmal, um ihre Gläubiger zufriedenzustellen. Ihren Notar Trutat bittet sie immer wieder um Vorschußzahlungen. Joséphines Kritiker haben ihr immer Verschwendungssucht und unverantwortlichen Leichtsinn vorgeworfen, ohne nach den zugrundeliegenden Motiven zu fragen und ohne zu erwähnen, daß dieser sorglose Umgang mit Geld bei der Aristokratie jener Zeit durchaus keine Seltenheit war. Joséphine muß um jeden Preis ihre gesellschaftliche Stellung behaupten, und da ihre Einkünfte dazu nicht ausreichen, bedient sie sich eben aller möglichen Mittel, um wenigstens den Schein zu wahren. Schulden sind zwar lästig, aber keineswegs ehrenrührig.

Mit der Zeit langweilt sie sich in Fontainebleau immer mehr. Sie sehnt sich nach den Zerstreuungen von Paris, nach den glänzenden Empfängen, nach alten Freunden. Muß sie sich wirklich mit einer ereignislosen Zukunft abfinden? Etwas in ihr lehnt sich gegen diese Aussicht auf. Ihr Glück liegt in Paris, davon ist sie überzeugt, und sie möchte in die Metropole zurückkehren, alte Beziehungen neu knüpfen und sich amüsieren. Das einzige Hindernis ist wieder einmal ihr Geldmangel, denn ihre Renten würden ihr in der Hauptstadt noch weniger als in Fontainebleau jenes standesgemäße Leben erlauben, das ihr in ihren Träumen vorschwebt. Der unerwartete Besuch eines Schweizer Freundes der Beauharnais erweist sich als rettender Strohhalm.

Die Begegnung zwischen Joséphine und dem Bankier aus Neuchâtel, Denis de Rougemont, ist ein entscheidender Moment im Leben der zukünftigen Kaiserin. Durch seine Vermittlung knüpft sie Kontakte zur internationalen Hochfinanz, von der sie bald unterstützt wird und die im Gegenzug von ihren Empfehlungen profitiert.

Während des mehrtägigen Aufenthalts in Fontainebleau freundet sich Mme. de Rougemont mit Joséphine an, und diese verbringt daraufhin mit Hortense den ganzen Winter als Gast im Pariser Haus der Rougemont. Endlich kann sie sich wieder am gesellschaftlichen Leben beteiligen, und sie genießt diese Zeit von ganzem Herzen. Doch ist das natürlich keine Dauerlösung. Sie ist sich durchaus bewußt, daß sie nicht ständig von der Mildtätigkeit ihrer Freunde leben kann, weil sie dadurch die Zukunft ihrer Tochter gefährden würde. Doch wie könnte sie ihre Situation verbessern? Nach Aussage ihres Onkels Tascher gehen die Geschäfte ihres Vaters in den letzten Jahren besser als früher. Hat er 1786 nicht ein Einkommen von 70000 Livres angegeben? Unter diesen Umständen müßte es ihm doch möglich sein, so glaubt Joséphine, ihr wenigstens einen Teil der versprochenen Mitgift auszuzahlen, von der sie bisher nichts gesehen hat. Sie beschließt, nach Martinique zu reisen, um diese finanziellen Angelegenheiten zu regeln. Daneben hat sie aber auch ein tiefes Bedürfnis nach der Wärme und Zuneigung ihrer Familie. Denis de Rougemont leiht ihr 6000 Livres, und im Juni 1788 macht sie sich mit der fünfjährigen Hortense auf den Weg nach Le Havre, von wo aus Mutter und Tochter die lange Überfahrt antreten.

Über ihren Aufenthalt auf Martinique, der immerhin länger als zwei Jahre dauert, ist so gut wie nichts bekannt. Königin Hortense weiß in ihren *Mémoires* später nur zu berichten, daß sie mit ihrer Mutter auf den Plantagen ein ›ruhiges Leben‹ führte. Zunächst ist auf der Insel von den stürmischen Ereignissen der Revolution von 1789 nicht viel zu spüren, doch bald kommt es auch in den Kolonien zu heftigen Unruhen und Kämpfen, und im September 1790 verschärft sich die Lage derart, daß Joséphine sich in aller Eile zur Rückkehr nach Frankreich entschließt und mit Hortense an Bord der Fregatte *La Sensible* geht, deren Zielhafen Toulon ist.

5

»Ein republikanischer Haushalt« (1790–1794)

Als Joséphine an einem Oktobermorgen des Jahres 1790 in Toulon an Land geht, ahnt sie nicht, daß sie schon bald in den wilden Strudel der geschichtlichen Ereignisse geraten wird. Die politische und soziale Landschaft Frankreichs hat sich infolge der Umwälzungen grundlegend gewandelt. Die Monarchie hat ihren göttlichen Charakter eingebüßt, und der König hat seine absolute Macht verloren. Die Privilegien sind abgeschafft worden, der Ständestaat ist verschwunden. Die Vicomtesse de Beauharnais ist jetzt nur noch eine Bürgerin wie alle anderen. Der Sturm der Reformen hat soviel Althergebrachtes hinweggefegt, daß der Duc de Liancourt den wenig scharfsinnigen König, der von einer Revolte sprach, energisch korrigierte: »Nein, Sire, das ist eine Revolution!«

Trotz des langen Aufenthalts bei den Eltern ist es Joséphine nicht gelungen, ihre finanziellen Angelegenheiten zu regeln, und bei ihrer Rückkehr nach Paris hat sie sogleich wieder mit materiellen Sorgen zu kämpfen. Da sie nicht nach Fontainebleau zurück möchte, bezieht sie Beauharnais' Haus in der Rue des Mathurins und läßt daran verschiedene Arbeiten durchführen, die erst im Jahre 1806 bezahlt werden. Die Trennung hat zwar den Bruch mit Alexandre besiegelt, aber Joséphine ist nach wie vor Mme. de Beauharnais. In jenem Stadium der Revolution werden Adelsprädikate durchaus noch mit

Stolz benutzt, während das wenig später als Provokation gelten wird. Joséphine stellt erstaunt fest, daß der Name Beauharnais plötzlich mit großem Prestige verbunden ist. Ihr Mann ist zu einer wichtigen Persönlichkeit geworden. Er ist ein berühmter Politiker, ein Held der ersten Stunde. Im Frühjahr 1789 anläßlich der Einberufung der Generalstände zum Abgeordneten des Adels von Blois gewählt, hat Alexandre sich in Versailles sofort jener Minderheit von Aristokraten angeschlossen, die grundlegende Reformen verlangen und illustre Namen tragen: Der Duc d'Aiguillon und der Duc de La Rochefoucauld gehören ebenso dazu wie die Menou, Montmorency, Luynes, Lameth, Montesquiou, Clermont-Tonnerre, Lally-Tollendal... Sogar der Vetter des Königs, der Duc d'Orléans, zählt zu diesem Kreis von Reformern.

Alexandre begeistert sich für die liberalen Ideen. Den Ruhm, der ihm im Militärdienst bisher versagt blieb, hofft er nun in der Politik erlangen zu können. Er gehört der Partei der Patrioten an, die in der Nationalversammlung die Mehrheit haben, und die Freundschaft von Louis-Alexandre de La Rochefoucauld öffnet ihm alle Türen.

Bei den Debatten in der Nationalversammlung und im Jakobinerclub fällt Alexandre de Beauharnais bald positiv auf. Als glänzender Redner und attraktiver Mann – letzteres ist in den Augen der Damen ein wichtiger Faktor – genießt er rasch große Popularität. Man reißt sich um ihn, man buhlt um seine Freundschaft. Und ein Abglanz dieses Ruhmes fällt auch auf Joséphine. Niemand mißt der Tatsache, daß das Ehepaar in Trennung lebt, irgendeine Bedeutung bei; und Alexandre denkt zwar keineswegs an eine Wiederaufnahme des Zusammenlebens, legt seiner Frau gegenüber jedoch ein zuvorkommenderes Benehmen an den Tag. Ihr Name macht Joséphine zu einer gefragten Person. Alexandre und sie verkehren in denselben Salons, und sie kann ihren Bekanntenkreis vergrößern und Kontakte mit Politikern knüpfen.

Nach Mirabeaus Tod wird Alexandre zum Präsidenten der Jakobiner gewählt, und er ist Präsident der Nationalversammlung, als König Ludwig XVI. im Juni 1791 zusammen mit seiner Familie einen Fluchtversuch unternimmt. Alexandre, dadurch auf einmal der erste Mann im Staat, schließt sich der Meinung La Fayettes, des Kommandanten der Nationalgarde, an, man müsse die Sache als Entführung des Königs durch die Feinde der Revolution hinstellen. Diese politisch opportune Version wird denn auch verbreitet, und auf diese Weise werden die

Eine Sitzung des Jakobinerclubs –
im Mittelpunkt ein Modell der zerstörten Bastille.

Flüchtlinge zu Opfern, die Verfolger werden zu Befreiern. Es geht darum, die Ruhe aufrechtzuerhalten, und das gelingt Alexandre mit dieser Taktik tatsächlich.

Sein Erfolg färbt weiterhin auf Joséphine ab. Sie erlangt jetzt jene Bekanntheit, nach der sie sich in der Anfangszeit ihrer Ehe so gesehnt hat. Sie ist nicht mehr einfach Mme. de Beauharnais, sondern die Frau des Präsidenten der Nationalversammlung, der zu den bedeutendsten Persönlichkeiten im Jakobinerclub gehört. Weil ihr Mann mächtig ist, hält man Joséphine für einflußreich, und sie hat zwar kein persönliches Machtbedürfnis, genießt es aber von Herzen, eine hohe gesellschaftliche Position einzunehmen, in der mondänen Welt etwas zu gelten, umworben zu sein. Sie genießt die süßen Früchte des Ruhmes ihres Mannes – und trotz gelegentlicher schwerer Schicksalsschläge wird sich daran im Grunde bis zu ihrem Tod im Jahre 1814 nichts ändern, auch wenn der Ehemann bald nicht mehr Alexandre de Beauharnais, sondern Napoleon Bonaparte heißt.

Joséphine verkehrt in den verschiedensten politischen Kreisen, bei Revolutionären und Konterrevolutionären, bei Gemäßigten und Radikalen. Sie lernt Alexandres Freunde von der Konstituante kennen, sie pflegt regen Umgang mit La Fayette, d'Aiguillon, Crillon, Menou, mit Hérault de Séchelles, mit dem Marquis de Caulaincourt, dem Vater des späteren Herzogs von Vicenza. Im Palast des Prinzen von Salm-Kyrburg, dem Treffpunkt der linken Mitglieder der Konstituante, ist sie ein gern gesehener Gast und gewinnt die Freundschaft der Schwester des Prinzen, der Prinzessin Amalia von Hohenzollern-Sigmaringen. Befreundet ist sie auch mit der Marquise de Montesson, der morganatischen Ehefrau des Duc d'Orléans, und dadurch lernt sie deren Nichte, Mme. de Genlis, und die Literaten des *Almanach des Muses* kennen. Doch man sieht sie ebenso in der Umgebung von Charlotte Robespierre, der Schwester des ›Unbestechlichen‹.

Nach getaner Arbeit – die neue Verfassung wird am 3. September 1791 verkündet – löst sich die Konstituante am 30. September auf, und die Deputierten verzichten auf eine Wiederwahl in die Gesetzgebende Versammlung – die Legislative –, um neuen politischen Kräften Platz zu machen. Alexandre stellt sich nun erneut in den Dienst der Armee und wird als Generaladjutant im Range eines Oberstleutnants beim Generalstab geführt. Wachsende Spannungen zwischen Frankreich und Österreich, das konterrevolutionäre Emigranten unterstützt, beschwören 1792 eine zunehmende Kriegsgefahr herauf. Am 20. April 1792 entscheidet sich die Legislative einstimmig dafür, Leopold II. den Krieg zu erklären. Alexandre meldet sich sofort beim dritten Armeekorps, das von Marschall de Rochambeau befehligt wird.

François de Beauharnais hat eine völlig andere politische Einstellung als sein jüngerer Bruder: Er emigriert, und daraufhin wird das Haus in der Rue des Mathurins beschlagnahmt. Joséphine, die nun kein Dach mehr über dem Kopf hat, sieht sich gezwungen, ein Haus in der Rue Saint-Dominique zu mieten, das sie mit einer Bekannten von Martinique teilt – mit Marie-Françoise Hosten-Lamotte, geb. de Louvigny, einer reichen Kreolin von der Insel Sainte-Lucie. Von dieser Frau wird Joséphine nun in die aktivsten konterrevolutionären Kreise eingeführt, die sich aus Anhängern des Ancien Régime, aus Agenten der internationalen Hochfinanz und aus der mächtigen Gruppe der reichen Plantagenbesitzer in den Kolonien zusammensetzen. Das hindert Mme. de Beauharnais selbstverständlich nicht daran, auch mit Revolutionären aller Schattierungen regen Umgang zu pflegen. Das ist damals durchaus üblich. Reaktionäre und Revolutionäre treffen sich in den Salons, diskutieren miteinander, verbünden sich mitunter sogar. In dieser toleranten Atmosphäre macht sich zunächst noch niemand Sorgen um die Zukunft.

Das ändert sich allerdings schlagartig nach dem 10. August 1792, als die königliche Familie beim Sturm auf die Tuilerien gefangengenommen und im ›Temple‹ interniert wird. Im September wird in Frankreich die Republik ausgerufen. Eine zweite Emigrationswelle von Adeligen setzt nun ein. Auch Joséphine bekommt es mit der Angst zu tun und will wenigstens ihre Kinder in Sicherheit brin-

Der Sturm auf die Tuilerien am 10. Oktober 1792.

gen. Der Prinz von Salm, der mit seiner Schwester, der Prinzessin von Hohenzollern, nach England fliehen möchte, erklärt sich bereit, Eugène und Hortense mitzunehmen und als seine eigenen Kinder auszugeben. Doch sobald Alexandre von diesen Plänen erfährt, schickt er einen Kurier los, der die kleine Reisegruppe noch rechtzeitig in Saint-Paul im Artois einholt. Alexandre bittet

Gemälde von J. Bertaux, um 1800.

den Prinzen in seinem Schreiben, die Kinder nach Paris zurückzuschicken. Sie sollen ihre Heimat nicht verlassen. Und Joséphine hat unter der Trennung von Eugène und Hortense so gelitten, daß sie trotz ihrer Ängste überglücklich ist, als sie die beiden Kinder wieder in die Arme schließen kann.

Alexandre vermag sich beim besten Willen nicht vorzustellen, daß seine Familie in Gefahr geraten könnte, und das ist durchaus verständlich, setzt er doch zu jener Zeit seinen militärischen Aufstieg fort. Gewiß, es gibt besorgniserregende Ereignisse: Sein Protektor und Freund, der Duc Louis-Alexandre de La Rochefoucauld, ist in Gisors ermordet worden, und in Paris wird sein ehemaliger Spielkamerad Charles de Rohan-Chabot niedergemetzelt. Doch Alexandre selbst ist am 7. September 1792 zum General der Rheinarmee befördert worden, und im Juni 1793 schlagen ihn einflußreiche alte Gefährten wie Barère de Vieuzac vom Wohlfahrtsausschuß, Tallien vom Konvent und Réal von der Kommune sogar für den Posten des Kriegsministers vor. Doch die Sansculotten mißtrauen diesem Adeligen, und es kommt wegen seiner Kandidatur zu hitzigen Debatten im Generalrat der Kommune von Paris. Alexandre hält es daraufhin für klüger, das Angebot abzulehnen.

Allmählich mehren sich auch die Stimmen, die dem General vorwerfen, er könne zwar mitreißende patriotische Reden halten und lange Berichte schreiben, aber keine Armee befehligen. Diese Vorwürfe werden immer lauter, nachdem Mainz, das von den Österreichern belagert wurde, am 23. Juli 1793 kapitulieren mußte, weil General de Beauharnais sich mit seinen Truppen viel zu spät in Bewegung gesetzt hat. Alexandre weiß, daß sein Stern im Sinken ist, und am 3. August reicht er sein Entlassungsgesuch ein. Er verläßt Straßburg Ende August und zieht sich in seine Heimatprovinz zurück, wo er politische Verantwortung zu übernehmen hofft. Sofort nimmt er

Der Scharfrichter hält der Menge den Kopf des Königs entgegen.

Kontakt zur Jakobinergesellschaft von Blois auf und ruft in seinem Dorf La Ferté-Beauharnais ein Komitee der revolutionären Überwachung ins Leben. Am 11. Oktober 1793 schreibt er seinem Vater: »Mein Kopf ist niemals müßig: ich zerbreche ihn mir ständig zum Wohle der Republik, genauso wie mein Herz nur für das Glück meiner Mitbürger schlägt.«

Bereits am 21. Januar 1793 ist der König durch die Guillotine hingerichtet worden. Seitdem hat sich sowohl die außenpolitische als auch die innenpolitische Lage immer mehr zugespitzt. Die Jakobiner haben die gemäßigten Girondisten gestürzt. Der Wohlfahrtsausschuß regiert mit absoluter Vollmacht. Robespierre errichtet eine Diktatur. Ein politischer Gerichtshof des Revolutionstribunals setzt die Menschenrechte praktisch außer Kraft. Die ›Schrekkensherrschaft‹ ist in vollem Gange. Täglich rollen die Karren mit Verurteilten zum Schafott. Berühmte Köpfe rollen: Marie-Antoinette wird ebenso hingerichtet wie der Duc d'Orléans. Niemand ist in jenem Herbst 1793 mehr seines Lebens sicher.

Joséphine sucht nach einem Zufluchtsort außerhalb von Paris, nach einem Unterschlupf, wo sie in Vergessenheit zu geraten hofft. In Croissy, einem hübschen kleinen Dorf westlich der Hauptstadt, besitzt Mme. Hosten ein Haus, das sie seit 1791 vermietet. Joséphine hat sich dort schon mehrmals aufgehalten, und im September 1793 zieht sie dorthin um. Am 26. September wird die Bürgerin Beauharnais in der Gemeindeverwaltung vorstellig, um ihren Bürgerausweis zu erhalten, der einen gewissen Schutz vor willkürlicher Verhaftung auf offener Straße bietet. »Das Dorf Croissy«, berichtet Pasquier in seinen *Mémoires*, »war nicht in die Revolutionswirren verwickelt worden. ... Es verdankte seine Ruhe einem verheirateten Priester, dem ehemaligen Ortspfarrer, der Bürgermeister geworden war. Er war ein aktiver und mutiger Mann. ... In seiner Gemeinde fanden alle möglichen Leute Zuflucht. Ohne zu zögern, hatte er einen der bekanntesten und deshalb sehr gefährdeten Kleriker aufgenommen, M. de Pancémont, den ehemaligen Pfarrer der Kirche Saint-Sulpice und späteren Bischof von Vannes. Inmitten solcher Menschen war das Dorfleben sehr angenehm. ... Unsere Nachbarin war Mme. de Beauharnais, und wir hätten uns damals nicht träumen lassen, daß sie einmal einen so wundersamen Aufstieg erleben würde.«

Joséphine trifft in Croissy enge Freunde von Alexandre. Sie steht in enger Verbindung mit Réal, dem Staatsanwaltsvertreter von Paris, der sie mit Tallien bekanntmacht, einem der Sekretäre des Pariser Magistrats. Verlassen kann sie sich auch auf das Konventsmitglied Barère, einen Weggefährten ihres Mannes. Sie bemüht sich um das Wohlwollen des Präsidenten des Allgemeinen Sicherheitsausschusses Vadier, weil sie sich von seiner Protektion relative Sicherheit erhofft.

Joséphines Großmut, die später sprichwörtlich werden sollte, tritt schon damals zutage. Man kennt ihre Beziehungen, und ihre Umgebung weiß, daß sie Menschen in Not hilft, auch wenn sie selbst dadurch kompromittiert werden könnte. So tritt beispielsweise Mme. de Moulins an sie heran, deren Nichte Anne-Julie de Béthisy verhaftet wurde und als Emigrantin trotz ihrer Jugend – sie ist erst neunzehn – mit der Todesstrafe rechnen muß. Joséphine erreicht tatsächlich, daß Anne-Julie freigelassen wird. Dabei ist Tallien ihr sehr behilflich. Sie versucht auch – wenngleich vergeblich –, dem Schloßverwalter von Fontainebleau, Comte Luce de Montmorin, das Leben zu retten. Durch diese Intervention lernt sie François-Marie Botot kennen, der sie mit Barras bekannt macht. Und über Barras wird sie wenige Jahre später Bonaparte kennenlernen ... Die Comtesse de Montmorin erinnert sich zeitlebens mit großer Dankbarkeit der Güte Joséphines. »Ihr weiches Herz ließ sie kein Risiko scheuen, um meinen unglücklichen Mann zu retten.«

Auch Fanny de Beauharnais wendet sich hilfesuchend an Joséphine, als ihre Tochter Marie-Françoise am 3. November 1793 ins Gefängnis kommt. Marie-Françoise ist die Frau von Alexandres Bruder François. Joséphine wird sofort bei Vadier vorstellig, doch er weigert sich, sie zu empfangen. Nach mehreren erfolglosen Vorstößen bei anderen Mitgliedern des Sicherheitsausschusses plädiert sie schließlich schriftlich für ihre Schwägerin. Angesichts der Tatsache, daß Vadier plötzlich so unzugänglich geworden ist, hält sie es aber auch für notwendig, ihre eigene Einstellung und die ihres Mannes klarzustellen: »Alexandre ist niemals von seinen Prinzipien abgewichen: er ist immer linientreu geblieben. Wäre er kein Republikaner, so besäße er weder meine Achtung noch meine Freundschaft. ... Mein Haushalt ist ein republikanischer Haushalt: schon vor der Revolution verkehrten meine Kinder mit Sansculotten, und ich hoffe, daß sie sich der Revolution würdig erweisen werden. Ich schreibe Dir in aller Offenheit, als Sansculotte von der Bergpartei.«

Vadiers Vorbehalte gegen Joséphine zeigen, wie wenig Verlaß damals auf manche Protektionen war. Die freundschaftlichen Beziehungen, die sie zu verdächtigen Personen unterhält, sind Vadier bestens bekannt. Der Sicherheitsausschuß verfügt über eine große Anzahl von Informanten und hat auch die Polizei völlig in der Hand. Denunzianten sind mit großem Eifer am Werk, und selbst wohlgehütete Geheimnisse kommen unweigerlich ans Licht, zumal in der Bergpartei – das sind die Jakobiner – heftige Fraktionskämpfe ausgefochten werden. Vadier kennt François de Beauharnais, den er zu Beginn der Revolution bekämpft hat, und nun mißtraut er auch Alexandre, der den Freunden Dantons nahesteht, während Vadier selbst ein Anhänger des Extremisten Hébert ist, der sowohl von Danton als auch von Robespierre angefeindet wird. Vadier verspürt nicht die geringste Lust, Mme. de Beauharnais anzuhören, geschweige denn, ihr zu helfen. Sie steht nicht mehr in seiner Gunst, sondern ist nun selbst verdächtig.

Am 2. März 1794 ordnet der Sicherheitsausschuß Alexandres Verhaftung an, und der Gefangene wird von La Ferté-Beauharnais nach Paris überführt. Die Bewohner der Ortschaft protestieren mutig gegen diese Festnahme und verlangen die sofortige Freilassung ihres Bürgermeisters, der ein ›überzeugter Patriot‹ und ein ›wahrer Sansculotte und Republikaner‹ sei und stets zum Wohle der Gemeinde gewirkt habe.

Auch Joséphine tut alles in ihren Kräften Stehende, um ihren Mann zu retten. »Meine Mutter«, schreibt Königin Hortense in ihren *Mémoires,* »wurde nicht müde, bei jenen Personen vorstellig zu werden, die sich im Falle

Massenhinrichtungen von gemäßigten Republikanern in den Jahren des Schreckens 1793/94.

von Mlle. de Béthisy hilfreich erwiesen hatten, aber sie konnte nicht einmal in Erfahrung bringen, was man meinem Vater zur Last legte.«

Gleichzeitig bringt Joséphine ihre Papiere in Sicherheit, denn sie fürchtet eine Hausdurchsuchung. Alexandres Verhaftung verheißt auch für sie selbst nichts Gutes, um so mehr, als sie sich durch Intervention zugunsten ihrer Schwägerin bereits kompromittiert hat. Sie weiß, daß nun auch sie aufgrund einer Denunziation jederzeit festgenommen werden kann.

Und diese anonyme Denunziation läßt tatsächlich nicht lange auf sich warten. Dem Sicherheitsausschuß wird empfohlen, »der ehemaligen Vicomtesse de Beauharnais zu mißtrauen, die ausgezeichnete Kontakte zu Ministerien unterhält«. Es wäre nun falsch zu glauben, daß Joséphine sich durch ihren Einsatz für bedrohte Freunde in Gefahr gebracht hat. Gewiß, man hat sie in letzter Zeit oft in Ministerien gesehen, aber niemand denkt ernsthaft daran, ihr daraus einen Strick zu drehen. Man kann jedoch viel schwerwiegendere Vorwürfe gegen sie erheben. Besonders suspekt ist ihre Freundschaft mit den Hosten, durch die sie in jene Kreise der Hochfinanz eingeführt wurde, die Konter- oder Ultrarevolutionäre unterstützen. Robespierre hält beide Gruppen für gleichermaßen gefährlich und will sich ihrer entledigen. Im März 1794 beseitigt er seine beiden politischen Hauptgegner: Hébert wird am 13. hingerichtet, Danton am 29. Doch der Kampf gegen Korruption und gegen die Anhänger und Hintermänner der Extremisten geht nach wie vor weiter.

Der ›Unbestechliche‹ will die Ruhe im Land wiederherstellen und der Revolution auf diese Weise zum endgültigen Triumph verhelfen. Daß die Beauharnais mit ihren vielfältigen Kontakten dem Regime früher oder später verdächtig vorkommen mußten, kann eigentlich nicht wundernehmen.

Am 20. April 1794 führen zwei Mitglieder des Revolutionsausschusses eine Hausdurchsuchung bei Joséphine durch und überprüfen auch sämtliche Papiere. Ihr Bericht ist beruhigend: »Wir haben nichts gefunden, was den Interessen der Republik zuwiderliefe, sondern im Gegenteil eine Vielzahl patriotischer Briefe, die dieser Bürgerin zu hoher Ehre gereichen.« Trotzdem wird Joséphine schon am nächsten Tag verhaftet und ins *Carmes* gebracht, ein ehemaliges Karmeliterkloster, das seit einiger Zeit als Gefängnis dient.

Die letzten Opfer der Schreckensherrschaft.

Königin Hortense erinnert sich später deutlich an diesen schrecklichen Tag: »Wie verzweifelt wir waren, als wir eines Morgens erfuhren, daß unsere Mutter uns weinend geküßt und sich sodann entfernt hatte, ohne uns zu wecken. ›Lassen Sie die Kinder schlafen‹, sagte sie zu unserer Gouvernante. ›Ich könnte ihre Tränen nicht ertragen, ich hätte nicht mehr die Kraft, mich von ihnen zu trennen.‹ Das Aufwachen war furchtbar: wir waren plötzlich allein, sowohl des Vaters als auch der Mutter beraubt! Das war der erste große Kummer meines Lebens.«

Die Türen des düsteren Gefängnisses an der Rue de Vaugirard schließen sich hinter Joséphine. In den langen Korridoren, wo durch die vergitterten und mit schweren Holzläden versehenen Fenster kaum Licht einfällt, wird sie fast ohnmächtig. Es stinkt bestialisch aus den Latrinen, weil die Belüftung mangelhaft ist. Zudem vernachlässigen die Insassen jegliche Körperpflege. Wozu soll man sich noch korrekt kleiden? Die meisten Männer tragen keine Krawatten mehr; sie laufen in Hemd und Hose herum, mit nackten Beinen, ein Tuch um den Kopf gebunden, ungewaschen, unrasiert, ungekämmt. Hingegen bemühen sich die Frauen, sogar in dieser trostlosen Umgebung einigermaßen attraktiv auszusehen.

Neben kleinen Leuten sind im *Carmes* viele Repräsentanten der alten Aristokratie eingesperrt. Joséphine trifft hier gute Bekannte: den Prinzen von Salm, die Duchesse d'Aiguillon, Delphine de Custine, Alexandres letzte Eroberung, Mme. de Lameth, Mme. Hosten mit ihrer Tochter Mme. de Croisoeuil... Sie verliebt sich in General Hoche, und es heißt, sie hätte ihm mit Hilfe eines kleinen Spiegels Nachrichten zukommen lassen. Eines steht jedenfalls fest: Als Mme. Bonaparte wird Joséphine alles daransetzen, um die Briefe zurückzuerlangen, die sie dem General zu jener Zeit schrieb.

Zugleich führt der Gefängnisaufenthalt aber auch zu einer Annäherung des Ehepaars Beauharnais. Das geteilte

Leid scheint ihnen kurze Momente des Glücks zu bescheren. Die früheren Streitigkeiten und gegenseitigen Vorwürfe erscheinen im Angesicht des Todes völlig banal. Zudem eint sie die Sorge um die beiden Kinder, die nun der Obhut ihrer Gouvernante, Marie Lannoy, anvertraut sind. Beide Elternteile schreiben Eugène und Hortense liebevolle Briefe.

»Aus dem Karmelitergefängnis, 28. April 1794

Ja, meine liebe kleine Hortense, es fällt mir sehr schwer, von Dir und von meinem lieben Eugène getrennt zu sein. Ich denke unablässig an meine beiden Kinder, die ich liebe und herzlich umarme.

Meine liebe kleine Hortense, Du teilst also mein Bedauern, Dich nicht sehen zu können, meine Freundin, Du liebst mich, und ich kann Dich nicht in meine Arme schließen. Denk an mich, mein Kind; denk an Deine Mutter; stell die Personen zufrieden, die sich um Dich kümmern, und arbeite viel. ... Lebe wohl, mein Kind, umarme unseren lieben Eugène von mir. Wir küssen euch beide.

Alexandre Beauharnais«

Auch der alte Marquis de Beauharnais versucht seine Enkel zu trösten: »Euer Kummer ist ganz natürlich, meine lieben Enkel, und ich beklage zutiefst, daß ihr von eurem Vater und eurer Mutter getrennt seid. Hoffen wir, daß die Gerechtigkeit siegt und sie bald zu euch zurückkehren. Ich warte genauso ungeduldig auf diesen Augenblick wie ihr. Wendet eure Zeit nutzbringend an und lernt fleißig. Vergeßt einen Großvater und eine Tante nicht, die euch lieben und küssen.«

Anfangs dürfen Eugène und Hortense ihre Mutter besuchen, doch bald wird ihnen der Zutritt zum Gefängnis verwehrt. Joséphines Hündchen Fortuné, das Hortense jedesmal mitbringt, schlüpft einige Male unbemerkt ins

Innere; unter seinem Halsband sind Briefe verborgen. Eines Tages taucht eine unbekannte Frau in Joséphines Wohnung auf und erklärt der Gouvernante, sie habe den Auftrag, die Kinder mitzunehmen. Mlle. Lannoy läßt sie aber erst gehen, nachdem die Fremde ihr einen Zettel mit Joséphines Unterschrift gezeigt hat. Die Unbekannte führt Eugène und Hortense in die Rue Cassette, in einen Garten, der ans Karmeliterkloster grenzt, und legt ihnen tiefes Schweigen nahe. Ein Fenster des großen Klostergebäudes öffnet sich plötzlich: »Mein Vater und meine Mutter erschienen dort«, erzählt Königin Hortense. »Vor Überraschung und Ergriffenheit schrie ich auf und streckte die Arme nach meinen Eltern aus. Sie bedeuteten mir mit Gesten, still zu sein. Doch ein Wachposten, der unten an der Mauer stand, hatte uns schon gehört und rief etwas. Die Unbekannte führte uns rasch weg. Später erfuhren wir, daß das Gefängnisfenster unerbittlich zugemauert wurde. Das war das letzte Mal, daß ich meinen Vater sah.«

Alexandre hat Hortense beauftragt, dem Sicherheitsausschuß ein Gnadengesuch zu übergeben, in welchem er seine patriotischen Verdienste und seine republikanische Gesinnung betont. »Schenken Sie einem Mann die Freiheit, der sie stets verteidigt hat, auch schon vor dem Sturm auf die Bastille. Geben Sie einer patriotischen Familie den Sohn, Ehemann und Vater zurück, einen Vater, der seine Kinder nach den revolutionärsten Prinzipien erzieht und seine Freilassung nur erbittet, um in ihren Herzen weiterhin den Haß gegen Könige zu schüren, von dem er selbst tief durchdrungen ist.«

Doch auch dieser Appell nützt Alexandre nichts mehr. Die Pariser Gefängnisse sind überfüllt, und um sie möglichst schnell zu räumen, wird das Gerücht in die Welt gesetzt, dort wären Verschwörungen im Gange. Man wirbt in den Gefängnissen Spitzel an, erbärmliche Kreaturen, die zu jeder Verleumdung bereit sind, um ihre eigene

Haut zu retten. Im *Carmes* ist der Denunziant ein gewisser Virolle, der Alexandre auf die Liste der Opfer setzt, weil dieser seine Machenschaften durchschaut hat.

Alexandre weiß, daß er verloren ist. Am 22. Juli schreibt er Joséphine einen Abschiedsbrief.

»Das Scheinverhör, dem man heute eine beträchtliche Anzahl Gefangener unterzog, legt den Verdacht nahe, daß ich das Opfer schändlicher Verleumdungen bin, die von mehreren sogenannten patriotischen Aristokraten in diesem Haus gegen mich vorgebracht werden. Die Vermutung, daß diese teuflischen Machenschaften mich bis vor das Revolutionstribunal verfolgen werden, raubt mir jede Hoffnung, Dich, meine Freundin, wiederzusehen und meine geliebten Kinder zu umarmen. Ich will Dir meine Klagen ersparen. Meine zärtliche Liebe zu unseren Kindern, die brüderliche Zuneigung, die mich mit Dir verbindet, werden in Dir ohnehin keinen Zweifel über die Gefühle aufkommen lassen, mit welchen ich unter diesen Umständen aus dem Leben scheide. Ebenso bedaure ich, mich von meinem Vaterland trennen zu müssen, das ich liebe und für das ich mein Leben tausendmal mit Freuden hingegeben hätte. Nun werde ich ihm nicht mehr dienen können, und man wird mir sogar nachsagen, ich wäre ein schlechter Bürger gewesen. Dieser schreckliche Gedanke zwingt mich, eine Bitte zu äußern: laß nichts unversucht, um mich zu rehabilitieren, indem Du beweist, daß ein ganzes Leben, das dem Dienst am Vaterland und dem Sieg von Freiheit und Gleichheit gewidmet war, jeden schändlichen Verleumder Lügen strafen muß. ... Ich werde ruhig und mutig sterben, wie es sich für einen freien Mann mit reinem Gewissen und aufrechter Seele ziemt, dessen leidenschaftlichste Wünsche dem Wohle der Republik gelten.

Lebe wohl, meine Freundin. Tröste Dich mit meinen Kindern; tröste sie, indem Du ihnen die Wahrheit erklärst und sie lehrst, daß sie durch Tugenden und staatsbürgerliches Pflichtgefühl die Erinnerung an meine Hinrichtung tilgen und mir den Dank der Nation für meine Verdienste sichern müssen. Lebe wohl, Du weißt, wen ich liebe. Sei ihre Trösterin und sorge dafür, daß ich in ihren Herzen weiterlebe. Lebe wohl, zum letzte Male drücke ich Dich und meine lieben Kinder an meine Brust.

Alexandre Beauharnais«

Ein Tribunal während der Schreckensherrschaft.

Am 23. Juli 1794 besteigt Alexandre de Beauharnais zusammen mit 45 Leidensgefährten – auch der Prinz von Salm gehört dazu – den Karren, der die Verurteilten zum Place du Trône-Renversé bringt, wo die Guillotine seit dem 13. Juni steht, weil die Bewohner des Faubourg Antoine gegen das tägliche Schauspiel der Hinrichtungen protestiert haben.

Nach einem Gemälde von G. Cain, 1895.

6

Die Witwe des Generals Beauharnais (1794–1795)

Thérèse Cabarrus – die zukünftige Mme. Tallien – sitzt im Gefängnis Petite-Force und muß damit rechnen, in den nächsten Tagen hingerichtet zu werden. Die Tochter von François Cabarrus, dem Bankier des Königs von Spanien, ist in der Welt der internationalen Hochfinanz zu Hause gewesen. Als Sechzehnjährige wurde sie 1788 mit einem jungen Stadtrat namens Jean-Jacques Devin de Fontenay verheiratet, hat sich aber 1793 von ihm scheiden lassen.

Nur Robespierres Sturz könnte Thérèse Cabarrus noch vor der Guillotine retten. Tallien, Mitglied des Konvents, möchte seiner schönen Geliebten um jeden Preis das Leben retten und entschließt sich deshalb zu schnellem Handeln.

Die tieferen Ursachen der Verschwörung gegen Robespierre, die am 27. Juli 1794 – am 9. Thermidor nach dem neuen Kalender – zum Sturz des ›Unbestechlichen‹ führt, sind allerdings politischer Art: Tallien und seine Komplicen Barras, Fouché und Fréron befürchten eine weitere Verschärfung der Terrormaschinerie und die völlige Entmachtung des Konvents, wodurch sie selbst in höchste Lebensgefahr geraten könnten. Am 28. Juli wird Robespierre zusammen mit seinen Freunden hingerichtet. Damit ist die Schreckensherrschaft zu Ende. Thérèse ist gerettet. Auch für viele andere öffnen sich in den folgenden Tagen und Wochen die Gefängnistore. Joséphine gehört zu diesen Glücklichen.

Daß sie überhaupt noch am Leben ist, dürfte sie einem gewissen La Bussière zu verdanken haben, einem Expedienten des Sicherheitsausschusses, der nach Feierabend die Akten besonders gefährdeter Häftlinge vernichtete, indem er sie in Wasser einweichte, bis sie sich in Papierbrei verwandelten. La Bussière, der ohne Zweifel auf eigene Faust handelte, hat sich später gerühmt, auf diese originelle Weise mehr als 1500 Personen vor dem Fallbeil gerettet zu haben, neben Joséphine auch die Duchesse d'Aiguillon, Mme. de La Fayette, den Prinzen von Monaco und andere Prominente. Joséphine hat seinen Berichten geglaubt und ist diesem rätselhaften Mann stets dankbar geblieben. Am 5. April 1803 wird sie in Begleitung Napoleons eine Wohltätigkeitsaufführung im Theater an der Porte Saint-Martin zugunsten ihres Retters besuchen und für ihre Loge 1000 Livres bezahlen.

Carmes, 6. August 1794. Der Kommissar des Revolutionstribunals verliest anhand einer Liste, welche Gefangenen freigelassen werden. Als Joséphine ihren Namen hört, fällt sie vor Aufregung in Ohnmacht. Seit Alexandres Hinrichtung hat sie mehr denn je um ihr eigenes Leben gefürchtet und ist der Verzweiflung nahe gewesen. Einige ihrer Leidensgefährten dürften sie wegen ihrer Schwäche, wegen ihrer Tränen und Klagen verachtet haben, denn ein ungeschriebenes Gesetz verlangt von den Gefängnisinsassen ständige Selbstbeherrschung und das Zurschaustellen von Mut und Optimismus. Die meisten Häftlinge verspürten allerdings Mitleid mit der jungen Witwe und klatschten deshalb laut Beifall, als Joséphines Name aufgerufen wird.

Ihre schnelle Freilassung hat sie zweifellos ihrer Bekanntschaft mit Tallien zu verdanken, und sowohl sie als auch ihre Kinder bleiben ihm stets aufrichtig verbunden, wie man auch in Eugènes *Mémoires* nachlesen kann.

Die Nacht des 9. Thermidor vor dem Rathaus – Sturz von Robespierre.

Joséphine hat den Terror überlebt, aber wir dürfen sie uns zunächst nicht als lustige Witwe vorstellen. Die Haft und die ständige Todesangst haben tiefe Spuren hinterlassen. Noch Monate nach ihrer Freilassung leidet sie unter Angstzuständen. Hinzu kommt ein schmerzliches Gefühl der Vereinsamung, der Entwurzelung. Dahin ist die glanzvolle gesellschaftliche Position, die sie als Alexandres Frau innehatte, als er noch einer der angesehensten Männer Frankreichs war.

Durch die Hinrichtung ist er zu einem Feind der Republik abgestempelt worden. In seinem Abschiedsbrief hat er Joséphine gebeten, seine Rehabilitation zu betreiben. Dieser Aufgabe widmet sie sich mit großem Eifer, stolz und mutig. Sie stellt sich überall demonstrativ als die Witwe des Generals Beauharnais vor, betont seine großen Verdienste um das Vaterland und seine republikanische Gesinnung. Dabei geht es ihr nicht nur um die Ehrenrettung des Toten, sondern auch um ihre eigene Zukunft und um die Zukunft ihrer Kinder. Indem sie an Alexandres Taten erinnert, hofft sie, die früheren Kontakte mit seinen ehemaligen Freunden und Kollegen von der Konstituante wiederaufnehmen zu können – mit jenen, die Robespierres Säuberungsaktionen überlebt und zum Sturz des Tyrannen beigetragen haben. Ihr Mann soll postum diesen Helden zugerechnet werden, und damit sollen auch seine Witwe und seine Kinder den ihnen gebührenden Platz in der neuen Gesellschaft einnehmen können.

Das ist um so wichtiger, als ihre materielle Lage wieder einmal äußerst prekär ist. Einige Wochen nach ihrer Freilassung mietet sie bei Mme. de Krény, einer Freundin, eine Wohnung in der Rue de l'Université, doch es fehlt ihr an allem. Sie kann nicht einmal ihre drei Dienstboten entlohnen – Marie Lannoy, die Gouvernante, Agathe Rible, die Zofe, und das Faktotum Gontier. Vielmehr ist sie gezwungen, sich sogar von ihnen Geld zu leihen. Am

18. Dezember 1794 gibt sie vor einem Notar zu Protokoll, daß sie einem Bürger namens Louis Desrez 15500 Livres schuldet. Sie verspricht, die Summe zuzüglich fünf Prozent Zinsen pro Halbjahr innerhalb von drei Jahren zurückzuzahlen, doch 1814 – bei ihrem Tod – ist diese Schuld noch immer nicht getilgt!

Joséphines Vater ist 1790 gestorben; die Mutter überweist ihr seitdem die versprochene Rente, doch der Zahlungsverkehr zwischen den Antillen und Frankreich wird immer unsicherer, weil die Engländer den Atlantik beherrschen. Joséphine wendet sich deshalb hilfesuchend an Emmery, einen Bankier aus Dünkirchen, der durch seine Handelsbeziehungen mit den Inseln auch mit den Tascher seit langem in Verbindung steht. Das Haus Emmery & Vanhée gewährt ihr Kredite, die aber nicht ausreichen, um ihre Ausgaben zu decken und ihre Schulden zu tilgen. Am 1. Januar 1795 bittet sie ihre Mutter, ihr über Hamburg oder London Geld zukommen zu lassen. »Ohne die Fürsorge meines guten Freundes Emmery«, schreibt sie, »weiß ich nicht, was aus mir geworden wäre. Ich kenne Ihre zärtliche Liebe viel zu gut, um auch nur im geringsten daran zu zweifeln, daß Sie mir die Mittel bereitstellen werden, die ich zum Lebensunterhalt und zur Tiglung meiner Schulden bei M. Emmery benötige.« Aus Dankbarkeit für die Dienste, die Emmery & Vanhée ihr zu jener Zeit erwiesen haben, wird Joséphine ihnen im September 1801 ein zinsloses Darlehen von 200000 Livres gewähren.

Mme. de la Pagerie erhört den Hilferuf ihrer Tochter, doch schon im Oktober ist Joséphine wieder völlig pleite und weiß sich keinen anderen Rat mehr, als einen Schuldwechsel über 1000 Pfund Sterling auf ihre Mutter auszustellen, die sie erst in nachhinein darüber informiert!

In dieser ganzen Zeit versucht Joséphine, an Alexandres beschlagnahmtes Vermögen heranzukommen. Sie nutzt ihre guten Beziehungen zu Tallien aus, um sich an den Finanzdebatten des Konvents zu beteiligen, wo heftig darüber gestritten wird, auf welche Weise der ständigen Geldentwertung und dem drohenden Staatsbankrott effektiv begegnet werden kann. Die enormen Kriegskosten belasten den Haushalt immer mehr, obwohl man nun endlich militärische Erfolge vorweisen kann. Eine Grundvoraussetzung für die Sanierung der Finanzen ist die Rückgewinnung des Vertrauens der Investoren. In diesem Zusammenhang wird auch eine Geste zugunsten der Erben hingerichteter Personen erwogen. Die Rückgabe der beschlagnahmten Vermögen würde den Staat nicht allzu viel kosten, das öffentliche Ansehen aber erheblich stärken. Die schöne Thérèse – inzwischen Mme. Tallien –, die sich als Tochter eines Bankiers in der Welt der Hochfinanz auskennt, beeinflußt ihren Mann in diesem Sinne, und Joséphine schließt sich ihr selbstverständlich an. Im April 1795 hält Tallien, Abgeordneter des Départements Seine-et-Oise, vor dem Konvent eine sehr gefühlsbetonte Rede, in welcher er darlegt, daß der konfiszierte Grundbesitz von unschuldig Hingerichteten sowieso nur sehr schwer verkäuflich wäre. Zudem wären solche Verkäufe moralisch verwerflich. »Wenn ich das Unglück gehabt hätte«, fährt er fort, »in einem Augenblick völliger Skrupellosigkeit einen Acker des tugendhaften Malesherbes, des interessanten Beauharnais, des achtbaren Lavoisier zu erwerben, so würde ich die Geister dieser Opfer des Terrors vor meinem Pflug zu sehen glauben, und ich hätte das Gefühl, als könnte ich auf dieser entweihten Erde nur Gewissensbisse aussäen.« Die Vermutung, daß Joséphine am Zustandekommen dieser Rede nicht ganz unbeteiligt war, ist ziemlich naheliegend. Nachfolgende Redner schließen sich Talliens Argumentation an und versuchen sich gegenseitig an rhetorischer Meisterschaft zu überbieten. Am 9. Juni wird folgendes Gesetz endgültig verabschiedet: Der Besitz hingerichteter Personen wird den Erben zurückgegeben; ausgenommen von dieser Regelung sind die Bourbonen, die du Barry, sämtliche Emigranten sowie Personen, die am 9. Thermidor für vogelfrei erklärt wurden.

Joséphine kann sehr zufrieden sein. Am 27. Juni beantragt sie beim Wohlfahrtsausschuß eine Entschädigung für die Pferde, die General Beauharnais den Volksvertretern überlassen hatte, als er die Rheinarme verließ. Sie er-

Madame Tallien. Lithographie von Ruotte.

hält die beschlagnahmten Silberwaren und Bücher aus dem Schloß der Beauharnais in La Ferté zurück, und ihr wird sogar eine Anzahlung von 10000 Livres für die Möbel gewährt, die gleich nach Alexandres Hinrichtung von der Verwaltung verkauft wurden. Doch die Sequestration der Güter ihres Mannes wird erst am 27. März 1796 aufgehoben. Bis dahin ist sie ohne Einkünfte, und deshalb dauert ihre prekäre finanzielle Situation zunächst weiter an.

Nach Robespierres Sturz ist der Jakobinerclub entmachtet und aufgelöst worden. Seitdem bestimmt wieder der Konvent, der im September 1795 eine neue Verfassung annimmt, die Verfassung des Jahres III. Um die Gefahr einer neuen Diktatur zu vermeiden, wird die Exekutive fünf ›Direktoren‹ anvertraut, und die Legislative setzt sich aus zwei Kammern zusammen, dem ›Rat der 500‹ und dem ›Rat der Alten‹ mit 250 Mitgliedern. Damit hält man die Revolution für abgeschlossen.

Die Direktoren entscheiden sich für das ausgeplünderte Palais du Luxembourg als Amtssitz. Es hat während des Terrors als Gefängnis gedient, wird aber bald wieder auf Hochglanz gebracht. Die neuen Herren sind politisch gemäßigt und versuchen, sowohl die Royalisten als auch die radikalen Republikaner an jeder Einflußnahme zu hindern, indem sie die beiden Parteien gegeneinander ausspielen und ein ›System des Gleichgewichts‹ anstreben.

Man will die Schreckensherrschaft möglichst schnell vergessen. Wer den Terror überlebt hat, will nun sein Leben genießen. Mit der Hinrichtung des ›Unbestechlichen‹ ist auch die Herrschaft der Tugend zu Ende gegangen. Strenge und Schlichtheit sind nun verpönt. Man will Prunk und Glanz, Amüsements und Ausschweifungen.

Dieses neue Regime begeistert die Witwe des Generals. Alexandres frühere Bekannten aus der Zeit der Konstituante sitzen jetzt in den Kammern, und Joséphine kann auf die Unterstützung dieser Männer rechnen. Sie hofft, einem der führenden Köpfe – Paul Barras – näherkommen zu können, und vertraut dabei auf ihre Freundschaft mit Tallien und seiner Frau, der man den Beinamen ›Notre-Dame de Thermidor‹ verliehen hat, aus Dankbarkeit für ihre große Schönheit, die ihren Geliebten zu seinem mutigen Handeln gegen Robespierre bewog.

Joséphine vergißt völlig, daß sie sich noch vor gar nicht langer Zeit als ›Sansculotte von der Bergpartei‹ bezeichnet

Der französische Revolutionspolitiker Paul Barras. Kupferstich nach einer Zeichnung von Raffet.

hat. Sie liebt den Luxus, der in den Salons wieder Einzug hält. Die Neureichen – Kriegsgewinnler und Spekulanten aller Art – machen gemeinsame Sache mit den Regierenden. Gewiß, auch unter dem Terror gab es Korruption, aber nur in sehr begrenztem Ausmaß, weil sie unter strenger Strafe stand. Unter dem Direktorium erlebt sie hingegen eine Blütezeit. Niemand entgeht ihr: die Direktoren, die Minister und die Generäle, die Armeelieferanten und die subalternen Beamten – jeder will sein Schäfchen ins trockene bringen. Während ein Großteil der Bevölkerung äußerste Not leidet, werden bei den oberen Zehntausend rauschende Feste gefeiert.

Thérèse Tallien wird zum Mittelpunkt der Gesellschaft, ihr Salon zum Treffpunkt für alles, was Rang und Namen hat. Einflußreiche Männer aus Politik und Wirtschaft scharen sich ebenso um sie wie Militärs und Künstler. Aus diesem Kreis von Bewunderern und Schmeichlern wählt sie ihre Liebhaber: Barras und General Hoche.

Nach Aussagen des Finanzexperten Ouvrard, eines engen Vertrauten der Tallien, ist Joséphine wegen ihres sanften Charakters, ihrer Anmut und ihres Esprits in diesen Kreisen äußerst beliebt. Sie freundet sich sehr schnell mit Thérèse Tallien an. Sie haben die gleiche Vorliebe für Schmuck, Spitzen und Seide; beide lieben Luxus und wollen Einfluß ausüben. Beide sind bekannt für ihre Freundlichkeit und Hilfsbereitschaft. Es macht ihnen Freude, jemandem einen Dienst zu erweisen, weil sie darin eine Bestätigung sehen, daß ihre Umwelt sie auch tatsächlich wahrnimmt. Am meisten fürchten sie sich nämlich vor der Anonymität. Diese öffentliche Dankbarkeit öffnet ihnen die Türen zur Berühmtheit. Die beiden Frauen werden unzertrennlich und glänzen bei den Festen des Direktoriums Seite an Seite. Vor einer Soiree im Thélusson schreibt Joséphine der Busenfreundin: »Ich bitte Sie, das pfirsichfarbene Kleid anzuziehen, das Sie so lieben und das auch mir gut gefällt; ich werde das gleiche tragen. Da es mir wichtig erscheint, daß wir beide genau gleich gekleidet sind, teile ich Ihnen mit, daß ich ein auf Kreolinnenart gebundenes rotes Kopftuch tragen werde, mit drei Schläfenlocken. Was für mich schon ziemlich gewagt ist, wird bei Ihnen ganz natürlich wirken, da Sie jünger und wenn vielleicht auch nicht hübscher, so doch ungleich frischer sind. Sie sehen, daß ich jedermann Gerechtigkeit widerfahren lasse.«

In den Pariser Salons werden Joséphines und Thérèses neue Frisuren wie wichtige Ereignisse besprochen. Sie haben sich durch ihre herrlichen dunklen Haare von den übrigen Damen unterschieden, doch schließlich beugen auch sie sich der Mode blonder Perücken. In der guten Gesellschaft würde man inzwischen mit Fingern auf eine schwarzhaarige Frau zeigen, während dunkelhaarige Männer durchaus in Mode sind.

Thérèse Tallien besucht Barras fast täglich. Die fünf Direktoren halten im Luxembourg getrennt Hof. Jeder hat seine eigenen Empfangstage, seinen eigenen Freundeskreis, seine eigenen Höflinge. Barras spielt allerdings die Hauptrolle. Dieser ehemalige Vicomte, der einer provençalischen Adelsfamilie entstammt, hat das Auftreten und die Allüren der Grandseigneurs des Ancien Régime. Er residiert wie ein Prinz: er hält Pferde, Hunde und Mätressen.

In seiner Umgebung läßt es sich gut leben. Seine Mätressen und Freundinnen profitieren von seiner Großzügigkeit. So auch Joséphine, die durch ihre enge Freundschaft mit den Tallien bald auch bei Barras ein und aus geht und schließlich seine Geliebte wird. Er besucht sie in ihrem Landhaus in Croissy, wo sie den künftigen Kanzler Pasquier zum Nachbarn hat, der in seinen *Mémoires* schreibt: »Sie kam nur noch selten dorthin, einmal in der Woche, um Barras zu empfangen, der immer eine große Gesellschaft mitbrachte. Vom frühen Morgen an wurden Körbe mit Lebensmitteln angeliefert, dann begannen berittene Gendarmen auf der Straße von Nanterre nach Croissy zu patrouillieren, weil der Direktor meistens zu Pferde unterwegs war. In Mme. de Beauharnais' Haus gab es einerseits jede Menge überflüssigen Krams, andererseits fehlte es am Nötigsten. Geflügel, Wild, seltenes Obst türmten sich in der Küche (das war während der Zeit der schlimmsten Not), und gleichzeitig fehlte es an Kochtöpfen, Gläsern und Tellern, die dann in unserem armseligen Haushalt ausgeliehen wurden.«

Das Haus in der Rue Chantereine.

Barras bezahlt nicht nur die Delikatessen, sondern auch die Miete für das Landhaus, die Joséphine nicht mehr aufbringen kann. Er übernimmt sogar sämtliche Kosten für notwendige Reparaturen. Dieser großzügige Geliebte ist für Joséphine um so wertvoller, als ihre finanzielle Situation weiterhin sehr mißlich ist.

Die Idee, ihre Ausgaben zu reduzieren und sich mit einem bürgerlichen Lebensstil zu begnügen, liegt ihr völlig fern. Ganz im Gegenteil – ihrer düsteren Wohnung in der Rue de l'Université überdrüssig, macht sie sich auf die Suche nach einem neuen Domizil, möglichst mit Garten. Am 17. August 1795 mietet sie von Julie Carreau – der geschiedenen Ehefrau des berühmten Schauspielers Talma – ein kleines Haus in der Rue Chantereine Nr. 6 für die Bagetelle von jährlich 10000 Francs in Assignaten oder 4000 Francs Münzgeld.

Umgeben von einem kleinen Park, besteht das Haus aus einem erhöhten Erdgeschoß und dem Dachgeschoß mit den Kammern für die Dienstboten. Joséphine verfügt über ein Vorzimmer, ein Schlafzimmer, einen kleinen runden Salon, ein Boudoir und einen Ankleideraum. Das Mobiliar aus der alten Wohnung muß ergänzt werden. Die Polstermöbel läßt Joséphine mit rotem und gelbem Crêpe de Chine neu beziehen. Im Schlafzimmer stehen außer ihrem bronzierten Holzbett ein Sekretär, ein Schreibtisch, ein Schmuckkasten aus Mahagoni und einige Möbel aus Guadeloupe; in einer Ecke ihre Harfe und auf dem Kaminsims eine kleine Marmorbüste von Sokrates. Im Vorzimmer gibt es nur ein Eichenbuffet, einen Schrank und einen Wandbrunnen. Der kleine Salon, der zugleich als Eßzimmer dient, ist mit vier Mahagonistühlen um einen runden Mahagonitisch ausgestattet; hinzu kommen einige Anrichten, zwei weitere Tische mit Marmorplatten und Vitrinenschränke an den Wänden. Im halbkreisförmigen Boudoir und im Ankleidezimmer fallen vor allem die vielen Spiegel ins Auge. Es ist keine besonders luxuriöse Einrichtung, aber der Unterhalt eines solchen Hauses kommt sehr teuer, speziell da nun auch mehr Dienstboten benötigt werden. Zum bisherigen Personal stellt Joséphine noch einen Kutscher für den Wagen mit zwei Pferden ein, die sie als Entschädigung für Alexandres Pferde erhalten hat, außerdem einen Koch, weil sie viele Diners geben möchte.

Der Umzug in die Rue Chantereine markiert eine Wende in Joséphines Leben. Sie ist nun vieler alter Verpflichtungen ledig. Als Witwe genießt sie große Freiheit. Ihre Liaison mit Barras enthebt sie akuter Geldsorgen. Ihre Kinder werden in Internaten in Saint-Germain-en-Laye untergebracht: Eugène im Irischen Kolleg von Mac Dermott, Hortense im Pensionat für junge Mädchen, dessen Direktorin, Mme. Campan, früher Kammerfrau der Königin Marie-Antoinette war. Das neue Leben sagt Joséphine sehr zu. Als Frau von Welt, als ausgehaltene, begehrte und viel beneidete Frau nimmt die Mätresse des mächtigen Barras einen der ersten Plätze in der Gesellschaft ein. Es ist ihr teilweise sogar gelungen, ihre liebe Freundin Thérèse Tallien auszustechen, was zu einer uneingestandenen Rivalität der beiden Damen führt.

Die Abgeordneten des Nationalkonvents haben in der Verfassung des Jahres III per Wahlgesetz bestimmt, daß zwei Drittel des neuen Parlaments aus dem Konvent übernommen werden müssen. Damit sind die politischen Hoffnungen der Royalisten zusammengebrochen. Es kommt zu heftigen Protesten der Pariser Sektionen,

Der 13. Vendemiaire. Napoleon kartätscht die Royalisten zusammen.

und am 3. Oktober 1795 arten die Unruhen zu einem regelrechten Aufstand aus. Am nächsten Tag ruft die Sektion Lepeletier die den Royalisten ergebene Nationalgarde zu den Waffen, und etwa 20000 Mann marschieren in zwei Kolonnen auf den Konvent, der Barras in aller Eile zum Kommandierenden General der Armee des Inneren ernennt. Barras weiß aber, daß er dieser Aufgabe nicht gewachsen ist. Er ernennt einen jungen Brigadegeneral zu seinem Stellvertreter: Napoleon Bonaparte.

Am 5. Oktober 1795 – dem 13. Vendémiaire – schlägt Bonaparte den Aufstand mit bemerkenswertem Geschick nieder und wird als ›General Vendémiaire‹ stürmisch gefeiert. Das ist der Beginn seines kometenhaften Aufstiegs. Der Sechsundzwanzigjährige, dessen außerordentliche Begabung bis dahin höchstens einige wenige Militärs erkannt hatten, wird am 16. Oktober zum Divisionsgeneral befördert, und schon am 26. Oktober 1795 löst er Barras gar als Kommandierender General der Armee des Inneren ab.

Stich nach einem Gemälde von C. Monnet.

7

»Sie besuchen eine Freundin, die Sie liebt, nicht mehr« (1795–1796)

Joséphine und Napoleon lernen sich im Herbst 1795 kennen. Bonaparte wird nach der Niederwerfung des Royalistenaufstands als Held gefeiert. Er hat den Konvent gerettet. Sein Ansehen und sein Äußeres dürften Joséphine gleichermaßen aufgefallen sein. Wie hätte dieser kleine General, von dem man so große Dinge erzählt, ihrer Aufmerksamkeit entgehen sollen? Er ist schmächtig, seine Generalsuniform ist ihm viel zu groß, der blau-weiß-rote Gürtel ist nachlässig gebunden, die langen Haare sind zerzaust, das Gesicht ist bleich und ausgezehrt. Er redet abgehackt, mit einem starken korsischen Akzent. Gewiß wird er auf Mme. de Beauharnais nicht verführerisch gewirkt haben, aber sie ist wie jede Frau von Welt verpflichtet, sich mit den gefragtesten Persönlichkeiten zu umgeben, und außerdem ist dieser seltsame junge General ein Protegé ihres Geliebten Barras.

Eugène de Beauharnais behauptet, die erste Begegnung zwischen Joséphine und Napoleon herbeigeführt zu haben. Er erzählt eine rührende Geschichte, die Napoleon selbst in seinem *Mémorial de Sainte-Hélène* bestätigt. »Als Folge des Aufstandes vom 13. Vendémiaire«, schreibt Joséphines Sohn, »wurde den Bewohnern von Paris am 14. Oktober 1795 jeglicher Waffenbesitz unter Androhung der Todesstrafe verboten. Mir war der Gedanke unerträglich, mich vom Säbel meines Vaters trennen zu müssen. ... Ich ersuchte um eine Audienz bei General Bonaparte, die mir tatsächlich gewährt wurde. Diese Unterredung erschütterte mich, da sie mir den noch nicht allzu lange zurückliegenden Verlust meines Vaters lebhaft in Erinnerung rief. Meine Tränen und einige günstige Antworten, die ich dem General gab, weckten in ihm den Wunsch, auch meine Familie kennenzulernen, und am nächsten Tag brachte er mir persönlich die heißersehnte Genehmigung. Meine Mutter dankte ihm anmutig und gerührt. Er bat darum, uns wieder besuchen zu dürfen, und schien die Gesellschaft meiner Mutter immer mehr zu genießen.«

Barras bestreitet diese Darstellung in seinen Erinnerungen. Von der Beschlagnahme aller Waffen seien nur einige wenige Stadtviertel betroffen gewesen, und Mme. de Beauharnais habe nicht in einem dieser Viertel gewohnt. Außerdem habe sie durch ihre Freundschaft mit ihm – Barras – totale Immunität genossen.

Ob es sich nun um eine Legende handelt oder nicht – jedenfalls erfreute sich diese zu Herzen gehende Geschichte schon bald großer Beliebtheit.

Wie und wo auch immer Napoleon und Joséphine sich kennengelernt haben mögen, beide haben gute Gründe, diese Bekanntschaft zu pflegen. Bonaparte hält Mme. de Beauharnais zunächst für sehr vermögend. Als vorsichtiger Mann zieht er aber Erkundigungen bei Emmery in Dünkirchen ein und erfährt von diesem, daß Joséphine alles andere als reich ist, daß die Plantage ihrer Mutter auf Martinique nicht allzu viel abwirft. Seiner falschen Hoffnungen beraubt, sieht Napoleon allerdings andere Vorzüge, die Joséphine zu bieten hat: Sie verkehrt in Kreisen der Hochfinanz, unterhält freundschaftliche Beziehungen zu Schweizer Bankiers wie Denis de Rougemont, zu dessen Compagnon Jean Hottinguer und zu Alphonse Perrégaux. Außerdem stammt sie aus einer alten Adelsfamilie, und ihr Mann gehörte zu den führenden Gestalten der Konstituante. Auch ihre enge Freundschaft mit Barras bleibt Bonaparte nicht verborgen, kann ihm nicht verborgen bleiben, denn diese Liaison ist ein offenes Geheimnis. Und er benötigt für seine ehrgeizigen Pläne die Unterstützung des mächtigen Direktors.

Doch Barras ist seinerseits genauso daran interessiert, diesen glänzenden General enger an sich zu binden. Das Direktorium sieht sich von links und rechts bedroht: Die Royalisten geben den Kampf um die Macht auch nach der Niederwerfung ihres Aufstandes nicht auf, und die Jakobiner protestieren wütend gegen die allgemeine Korruption und gegen den Verrat revolutionärer Prinzipien. Wie soll man mit diesen Feinden im Innern fertig werden und ein stabiles politisches System aufbauen, das die Interessen der Neureichen schützt? Das Wohl der Spekulanten und Profitjäger, die sich im Luxembourg tummeln oder bei den Tallien intrigieren, ist nur gewährleistet, wenn das Direktorium sich an der Macht halten kann, und dazu bedarf es eines starken Mannes an der Spitze des Militärs. Bonaparte scheint für diesen Zweck hervorragend geeignet. Aber wie soll man ihn für die Ziele des Barras-Clans einspannen? Mme. de Beauharnais, die selbst größtes Interesse an der Aufrechterhaltung des für sie so vorteilhaften Regimes hat, könnte als Vermittlerin wertvolle Dienste leisten...

Joséphine zeigt sich denn auch beunruhigt, als Napoleon sich viel zu selten bei ihr blicken läßt. »Sie besuchen eine Freundin, die Sie liebt, nicht mehr«, schreibt sie ihm. »Sie haben sie völlig im Stich gelassen. Sie tun unrecht daran, denn sie ist Ihnen zärtlich verbunden. Kommen Sie morgen zum Mittagessen zu mir. Ich muß Sie sehen und mit Ihnen über Ihre Interessen sprechen.«

Bonaparte erwidert, er begreife die Veranlassung zu ihrem Brief nicht. »Ich bitte Sie inständig, an meine Freundschaft zu glauben. Niemand ersehnt die Ihre mehr

Napoleon Bonaparte.
Gemälde von F. Philippoteaux nach einer Ölstudie von Jacques-Louis David, 1799.

als ich. Und niemand wünscht mehr als ich, sie Ihnen zu beweisen.«

Joséphines gesellschaftliche Stellung, ihr Alter – sie ist sechs Jahre älter als Bonaparte – und ihre Vertrautheit mit den Pariser Salons, wo politische und wirtschaftliche Intrigen geschmiedet werden, verschaffen ihr eine gewisse Überlegenheit gegenüber dem jungen General. Sie spielt gern seine Ratgeberin, doch schon bald brilliert sie in einer anderen Rolle: Sie zieht Bonaparte völlig in ihren Bann und weckt in ihm eine glühende Leidenschaft.

»Ich erwache ganz erfüllt von Dir, meine geliebte Freundin«, schreibt er ihr, nachdem sie sich ihm zum erstenmal hingegeben hat. »Dein Bild und der berauschende gestrige Abend haben meine Sinne völlig verwirrt. Süße, unvergleichliche Joséphine!«

Madame Tallien und Josephine Beauharnais tanzen im

Winter 1797 vor Barras. Englische Karikatur von James Gilray.

Anfang des Jahres 1796 ist er immer häufiger zu Gast in ihrem Haus in der Rue Chantereine und unterhält ihre Freundinnen: Marie-Anne de Lameth, Jeanne-Victoire d'Aiguillon, Thérèse Tallien und Mme. de la Gallissonnière. Mit Vorliebe erzählt er Gespenstergeschichten, die den Damen kalte Schauder über den Rücken jagen. Die Bewunderung, die er in diesem kleinen Kreis bald genießt, beunruhigt Hortense, die eine Wiederheirat ihrer Mutter verhindern will, weil sie fürchtet, deren Liebe zu verlieren. Doch ihre Tränen vermögen Joséphine nicht umzustimmen: Am 19. Februar 1796 wird das Aufgebot bestellt, und am 20. erhält Joséphine eine Zeugenurkunde, die sie der Notwendigkeit enthebt, ihren Taufschein vorzulegen.

Während dieser ganzen Zeit vernachlässigt Bonaparte jedoch keineswegs seine ehrgeizigen Pläne. Überzeugt davon, daß Frankreich seinen Erzfeind England nur auf dem Kontinent besiegen kann, schlägt er dem Direktorium vor, zunächst Österreich, Londons Verbündeten, durch eine Offensive in Norditalien empfindlich zu treffen. General Schérer, Oberbefehlshaber der italienischen Armee, sträubt sich heftig gegen diese Pläne, die er als Kritik an seiner Strategie und seiner Person wertet. Doch Bonaparte setzt sich schließlich durch; Schérer reicht am 4. Februar 1796 beim Direktorium seinen Abschied ein, und am 2. März wird Napoleon zum Kommandierenden General der italienischen Armee ernannt.

Am 8. März wird vor einem Notar der Ehekontrakt unterschrieben, der Gütertrennung vorsieht. Keiner der Ehepartner ist für Schulden und Hypotheken des anderen haftbar.

Napoleon erkennt Joséphine das Recht zu, über ihre Renten und Güter allein und frei verfügen zu können. Sie behält die Vormundschaft über ihre Kinder. Die bereits vorhandene Einrichtung des Hauses in der Rue Chantereine bleibt ihr Besitz.

Einen Tag später, am 9. März 1796, findet um zehn Uhr abends im Rathaus des 2. Arrondissements von Paris die Ziviltrauung von Joséphine und Napoleon in Gegenwart von vier Zeugen statt: Barras, Tallien, Jean Le Marois, Adjutant des Generals, und Calmelet, ein Vertrauter Joséphines, der bei der Aufsetzung des Ehekontrakts ihre Interessen vertreten hat. Laut Trauungsurkunde sind beide Ehepartner 28 Jahre alt: Napoleon hat sich um drei Jahre älter gemacht, Joséphine hat sich um drei Jahre verjüngt.

Bei den Bonaparte herrscht große Aufregung, als sie von der Hochzeit ihres Napoleon mit Mme. de Beauharnais erfahren. Der Zorn der Familie kennt keine Grenzen. Er hat weder den Segen seiner Mutter eingeholt noch seinen älteren Bruder Joseph, das Familienoberhaupt, informiert. Er hat Luciens Abreise zur Nordarmee und Louis' Abreise zur italienischen Armee beschleunigt. Nur Jêrome, Napoleons jüngster Bruder, den er im Irischen Kolleg – das auch Eugène besucht – untergebracht hat, bringt der Schwägerin einigermaßen freundliche Gefühle entgegen. Die übrige Familie macht geschlossen Front gegen Joséphine, noch ohne sie zu kennen – und an dieser ›Vendetta‹ der Bonaparte gegen die Beauharnais sollte sich auch in Zukunft nie etwas ändern. Napoleon steht von nun an zwischen zwei feindlichen Lagern, und der Kampf wird mit allen nur erdenklichen Mitteln geführt.

Für Flitterwochen bleibt dem Paar keine Zeit: Bonaparte muß schon am Abend des 10. März Paris verlassen, um das Kommando über die Italienarmee zu übernehmen. Am 20. ist er in Marseille, am 26. in Nizza. Während der ganzen Reise denkt er unablässig an seine in der Hauptstadt zurückgeliebene Frau und schickt ihr einen leidenschaftlichen Brief nach dem anderen.

»Unvergleichliche Joséphine, wie hast Du es fertiggebracht, mich so ganz an Dich zu fesseln, mein ganzes Sein mit Dir zu vereinigen? Das ist Zauberei.« Er liebt sie, er bangt um sie. Sie ist wie eine Flamme, die ihn verzehrt; er schickt ihr tausend Küsse, fleht sie aber an, diese nicht zu erwidern, da sie ihn versengen. »Ich habe keinen Tag verbracht, ohne Dich zu lieben; ich habe keine Nacht verbracht, ohne Dich in meine Arme zu schließen; ich habe keine Tasse Tee getrunken, ohne den Ruhm und Ehrgeiz zu verfluchen, die mich von der Seele meines Lebens fernhalten.«

Napoleon hat mit Joséphine eine bis dahin ungekannte Lust entdeckt, und das erklärt die Macht, die sie über ihn besitzt. Er erklärt, sein Herz sei versklavt, aber er genießt diese Sklaverei. »Du allein bist die Freude und die Qual meines Lebens.« Der Altersunterschied scheint ihn keineswegs zu stören – ganz im Gegenteil. »Wärst Du naiver und jünger, würde ich Dich weniger lieben.« Die reife Frau hat den in Liebesdingen recht unerfahrenen General völlig becirct, und solange die Flamme seiner Leidenschaft lodert, wird er ihr alles verzeihen.

Von ihr getrennt, klammert er sich an seine Erinnerungen, schwärmt in seinen Briefen von ihrem hinreißenden Körper und sendet ihr »tausend glühende Liebesküsse überallhin, überallhin«.

Und Joséphine? Er versucht sich zu beruhigen, wenn ihm Zweifel an ihrer Liebe und Treue kommen. »Du kannst mir diese grenzenlose Liebe nicht eingeflößt haben, ohne sie selbst zu empfinden.« Doch er leidet ständig unter ihrer Schreibfaulheit, und seine Vorwürfe erinnern an jene, die einst Alexandre de Beauharnais seiner Frau machte. »Hast Du aufgehört, mich zu lieben?« fragt er eines Tages, als er keine Nachricht von ihr hat. »Mein Herz, das völlig von Dir erfüllt ist, hegt Befürchtungen, die mich unglücklich machen. ... Oh, wenn Du mich weniger liebst, hast Du mich niemals geliebt.«

Als sie ihn in einem Brief siezt, ruft er verzweifelt aus: »Oh, Du Böse, wie konntest Du nur einen solchen Brief schreiben! Wie kalt er ist!« Er kann sich ihr häufiges

Schweigen nur mit zunehmender Gleichgültigkeit erklären. »Keine Briefe von Dir! Ich bekomme nur alle vier Tage einen, doch wenn Du mich liebtest, würdest Du mir zweimal täglich schreiben.« Er wirft ihr vor, daß sie sich amüsiert, während er »von Arbeit und Strapazen vollkommen erschöpft« ist. Seine Klagen sind natürlich nicht ganz unberechtigt: so schreibt sie ihm einmal, sie müsse den Brief unterbrechen, um eine Landpartie zu machen. »Im Frühling ist es so schön auf dem Lande«, spöttelt er bitter. »Und außerdem befand sich wahrscheinlich der neunzehnjährige Liebhaber dort.« Manchmal wird sein

Napoleon als kommandierender General der französischen Truppen in Italien.

Ton regelrecht sarkastisch: »Aber man muß natürlich von zehn Uhr morgens an mit diesen kleinen Herren Besuchern plaudern und sich bis ein Uhr nachts die Klatschereien und Dummheiten von hundert Laffen anhören.« Allerdings fügt er sogleich hinzu: »Ich liebe Dich jeden Tag mehr... Einen Kuß auf Deinen Mund, einen auf Dein Herz, nicht wahr, es ist kein anderer darin als ich? Und dann einen auf Deine Brust.«

Er überschüttet sie mit Geschenken aller Art: Parfums, Orangen, Florentiner Taft und Crêpe für Kleider... Auch ihre Kinder beschenkt er großzügig. Murat, sein Erster Adjutant, überbringt Joséphine eine hohe Geldsumme, die sie ganz nach ihrem Belieben verwenden kann. Kurz nach seiner Abreise aus Paris hat er ihr eine Vollmacht geschickt, damit sie verschiedene Summen, die ihm zustehen, kassieren kann. Und im April schreibt er: »Ich weiß nicht, ob Du Geld benötigst. Du hast nie mit mir über Deine Angelegenheiten gesprochen. Falls Du welches brauchst, verlange es von meinem Bruder [Joseph], der 200 Louis d'or von mir hat.«

Das Direktorium hat sich ursprünglich dagegen ausgesprochen, daß Joséphine ihren Mann nach Italien begleitet, weil es befürchtete, ihre Nähe könnte den General von seinen Pflichten ablenken. Doch nach den ersten Wochen eines höchst erfolgreichen Feldzugs verlangt Bonaparte von Barras, seiner Frau die Reise nach Piemont zu erlauben, und er fleht Joséphine an, möglichst rasch aufzubrechen. »Komme geschwind! Ich sage es Dir im voraus: wenn Du zögerst, wirst Du mich krank finden. Die Strapazen und Deine Abwesenheit – das ist zuviel auf einmal.«

Doch sie ist von der Idee, sich nach Italien zu begeben, alles andere als begeistert. Sie verzehrt sich keineswegs vor Sehnsucht nach ihrem Mann, wie das umgekehrt der Fall ist. Der Schriftsteller Antoine Arnault, häufiger Besucher in der Rue Chantereine, ist manchmal anwesend, wenn Joséphine Napoleons leidenschaftliche Briefe erhält. Sie ist indiskret genug, manche Stellen laut vorzulesen. Bonapartes Liebesqualen amüsieren sie. »Er ist drollig«, lautet ihr Kommentar. Doch dieser ›drollige‹ Mann erringt in Italien einen Sieg nach dem anderen. »Sie genoß seinen Ruhm, der mit jedem Tag zunahm«, schreibt Arnault, »aber sie wollte diesen Ruhm nirgends anders als in Paris genießen.«

Ihr gesellschaftliches Ansehen wächst mit jeder Erfolgsmeldung vom Kriegsschauplatz. Sie ist beliebt und begehrt wie zu jener Zeit, als Beauharnais Präsident der Nationalversammlung war. Und da soll sie dieses herrliche Leben aufgeben und in ein Land reisen, wo Krieg herrscht? Nein, sie hat in jenen Monaten im Gefängnis genügend Todesängste ausgestanden!

Aber wie soll sie Napoleon plausibel machen, daß sie Paris nicht verlassen will? Murat hat ihr den Wunsch ihres Mannes überbracht, sie solle sich unverzüglich auf den Weg machen. Sie verfällt auf eine überzeugende Ausrede: Sie sei schwanger, und der Arzt habe ihr Ruhe verordnet. Sie weiß genau, daß Bonaparte von der Aussicht, Vater zu werden, begeistert sein wird. Und das ist tatsächlich der Fall. Sobald er die Neuigkeit von Murat erfahren hat, jubelt er in einem Brief an Joséphine: »Ein Kind, das so anbetungswürdig wie seine Mutter ist, wird das Licht der Welt erblicken.« Er rät ihr zwar, vorsichtig zu sein, hofft aber weiterhin, daß sie zu ihm kommt. Nun findet sie einen neuen Vorwand, um in Paris bleiben zu können.

Sie behauptet, krank zu sein, und sofort macht Napoleon sich heftige Gewissensbisse. »Ich habe Dir so großes Unrecht getan, daß ich nicht weiß, wie ich es wiedergutmachen soll. Ich mache Dir Vorwürfe, daß Du in Paris bleibst, und dabei bist Du krank. Verzeih mir, geliebte Freundin. Die Liebe, die Du mir eingeflößt hast, beraubt mich aller Vernunft.«

Er macht sich solche Sorgen um seine Frau, daß er sogar bereit ist, seine Armee im Stich zu lassen, um an ihr Krankenbett zu eilen. »Ohne Dich kann ich hier nicht mehr von Nutzen sein. Wer will, der mag nach Ruhm streben und dem Vaterland dienen, doch meine Seele erstickt in diesem Exil, und wenn meine süße Freundin leidet und krank ist, kann ich nicht kaltblütig den Sieg planen.«

Das Direktorium ist zutiefst beunruhigt über die Absicht des Generals, seinen Posten zu verlassen. Barras drängt Joséphine, ihre Komödie zu beenden und zu ihrem Mann zu fahren. Schließlich steht der Erfolg der republikanischen Armeen auf dem Spiel!

Joséphine ist nun gezwungen, dem Druck des Direktoriums nachzugeben. Als sie am 24. Juni ihre Reisepapiere erhält, stellt sie mit großer Befriedigung fest, daß unter den Personen, die sie begleiten dürfen, auch ein junger Oberleutnant namens Hippolyte Charles aufgeführt ist. Sie hat diesen Adjutanten von General Leclerc im April 1796 kennengelernt und sich leidenschaftlich in ihn verliebt. Der verführerische vierundzwanzigjährige Offizier ist sehr charmant und unterhaltsam, ein Spaßvogel, der sich in den Salons großer Beliebtheit erfreut, vor allem bei den Damen. Und wenn Joséphine sich mit Händen und Füßen dagegen gesträubt hat, Paris zu verlassen, so hauptsächlich deshalb, weil sie sich nicht von ihrem Geliebten trennen wollte.

Am 27. Juni macht sie sich endlich auf die Reise zu ihrem Mann. In ihrer Kutsche sitzt auch Hippolyte.

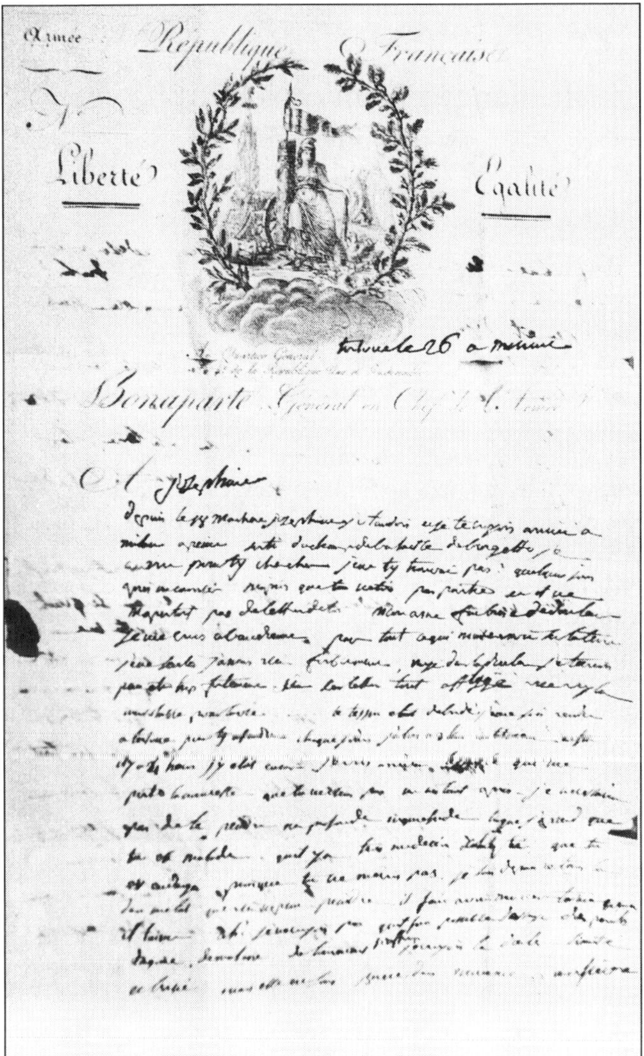

Armée

République Française

Liberté

Egalité

Bonaparte Général en Chef

A Joséphine

Liebesbrief Napoleons an Joséphine.

8

»Ich langweile mich sehr in Italien« (1796 – 1797)

Drei Tage vor ihrer Abreise bittet Joséphine Antoine Hamelin zu sich. Sie haben sich bei Mme. de Brunville kennengelernt, wo Blindekuh gespielt wurde. Durch die Revolution ruiniert, vertraut Hamelin Joséphine seine verzweifelte finanzielle Situation an. Sie schlägt ihm vor, sie nach Italien zu begleiten, wo Bonaparte bestimmt etwas für ihn tun könnte.

Zunächst borgt sie sich von ihm allerdings 200 Louis d'or, da sie wieder einmal völlig abgebrannt ist. Außerdem läßt sie ihn am Vorabend der Abreise auch noch einen englischen Schleierstoff bei einer bekannten Händlerin abholen, die auf Barzahlung – 30 Louis – besteht. Hamelin bezahlt notgedrungen, obwohl er kaum noch Geld hat, fragt sich aber unwillkürlich, ob diese Investitionen sich auch wirklich lohnen werden.

Sein Freund Monglas hält die Sache für aussichtsreich und möchte mitkommen. Hamelin stellt ihn Joséphine vor, und sie ist einverstanden. Hat Bonaparte ihr nicht im April geschrieben: »Wenn Du jemandem eine Anstellung verschaffen möchtest, so schicke ihn zu mir, ich werde ihn verwenden.«

Joséphine, die die unvermeidliche Italienreise für Geschäfte nutzen möchte, fordert auch Robbé de Lagrange zum Mitkommen auf. Lagrange, der zu Alexandres Freundeskreis gehörte, ist Armeelieferant und weiß natürlich, daß man in Italien großen Profit machen kann. Er schließt sich deshalb bereitwillig der kleinen Reisegruppe an.

Die Versorgung der republikanischen Armeen verspricht hervorragende Absatzmärkte, um die sich die Lieferanten reißen. Das Direktorium ist eine Blütezeit der Korruption. Für Aufträge werden hohe Bestechungssummen bezahlt. Jeder versucht, irgendwelche Geschäfte zu machen. Als Gemahlin des Kommandierenden Generals der Italienarmee ist Joséphine für Waffen- und Gerätelieferanten natürlich besonders interessant. Sie machen ihr den Hof, versprechen ihr riesige Gewinne. Joséphine läßt sich ihre Empfehlungen teuer bezahlen, doch dafür hat sie auch tatsächlich hervorragende Beziehungen – zu Barras einerseits, zu Bonaparte und dessen Adjutanten andererseits.

Die Reisenden kommen nur langsam voran, denn überall werden für Mme. Bonaparte, die Frau des heldenhaften Generals, Empfänge und Feste veranstaltet. In Lyon besucht Joséphine am 8. Juli 1796 in Gesellschaft des Botschafters von Tunis eine Aufführung von *Iphigénie en Aulide.* In Turin wird sie vom König von Sardinien, der am 15. Mai einen Friedensvertrag mit Frankreich unterzeichnet hat, wie eine Herrscherin empfangen. Napoleon hat ihr seinen Adjutanten Marmont entgegengeschickt, der sie nach Mailand begleiten soll. Am 13. Juli hält sie triumphalen Einzug in die lombardische Hauptstadt, wo Bonaparte als Befreier gefeiert wird.

Napoleon residiert im Palazzo Serbelloni, dem schönsten Palast der Stadt. Vor Freude über das Wiedersehen mit seiner Frau ist er völlig außer sich. Er hat so lange auf sie gewartet, und nun kann er sie gar nicht genug herzen und liebkosen. Er legt sich auch in Gegenwart anderer keine Zurückhaltung auf, so daß Hamelin verlegen aus dem Fenster starrt. Nun ist es von Joséphine auch zweifellos nicht gerade rücksichtsvoll, nach der langen Trennung darauf zu bestehen, daß Bonaparte ihre Schützlinge – Charles, Lagrange, Monglas und Hamelin – einlädt. Und so gilt Hamelins Sympathie denn auch ganz dem General. »Ich wußte, was es mit dem *Sieur Charles* für eine Bewandtnis hatte, und es tat mir in der Seele weh, mitansehen zu müssen, daß dieser junge General, dessen Ruhm auch auf seine Frau abfärbte, der unglückliche Rivale eines dummen Jungen war, der mit nichts anderem als einer hübschen Larve und der Eleganz eines Barbiers aufwarten konnte.«

Der Magistrat von Mailand behandelt Joséphine wie eine Großherzogin. Man stellt ihr 30 Dienstboten und 100 Köche zur Verfügung. »Da ich eine einfache Republikanerin bin, ... habe ich mir die Freiheit genommen, all diese Leute wegzuschicken und mich auf meinen kleinen Haushalt zu beschränken, wie in der Rue Chantereine«, schreibt sie Thérèse. Trotz der rauschenden Feste, die zu ihren Ehren veranstaltet werden, langweilt sie sich in Mailand und sehnt sich nach ihren Pariser Freunden und nach ihren Kindern.

Bonaparte muß seine Frau schon am Morgen des 15. Juli verlassen, denn seine Armee belagert Mantua, und dabei ist seine Anwesenheit unbedingt erforderlich. Da er Joséphine jedoch in seiner Nähe haben möchte, fordert er sie auf, nach Brescia zu kommen, »wo der zärtlichste aller Liebhaber dich erwartet«. Auf diese Weise will er auch ihre ungerechten Vorwürfe entkräften: Sie bezichtigt ihn der Untreue – wahrscheinlich nur, weil es ihr eine boshafte Freude bereitet, ihn zu provozieren und zu verletzen. Dabei bedenkt sie freilich nicht, daß sie mit ihren Provokationen leicht einen Schritt zu weit gehen und Napoleon auf den Gedanken bringen könnte, hinter ihrer Eifersucht verberge sich ein schlechtes Gewissen. In der ersten Zeit schenkt er den Gerüchten über eine Affäre seiner Frau mit einem jungen Oberleutnant zwar kein Gehör, aber allmählich schöpft er doch Verdacht. Um ihn

Einzug der Franzosen in Mailand.

zu beruhigen, macht sich Joséphine in Begleitung von Hamelin auf den Weg nach Brescia. Dieser Entschluß fällt ihr um so leichter, als Hippolyte inzwischen zu General Leclerc ins Hauptquartier nach Verona beordert worden ist. Und Bescia ist von Verona immerhin weniger weit entfernt als Mailand.

Am 26. Juli zieht sie mit Bonaparte in Brescia ein. Doch dann besteht sie darauf, nach Verona weiterzureisen. Unterwegs wird sie von feindlichem Feuer überrascht, muß schleunigst umkehren und in Peschiera Zuflucht suchen, wo sie eine sehr ungemütliche Nacht verbringt: Die Österreicher liegen so dicht vor der Stadt, daß ihre Lagerfeuer zu sehen sind. Am nächsten Morgen rückt General Junot mit einem Dragonertrupp an. Er überbringt Joséphine einen Brief von Bonaparte: sie soll sich sofort nach Castelnovo zurückziehen. Doch auch diese Fahrt verläuft nicht ohne Zwischenfälle. Die Eskorte wird vom Gardasee aus von einem österreichischen Kanonenboot unter Beschuß genommen, wobei ein Dragoner schwere Verletzungen erleidet. In dieser kritischen Situation behält Joséphine zu Hamelins großem Erstaunen die Nerven. Allerdings ist sie heilfroh, als sie unversehrt in Castelnovo ankommt, wo zu ihrer großen Erleichterung bald auch Napoleon eintrifft. Er hat inzwischen eingesehen, daß die Kampfzone für seine Frau ein viel zu gefährlicher Aufenthaltsort ist, und vertraut sie Hamelin an, der sie in die Toskana bringen soll, beschützt vom fünften Dragonerregiment. Die Reise führt über Bologna und Ferrara nach Parma, wo sie Bonapartes Onkel Joseph Fesch kennenlernt, den späteren Kardinal, der zu jener Zeit hauptsächlich damit beschäftigt ist, Kirchengemälde zu requirieren. Dann geht es weiter nach Lucca und Florenz. Obwohl ihr in beiden Städten ein fürstlicher Empfang zuteil wird, ist sie schlecht gelaunt, weil sie ihren Geliebten schmerzlich vermißt. Trotzdem erobert sie mit ihrem Charme alle Herzen. Miot de Mélito, der diplomatische Vertreter Frankreichs in Florenz, stellt ihr das Gesandtschaftsgebäude zur Verfügung. »Damals konnte ich meine Bekanntschaft mit ihr erneuern«, schreibt er. »Ich hatte sie hin und wieder in der Pariser Gesellschaft getroffen, und während ihres Aufenthalts in Florenz sah ich mich in meiner ursprünglichen Meinung über sie voll bestätigt. Keine Frau hat jemals mehr Güte und mehr natürliche Anmut in sich vereinigt, und niemand hat mit solcher Freude wie sie soviel Gutes getan. Ihre Freundschaft war für mich eine hohe Ehre.« Sogar Großherzog Ferdinand III., ein österreichischer Prinz und obendrein noch Neffe von Marie-Antoinette, lädt Joséphine zum Abendessen ein.

Dann kehrt sie nach Brescia zurück, wo sie Napoleon jedoch nicht antrifft. Er erwartet sie in Cremona. Hamelin ist dafür, sich unverzüglich dorthin zu begeben, doch Mme. Bonaparte beharrt darauf, die Nacht in Brescia zu verbringen. Sie bezieht die Wohnung ihres Mannes, Hamelin die eines Adjutanten. Kurz darauf wird ihm klar, warum sie sich geweigert hat weiterzufahren.

»Ich lege mich hin«, erklärt sie ihm, »und lasse den Tisch neben meinem Bett decken. Dann essen wir zusammen.«

Als Hamelin etwas später das Schlafzimmer betritt, sieht er drei Gedecke und erkundigt sich, wer der Dritte ist.

»Ach, dieser arme Charles«, erwidert sie. »Er befindet sich auf dem Rückweg von einem Auftrag und hat in Brescia Station gemacht, als er erfuhr, daß ich mich gerade hier aufhalte.«

Hippolyte betritt in diesem Augenblick den Raum, und man speist zusammen. Dann ziehen die Herren sich zurück, doch auf der Schwelle wird Charles von einer schmachtenden Stimme zurückgerufen. Hamelin begibt sich in sein Quartier, bemerkt dann aber, daß er seinen Hut und seine Waffen im Salon vor Joséphines Schlafzimmer vergessen hat. Er steigt die Treppe hinab, um seine

Sachen zu holen, doch der Grenadier, der vor der Wohnungstür Wache hält, erklärt ihm, er dürfe niemanden einlassen.

»Wer hat Ihnen diesen Befehl gegeben?« fragt Hamelin.

»Die Zofe«, antwortet der Grenadier.

»Da begriff ich, daß die Heldin von Peschiera sich wieder in die Lebedame von Paris verwandelt hatte«, kommentiert Hamelin.

Napoleon sind wieder nur wenige Tage mit seiner Frau vergönnt, bevor er sich an die Front begeben muß. Zuvor bringt er Joséphine nach Mailand. Sie bittet ihren Gastgeber, Herzog Serbelloni, der sich in offizieller Mission nach Paris begibt, Briefe und Geschenke für ihre Kinder und Freunde mitzunehmen.

»M. Serbelloni«, schreibt sie Hortense am 6. September, »wird Dir von Bonaparte eine schöne emaillierte und mit Perlen verzierte Repetieruhr mitbringen, von mir ein rosa Kleid, eine kleine Silberschere und eine Brieftasche.«

Der Herzog verspricht auch, Mme. de Renaudin zu besuchen und ihr zu erzählen, mit welchen Ehren ihre Nichte überall in Italien empfangen wird. Trotzdem klagt Joséphine ihr: »Ich mache mir nichts aus den Ehrenbezeigungen in diesem Land. Ich langweile mich sehr.«

Sie organisiert einen regelrechten Warenverkehr zwischen Italien und Frankreich, schickt erlesene Stoffe, gefragte Lebensmittel und teure Spirituosen nach Paris, handelt mit allem möglichen, entschuldigt sich bei ihrer Tante, einem Bürger, den diese empfohlen hat, derzeit keine Stellung verschaffen zu können.

Bonaparte ist über die zahlreichen Schützlinge seiner Frau gelegentlich etwas ungehalten. »Die Leute, die Du protegierst, sind zwar etwas hitzig und haben es sehr eilig, doch ich freue mich, für sie etwas tun zu können, was Dir angenehm ist. Sie sollen nach Mailand kommen. Nur müssen sie sich noch etwas gedulden. ... Übrigens sagt man mir, daß Du jenen Herrn, den Du mir für die

Armeelieferungen empfiehlst, schon sehr lange und sehr gut kennst. Wenn das wahr ist, so wärest Du ein Ungeheuer.«

Während Joséphine damit beschäftigt ist, die Wünsche ihres großen Kundenkreises zu erfüllen, den einen Delikatessen oder Antiquitäten aus Italien zu schicken, anderen lukrative Geschäfte oder gefragte Stellungen zu verschaffen und bei alldem ihren wohlverdienten Anteil einzustreichen, erringt Bonaparte mit seiner Armee in der Lombardei weiterhin einen Sieg nach dem anderen. Er

General Bonaparte auf der Brücke von Arcole, 1796. Ölgemälde von Baron Gros.

hält seine Frau täglich auf dem laufenden über die Truppenbewegungen, die Schlachten, die Erfolge und Rückschläge. Auf diese Weise ist sie bestens über die Lage informiert, ohne sich den Gefahren an der Front aussetzen zu müssen. Joséphine hat außerdem General Berthier gebeten, gut auf Bonaparte aufzupassen – und auf eventuelle Besucherinnen. Eifersucht verpflichtet!

Berthier erstattet ihr denn auch getreulich Bericht über die Gesundheit des Kommandieren Generals, über dessen Reisen und Äußerungen. So beruhigt er Joséphine am 22. November, nach den schrecklichen Tagen der Schlacht von Arcole, wo Napoleon selbst, mit der Fahne in der Hand, einen Angriff führte, um seiner erschöpften Armee Mut zu machen. »Machen Sie sich keine Sorgen um Ihren Mann. Ich gebe Ihnen mein Wort, daß er sich jetzt der Gefahr nicht mehr so aussetzt, wie er das getan hat. ... Sie können also getrost glücklich sein. Als Ihr Mann gestern den Brief, den Sie mir geschrieben haben, gelesen hat, sagte er: ›Sie müssen doch zugeben, daß ich eine charmante Frau habe. Ja, ich liebe sie sehr, und ich glaube, daß es jemanden wie sie kein zweites Mal auf der Welt gibt. Berthier, wir müssen unbedingt für einige Tage nach Mailand, damit ich meine kleine Frau wieder einmal küssen kann.‹ Ich glaube, daß er – wie auch Sie – zwar von Küssen sprach, aber an etwas Intimeres dachte.«

Am 19. November, unmittelbar nach dem Sieg über die Österreicher, hat Bonaparte selbst seiner Frau geschrieben: »Endlich, meine anbetungswürdige Joséphine, lebe ich wieder auf. Ich habe den Tod nicht mehr vor Augen, und Ruhm und Ehre sind noch in meinem Herzen. Der Feind ist in Arcole geschlagen worden. ... In acht Tagen wird Mantua unser sein, und ich werde Dir bald in Deinen Armen tausend Beweise der leidenschaftliche Liebe Deines Mannes geben können.«

Doch Joséphines Schweigen dämpft die Freude des siegreichen Kriegers, und als er am 23. November noch immer keine Nachricht von ihr hat, kann Napoleon seine Verbitterung nicht verbergen. »Was tun Sie den ganzen Tag, Madame? Welche wichtige Affäre raubt Ihnen die Zeit, an Ihren Herzallerliebsten zu schreiben? Welche Neigung erstickt jene zärtliche und beständige Liebe, die Sie ihm versprochen haben? Wer kann nur dieser herrliche neue Liebhaber sein, der all Ihre Gedanken und all Ihre Zeit so in Anspruch nimmt, daß Sie für Ihren Mann keine Minute mehr erübrigen können? Joséphine, nehmen Sie sich in acht! Eines Nachts schlage ich die Tür ein und stehe vor Ihnen! Doch im Ernst: ich bin beunruhigt, meine teure Freundin, nichts von Dir zu hören.«

Am 25. November 1796 verläßt er Verona und trifft am 27. in Mailand ein. Doch Joséphine ist nicht im Palazzo Serbelloni. Sie hält sich in Genua auf. »Ich habe alles im Stich gelassen, um Dich zu sehen, um Dich in meine Arme zu schließen. Du warst nicht da! Du amüsierst Dich in Städten, wo man Feste gibt. Du gehst, wenn ich komme. Du kümmerst Dich nicht um Deinen Napoleon. Eine Laune ließ Dich ihn lieben, die Unbeständigkeit macht ihn Dir gleichgültig.« Er teilt ihr mit, daß er sich bis zum 29. in Mailand aufhalten werde, fügt aber ironisch hinzu, sie solle sich in ihren Vergnügungen nicht stören lassen. »Die ganze Welt ist überglücklich, wenn sie Dir nur gefallen kann. Nur Dein Mann ist sehr, sehr unglücklich.«

Die schwere Enttäuschung ist für den total erschöpften General zuviel: er erkrankt. Berthier ist so beunruhigt, daß er sich über den Befehl seines Vorgesetzten hinweggesetzt und Joséphine benachrichtigt. Er legt ihr dringend nahe, sofort nach Mailand zu kommen, und sie befolgt diesen Rat.

Am 10. Dezember veranstaltet sie im Palazzo Serbelloni einen großen Ball zu Ehren Bonapartes und ist in den nächsten Wochen besonders aufmerksam und zärtlich zu ihm, um ihn zu versöhnen.

Napoleon genießt diese Ruhepause von ganzem Herzen, doch am 7. Januar 1797 muß er seine Frau erneut in aller Eile verlassen, weil die Österreicher Verona belagern. Am 14. Januar kommt es zur Schlacht von Rivoli. »Ich habe den Feind geschlagen«, teilt er Joséphine mit. »Ich bin todmüde. Ich bitte Dich, unverzüglich nach Verona aufzubrechen. Ich brauche Dich, denn ich glaube, daß ich krank werde.«

Joséphine eilt nach Verona, wo Bonaparte seinen Feldzug gegen den Kirchenstaat plant, da der Papst im Vertrauen auf Österreichs Stärke den Waffenstillstand mit Frankreich gebrochen hat. Napoleon macht sich Sorgen um seine Frau, die ständig deprimiert ist. Er rät ihr, viel spazierenzugehen, sich die Region anzuschauen, sich abzulenken und Gymnastik zu treiben. Sie begleitet ihn zwar bis Bologna, aber er hat inzwischen erkannt, daß es nicht in seiner Macht steht, sie aufzuheitern, und er glaubt, daß sie sich nach Paris zurücksehnt. »Dieser Gedanke macht mich unglücklich, meine teure Freundin«, schreibt er ihr von der Front. »Das Leben ist für mich unerträglich, seit ich weiß, daß Du schwermütig bist.«

Am 24. Februar unterzeichnet er einen für Frankreich sehr günstigen Friedensvertrag mit Pius VI., der sehr schnell eingesehen hat, daß seine Truppen Napoleons kampferprobter Armee nicht gewachsen sind.

Joséphine ist noch immer nicht von ihrer unerträglichen Eifersucht kuriert, die schon Alexandre de Beauharnais das Leben schwermachte. Sie zweifelt an Napoleons Treue, beschuldigt ihn, sie wegen anderer Frauen zu vernachlässigen. Ist es nur eine Komödie der untreuen Ehefrau, die ihren Mann in die Verteidigung drängen will, damit er sie nicht angreifen kann? Jedenfalls teilt sie ihre Befürchtungen Berthier mit, der Bonaparte gegen solche unbegründeten Verdächtigungen in Schutz nimmt. Am 11. Februar schreibt er ihr aus Ancona einen langen Brief, um sie zur Vernunft zu bringen. »Bonaparte hat sich nicht das geringste zuschulden kommen lassen«, heißt es darin. »Er liebt Sie, er betet Sie an, er ist unglücklich über diese Schimären. Ich habe General Bonaparte während des ganzen Feldzugs nicht verlassen. ... Und ich schwöre Ihnen bei allem, was mir heilig ist, daß er in Gedanken stets bei Ihnen ist. Nein, es gibt keine Frau, die mehr geliebt und geschätzt würde als Sie. Wie oft hat er mir gesagt: ›Gib zu, mein lieber Berthier, daß ich ein unglücklicher Mann bin! Ich bin verrückt nach meiner Frau, ich denke nur an sie, und sie überschüttet mich mit ungerechten Vorwürfen.‹ Ich muß ihm darin völlig Recht geben.«

Napoleon eilt nach dem Friedensschluß mit dem Heiligen Stuhl nach Bologna und bringt seine Frau nach Mantua, doch seine Liebe und Leidenschaft vermögen Joséphine nicht aus ihrer düsteren Stimmung zu reißen. Trotz ihrer Eifersucht will sie ja im Grunde nicht ihn bei sich haben, sondern ihren Geliebten. Doch Hippolyte kann sich nur selten freimachen. Bei ihrer Abreise von Paris hat sie gehofft, in Italien ständig mit ihrem Oberleutnant zusammen sein zu können. Nun hält sie sich schon sieben Monate auf der Halbinsel auf und hat Hippolyte kaum zu sehen bekommen. Sie ist wütend, sie weint, sie ist liebeskrank, und niemand bleibt von ihrer schlechten Laune verschont.

»Ich langweile mich sehr in Italien«, klagt sie wieder, diesmal in einem Brief an ihre Tochter, die sie sehr vermißt. Die lange Trennung von ihren Kindern trägt zweifellos zu ihren Depressionen bei. Sie schreibt ihnen lange Briefe, erkundigt sich nach Hortenses Fortschritten im Zeichnen und verspricht, ihr »sehr schöne Zeichnungen der berühmtesten Meister« mitzubringen. Außerdem bittet sie Thérèse Tallien, sich der Vierzehnjährigen anzunehmen und sie in die Salons einzuführen. Hortense schätzt diese lebenslustige Freundin ihrer Mutter jedoch keineswegs und will nicht von ihr bevormundet werden.

Deshalb wendet sie sich hilfesuchend an Bonaparte: »Mme. Tallien, die mit Mama befreundet ist, besteht darauf, daß ich einige Tage bei ihr in Paris verbringen soll. Leider hat Mama zugestimmt, so daß Mme. Campan es mir nicht verbieten kann. Besagte Dame ist zwar sehr liebenswürdig, macht aber in der Welt entschieden zuviel von sich reden. Jetzt hat sie sich auch noch mit ihrem Mann zerstritten, was in allen Zeitungen steht, und ich fände es unschicklich, wenn man überall sagen würde: ›Das ist Hortense Beauharnais, ein junges Mädchen, das Mme. Tallien unter ihre Fittiche genommen hat.‹ ... Es wäre mir wesentlich lieber, wenn Sie so freundlich wären, Mme. Campan einige Zeilen zu schreiben und ihr mitzuteilen, es sei Ihr ausdrücklicher Wunsch, daß ich mich nur auf meine Studien konzentriere, daß ich nicht ausgehen dürfe, es sei denn, in ihrer – Mme. Campans – Begleitung.« Eine ähnlich negative Einstellung hat Hortense übrigens auch zu Barras, und in der Tat verkörpern sowohl Thérèse als auch der Direktor keine der Tugenden, zu denen Mme. Campan ihre Schülerinnen anhält.

Joséphine hingegen vermißt ihre Freunde nicht minder als ihre Kinder. Wenn sie schon nicht mit ihrem Geliebten vereint sein kann, will sie wenigstens von ihrem Kummer abgelenkt werden, aber all die rauschenden Feste, die ihr zu Ehren in Italien veranstaltet werden, machen ihr ohne die vertrauten Gesichter ihrer Pariser Bekannten keinen Spaß. Und Napoleon liest ihr zwar jeden Wunsch von den Augen ab, kann aber in ihrer Gunst weder mit dem schönen Hippolyte noch mit ihrem ehemaligen Geliebten, dem Lüstling Barras, konkurrieren.

Bonaparte hat im März 1797 die Österreicher endgültig in die Knie gezwungen, indem er bis zum Semmering vordrang, so daß der kaiserliche Hof in Wien gezwungen war, endlich Friedensverhandlungen zuzustimmen. Im April kommt es zum Vorfrieden von Leoben, doch das

Aushandeln der endgültigen Friedensbedingungen zieht sich monatelang hin. Joséphine muß sich folglich weiter in Italien langweilen. Als im Spätsommer Botot, Barras' Sekretär, nach Passeriano bei Udine kommt, wo die Verhandlungen mit den österreichischen Delegierten geführt werden, ist sie hocherfreut über die Abwechslung. Botot weiß alle Neuigkeiten aus Paris, und mit ihm kann sie sich ausgiebig über ihren Freund Barras unterhalten.

Joséphine liest einen Brief Napoleons.
Radierung, um 1810.

Bei seiner Abreise vertraut sie ihm einen Brief an den Direktor an, dem sie ihre unwandelbare Freundschaft versichert, um ihn sodann mit schier unüberbietbarer Unverfrorenheit aufzufordern: »Schreiben Sie Bonaparte, daß er Frieden schließen soll. Dann werde ich bald wieder bei meinen Freunden sein.«

Sie mischt sich in Politik und Diplomatie ein, um ihre privaten Interessen durchzusetzen. So unterstützt sie auch den österreichischen Delegierten, Graf Ludwig Cobenzl, der vom ungestümen Bonaparte mitunter schlecht behandelt wird. Der Diplomat klagt bei Joséphine über die Wutausbrüche des Generals, und sie scheut keine Mühe, um das Verhältnis zwischen den beiden Verhandlungspartnern zu verbessern, weil sie sich sehnlichst wünscht, daß der Friedensvertrag endlich unterzeichnet wird. Nach Wien zurückgekehrt, bedankt sich Cobenzl in seinem Namen und im Namen des Kaisers für ihre wertvolle Hilfe. Franz II. schenkt ihr sogar ein Pferdegespann aus seinem Gestüt, worüber Joséphine natürlich entzückt ist.

Am 18. Oktober 1797 beauftragt Bonaparte Berthier, den soeben unterzeichneten Vertrag von Campo Formio nach Paris zu bringen. Dem Direktorium sind Napoleons Ruhm und Beliebtheit aber inzwischen schon ein Dorn im Auge, weil dieser General allmählich viel zu mächtig wird. Deshalb beschließt die Regierung, ihn noch nach Rastatt zu schicken, um gewisse Detailfragen des Vertrags zu klären.

Joséphine kann sich plötzlich nicht entschließen, Italien zu verlassen, ohne Rom gesehen zu haben. Bonaparte ist von dem Vorhaben seiner Frau, die Ewige Stadt zu besuchen, alles andere als begeistert, weil er befürchtet, daß sie dort Unannehmlichkeiten haben könnte, aber er setzt am 15. November seinen Bruder Joseph, der jetzt Botschafter beim Heiligen Stuhl ist, davon in Kenntnis. Doch nun zögert Joséphine, und schließlich beschließt sie, doch lieber nach Venedig zu fahren, wo sie eine herrliche Zeit erlebt – in Hippolytes Armen! Die provisorische Regierung der ehemaligen Republik empfängt sie wie eine Königin, um über sie den Helden Bonaparte zu ehren.

Mitte Dezember macht sie sich schließlich auf den Rückweg nach Frankreich. Mit Hippolyte, der Urlaub bekommen hat. Sie läßt sich viel Zeit, weil sie – angeblich – nicht weiß, daß man sie schon Ende November in Paris erwartet hat und sich Bonaparte seit 6. Dezember dort aufhält. Am 19. Dezember trifft sie in Lyon ein. Die Stadt wird zu ihren Ehren abends illuminiert. Man veranstaltet Bälle und Feste, man überreicht ihr eine Rosenkrone und für Bonaparte einen Lorbeerzweig. In Paris wird man derweil immer ungeduldiger, man wundert sich, empört sich, spricht sogar von Provokation. Wenig schmeichelhafte Gerüchte kursieren in der Hauptstadt, denn inzwischen vermuten alle, daß die Gemahlin des Generals nicht allein reist. Niemand wagt mehr vorauszusagen, wann sie ankommen wird. Außenminister Talleyrand hat den großen Empfang, der am 25. Dezember stattfinden sollte, verschieben müssen.

Am 2. Januar 1798 trifft sie endlich in Paris ein und spielt den Unschuldsengel. Napoleon, der schon über die äußerst luxuriöse neue Einrichtung des Hauses in der Rue Chantereine (die man soeben ihm zu Ehren in Rue de la Victoire umbenannt hat) ziemlich verärgert ist, verlangt von seiner Frau Erklärungen: Warum diese Verspätung, wozu diese enormen Ausgaben für ein Haus, das nur gemietet ist?

Seine Fragen werden nicht beantwortet...

Charles Maurice de Talleyrand-Périgord. Kupferstich.

9

»Wir müssen eine sehr weite Reise machen« (1798 – 1799)

Am 3. Januar 1798 kann Talleyrand endlich das große Fest zu Ehren Joséphines veranstalten. Charles-Maurice de Talleyrand-Périgord ist viel zu wohlerzogen und viel zu klug, um sich eine eventuelle Ungehaltenheit über die säumige Mme. Bonaparte anmerken zu lassen. Seine Residenz ist prächtig geschmückt: Blumen und Ziersträucher auf der Treppe, Girlanden in den Salons, Baumgruppen, in denen die Orchester untergebracht sind. Um halb elf abends betritt die Generalin am Arm ihres Gemahls den Garten, in dem ehrfürchtiges Schweigen herrscht. Alle Blicke richten sich auf den Helden von Italien. Um elf begeben sich die Gäste in den Saal, wo herrlich dekorierte Tische für das Bankett arrangiert sind. Nur die Frauen nehmen Platz, die Männer bilden eine Art Ehrengarde um sie herum. Talleyrand hält sich hinter Joséphines Stuhl und läßt nichts unversucht, seinen Ehrengast zu unterhalten, der sichtlich schlecht gelaunt ist. Der weltgewandte Außenminister, der sich auf die Kunst der Konversation und auf Galanterien genauso gut versteht wie auf die Politik, hat mit seinen Bemühungen aber nicht allzu viel Erfolg. Man trinkt auf »die Bürgerin, deren Name dem Ruhm am teuersten ist« und »auf des Kriegers, des siegreichen Helden geliebte Gefährtin«, aber diese entfaltet nicht ihren üblichen unwiderstehlichen

Charme. Ist ihr vielleicht zu Ohren gekommen, daß manche Gäste über ihre originelle Kopfbedeckung, die unverkennbar von den Kalotten der venezianischen Dogen inspiriert ist, heimlich spötteln? Oder hat sie ihren Verdruß über Napoleons Vorwürfe und Fragen noch nicht überwunden? Oder vermißt sie ihren geliebten Hippolyte?

Das rauschende Fest dauert bis in die frühen Morgenstunden. Charles-Maurice kann sehr zufrieden und stolz sein. Er hat das Kunststück vollbracht, bei einem republikanischen Empfang den ganzen Esprit des Ancien Régime neu zu entfachen.

In den nun folgenden Wochen kann Joséphine endlich wieder ihre geliebten Pariser Gepflogenheiten aufnehmen. Das Ehepaar Bonaparte weiß sich vor Einladungen kaum noch zu retten. Man reißt sich förmlich um den heldenhaften General. Napoleon aber hat in Italien zum erstenmal von der Macht gekostet und strebt nun ein ganz bestimmtes Ziel an: Er will an die Macht kommen. Ihm ist allerdings bewußt, daß dazu noch viele Hindernisse zu überwinden sind. Seinen gesellschaftlichen Aufstieg zu festigen und seine Beziehungen weiter auszubauen, dürfte daher von größtem Nutzen sein. Und er weiß, daß Joséphine in dieser Hinsicht eine wichtige Verbündete sein kann.

Der Staatsstreich vom 18. Fructidor des Jahres V (4. September 1797)* hat das Regime vollends in Mißkredit gebracht. Die verunsicherten Direktoren sind geradezu krankhaft empfindlich und stehen dem siegreichen Heerführer mißtrauisch oder sogar feindselig gegenüber.

---

* Der Staatsstreich vom 18. Fructidor richtete sich gegen den ›Rat der 500‹ und den ›Rat der Alten‹. Bei den Wahlen des Jahres V hatten die Royalisten große Erfolge verbuchen können; sie sollten einen der Direktoren und den Präsidenten des ›Rates der 500‹ stellen. Die bisherigen Direktoren sahen ihre Macht bedroht und ließen die Versammlungssäle von Truppen umzingeln. Eine gewisse Anzahl royalistischer Deputierter wurde verhaftet und nach Guayana verbannt.

Seine Popularität ist ihnen ein Dorn im Auge. Um nicht den Eindruck zu erwecken, er fördere den Heldenkult, hält Bonaparte es für geraten, sich weitgehend zurückzuziehen und zu bekunden, er wolle wie ein einfacher Bürger leben. Doch insgeheim streckt er seine Fühler in alle Richtungen aus, und überall leistet ihm Joséphine als unauffällige Botschafterin wertvolle Dienste. Sie pflegt regen Umgang mit Regierungsmitgliedern und Abgeordneten. Sie führt Bonaparte in die Kreise der Hochfinanz ein. Sie gibt Diners, bei denen Bankiers wie Ouvrard oder Perrégaux, Großhändler wie Collot und vielversprechende junge Offiziere wie Junot, Murat und Leclerc an einem Tisch sitzen.

Außenminister Talleyrand, in dem Bonaparte den fähigsten Kopf der Regierung erkannt hat, macht ihn auf die diplomatischen Möglichkeiten des Orients aufmerksam. Der ehemalige Bischof hat ein altes Projekt aus der Zeit Ludwigs XV. ausgegraben und legt es dem General zur Begutachtung vor. Es geht um die Eroberung von Ägypten, jener Provinz des Ottomanischen Reiches, die der Kontrolle des Sultans entglitten ist. Offiziell könnte Frankreich deshalb als Verbündeter der Hohen Pforte intervenieren, um die Herrschaft der aufsässigen Mameluken zu brechen. Doch das eigentliche Ziel der Expedition bestünde darin, Ägypten einzunehmen und auf diese Weise England empfindlich zu treffen, das auf ungehinderte Verbindungswege nach Indien angewiesen sei. Bonaparte ist von diesem Plan begeistert, doch die engstirnigen Direktoren wollen zunächst nichts davon wissen und versteifen sich darauf, daß man eine Landung in England versuchen müsse. Napoleon läßt indessen nicht locker: Er droht mit seinem Rücktritt, er schmeichelt und hofiert, er argumentiert und taktiert, und schließlich führt seine Hartnäckigkeit zum Erfolg. Am 5. März 1798 gibt das Direktorium seine Zustimmung zum Ägyptenfeldzug. Es hat dabei schließlich wenig zu verlieren.

Glückt die gewagte Expedition, so wird das die Regierung stärken; schlägt die Sache fehl, so ist man diesen lästigen Bonaparte endgültig los. Auf jeden Fall aber wird der ehrgeizige General eine ganze Weile von der Bühne der Öffentlichkeit verschwinden.

Joséphine hat ihren Mann bei der Durchsetzung seiner Wünsche tatkräftig unterstützt. Ihr alter Freund Barras wurde zu Abendessen im kleinen Kreis geladen, wo er mit Gelehrten und Diplomaten zusammentraf, die sich im Orient bestens auskannten. Sie dinierte mit Reubell, einem anderen Direktor, und erinnerte ihn dezent an seine Bekanntschaft mit Alexandre de Beauharnais während der Belagerung von Mainz im Jahre 1793. Sie speiste mit dem Kriegs- und mit dem Marineminister, die das Projekt ursprünglich entschieden ablehnten.

Welche Gründe mögen Joséphine bewogen haben, sich derart einzusetzen? Will sie, daß Bonaparte ins ferne Ägypten zieht, damit sie Hippolyte ungestört sehen kann? Glaubt sie, daß diese Expedition ihren Mann an die Macht bringen wird? Oder ist sie so fasziniert von den Schilderungen der Orientalisten und Wüstenforscher, daß sie Bonaparte begleiten und die geheimnisvolle Kultur der Pharaonen kennenlernen möchte?

Und aus welchem Grunde sind die Direktoren Barras und Reubell sowie Kriegsminister Schérer eigentlich so entgegenkommend? Warum sind sie geradezu erpicht darauf, Mme. Bonaparte zu empfangen?

Es gibt eine einleuchtende Erklärung für Joséphines Bemühungen einerseits und das Entgegenkommen der Herren andererseits: Bei ihren Treffen geht es nur vordergründig um Bonapartes Ägyptenexpedition, was sie hinter den Kulissen verbindet, sind gemeinsame finanzielle Interessen.

Joséphine hat Hippolyte Charles, der aus dem Militärdienst ausscheiden möchte, den Brüdern Bodin, ihres Zeichens Armeelieferanten, vorgestellt, und nun tut sie ihr möglichstes, ihnen große Aufträge zuzuschanzen. Sie ist nicht die einzige. Charles dient den Bodin als Strohmann bei zweifelhaften Spekulationsgeschäften; Reubell, der beim Direktorium für die militärische Administration zuständig ist, legt den Generälen nahe, bei der Handelsgesellschaft Bodin zu bestellen, obwohl er weiß, daß dort Wucherpreise verlangt werden und die Waren nichts taugen. Barras, sein Sekretär Botot und Schérer garantieren den Brüdern Bodin lukrative Absatzmärkte; und Joséphine garantiert ihnen eine gewisse Immunität für den Fall drohender Repressalien seitens Bonapartes. Die Gewinne werden zwischen den ›Bandenmitgliedern‹ aufgeteilt. Kommissar Duport ist angesichts der Unzahl von Spekulanten ohnmächtig. Er informiert das Direktorium zwar über die katastrophalen Mißstände – doch wer könnte etwas gegen die Profithaie unternehmen, die das Wohlwollen höchster Kreise genießen?

Joséphine kann nun aufs angenehmste Geschäft und Vergnügen miteinander verbinden und ihren geliebten Hippolyte, der bei Bodin wohnt, fast täglich sehen. »Ich fahre aufs Land«, schreibt sie ihm beispielsweise. »Um fünf komme ich zurück und werde Dich um halb sechs oder sechs bei Bodin treffen. Ja, mein Hippolyte, mein Leben ist eine ständige Qual! Du allein schenkst mir Glück. Sag mir, daß Du mich liebst, daß Du nur mich liebst. Dann werde ich die glücklichste aller Frauen sein.«

Doch plötzlich geht ein schweres eheliches Gewitter auf sie nieder. Sie hat ihre Zofe Louise Compoint entlassen, weil sie es unpassend fand, daß diese mit Junot schlief. Um sich zu rächen, berichtet Louise Compoint Bonaparte von der Affäre seiner Frau mit Hippolyte. »Sie erzählte mir«, vertraut Napoleon auf Sankt Helena dem Großmarschall Bertrand an, »daß ein junger Stabsadjutant namens Charles – ein kleiner Hurenbock, den Sie in Italien gesehen haben müssen – Joséphine überallhin folgte, in denselben Herbergen schlief und in ihrem

Paul Barras als Direktor. Kupferstich.

Wagen reiste. Auf diese vertrauliche Mitteilung hätte ich gern verzichtet.«

Sein Bruder Joseph öffnet ihm dann vollends die Augen. Am 19. März bestätigt er die Aussagen der Zofe und setzt Napoleon außerdem über Joséphines Geschäfte in Kenntnis. Aufgrund guter Beziehungen zu dem Bankier Pierre-Joseph-Fleury Jubié, der im April Prokurist bei Louis Bodin wird, ist Joseph über die Machenschaften der Gesellschaft bestens unterrichtet, und er ist begeistert über die günstige Gelegenheit, seiner Schwägerin eins auswischen zu können. Als Napoleon erfährt, daß seine Frau ihn hintergeht und sowohl sein Vertrauen als auch seinen Namen schändlich mißbraucht, macht er ihr eine heftige Szene und fordert sie auf, sich zu Josephs Beschuldigungen zu äußern. Kennt sie die Brüder Bodin? Hat sie sich tatkräftig eingesetzt, um ihnen die gesamten Heereslieferungen für die Italienarmee zukommen zu lassen? Wohnt Hippolyte Charles in Faubourg Saint-Honoré Nr. 100? Stimmt es, daß sie sich täglich dorthin begibt?

Joséphine streitet tränenreich alles ab und unterstellt Bonaparte, er wollte mit diesen üblen Mitteln die Ehescheidung erreichen. Dann greift sie hastig zu Feder und Papier, um Hippolyte zu warnen.

»Ja, mein Hippolyte, sie [gemeint sind Napoleon und sein Bruder Joseph] haben meinen ganzen Haß; nur Dir allein gehört meine Zuneigung, meine Liebe. Aus meinem schrecklichen Zustand müssen sie ersehen, wie sehr ich sie verabscheue. Ich bin verzweifelt, weil ich darauf verzichten muß, Dich so oft zu sehen, wie ich will. Hippolyte, ich werde mich töten; ja, ich will einem Leben ein Ende setzen, das mir von nun an nur noch eine Last wäre, weil ich es nicht mehr Dir widmen kann. O Gott, was habe ich diesen Ungeheuern nur getan? Aber ihr Tun ist vergeblich – niemals werde ich mich zum Opfer ihrer Grausamkeiten machen lassen.

Ich flehe Dich an, richte Bodin aus, er solle sagen, daß er mich nicht kennt, daß der Auftrag für die Italienarmee nicht durch meine Vermittlung zustande gekommen ist. Dem Portier von Nr. 100 möge er einschärfen, falls jemand fragt, ob dort Bodin wohne, er solle sagen, er kenne diesen nicht. Außerdem soll Bodin sich der Briefe, die ich ihm für Italien gegeben habe, erst einige Zeit nach seiner Ankunft in jenem Land bedienen, und nur dann, wenn es unbedingt erforderlich ist. Unter uns gesagt, halte ich es für möglich, daß Jubié mit Joseph verbündet ist. Ah, sie können mich quälen, soviel sie wollen, sie werden mich doch niemals von meinem Hippolyte trennen. Mein letzter Seufzer wird ihm gelten.

Ich werde alles Menschenmögliche versuchen, um Dich im Laufe des Tages zu sehen. Sollte es mir nicht gelingen, so komme ich heute abend bei Bodin vorbei, und morgen früh schicke ich Blondin zu Dir, um Dir zu sagen, wann ich Dich im Garten der Mousseau erwarte. Adieu, mein Hippolyte, tausend heiße Küsse, glühend heiß wie mein Herz und genauso verliebt.«

Das eheliche Gewitter bleibt wirkungslos, denn Joséphine hat nicht die Absicht, ihre einträglichen Geschäfte aufzugeben. Warum sollte sie auch rechtschaffener sein als ihre Schwager, die ihre Positionen ausnutzen, um sich persönlich zu bereichern? Joséphines Tränen haben Bonaparte von ihrer Unschuld überzeugt, zumal er mit den Vorbereitungen der Ägyptenexpedition so beschäftigt ist, daß ihm keine Zeit bleibt, den Verdachtsmomenten nachzugehen. Er hat seiner Frau – wieder einmal – verziehen und kauft Julie Carreau am 26. März 1798 sogar das Haus in der Rue Chantereine ab. Außerdem trifft er verschiedene Dispositionen für den Fall, daß er in Ägypten ums Leben kommt, denn er will Joséphine vor der Habsucht seiner Familie schützen.

In der Nacht vom 3. auf den 4. Mai 1798 verlassen Joséphine, Bonaparte, sein Sekretär Bourrienne und Eugène

Paris in aller Heimlichkeit, um jeden Rummel zu vermeiden. Am Morgen des 9. erreichen sie Toulon. Die Ägyptenexpedition kann beginnen.

Am 19. Mai sticht die Flotte in See: dreizehn Linienschiffe, sieben Fregatten, sechs Korvetten und 106 kleinere Kriegsschiffe. Joséphine blickt dem Flaggschiff *L'Orient* nach, das ihren Mann und ihren Sohn entführt. Bonaparte hat es vorgezogen, sie an Land zurückzulassen, weil die Gefahr besteht, daß die Flotte von britischen Geschwadern angegriffen wird, die im Mittelmeer kreuzen.

Napoleon an Deck seines Expeditionsschiffes während der Überfahrt nach Ägypten.

Er will sie später nachkommen lassen. Zunächst soll sie aber eine Thermalkur in Plombières machen, dessen Wasser den Ruf genießt, gegen Unfruchtbarkeit zu helfen. »In zwei Monaten wird er mich abholen lassen«, schreibt Joséphine ihrer Tochter, und sie informiert auch Barras über die geänderten Pläne. Der Direktor behauptet später, sie hätte sich in die Vogesen begeben, weil sie hoffte, auf diese Weise der Reise nach Ägypten entgehen zu können.

Joséphine läßt sich auf dem Weg nach Plombières viel Zeit. Am 10. Juni ist sie erst in Lyon, wo sich die Brüder Bodin in höchster Aufregung befinden, weil sie soeben erfahren haben, daß der Kommandant der Italienarmee die Absicht hat, den Vertrag mit ihrer Gesellschaft zu annullieren. Nun ist schnelles Handeln erforderlich. Nur Barras kann den General zur Vernunft bringen. Joséphine schreibt sofort ihrem alten Freund und bittet ihn, auf Brune Druck auszuüben, damit dieser unverzüglich aufhört, die Bodin zu beunruhigen. »Sowohl Sie als auch ich verdanken ihnen sehr viel, mein lieber Barras, und ich hoffe, Sie werden nicht zulassen, daß man der Gesellschaft Bodin eine solche Gemeinheit antut. Sie würden ihnen einen großen Dienst erweisen, indem Sie sich bei General Brune für sie einsetzen. Sie wissen ja, daß das Wohl dieser Personen mir sehr am Herzen liegt.«

Der Direktor interveniert denn auch diskret beim Kommandanten der Italienarmee und kann diesen zu einer konzilianteren Haltung bewegen. Das große Geschäft ist gerettet, und somit sind auch die Bestechungssummen garantiert.

Nun kann Joséphine beruhigt ihre Reise fortsetzen. Am 14. Juni trifft sie endlich in Plombières ein. Die Bewohner fühlen sich sehr geehrt, daß eine so prominente Persönlichkeit ihren Kurort aufsucht, und versuchen dem Gast möglichst viel zu bieten, doch sie können nicht verhindern, daß Mme. Bonaparte sich schrecklich langweilt.

»Ich bin hier nur mit meiner Gesundheit beschäftigt«, klagt sie Barras. »Es gibt überhaupt keine Gesellschaft. Ich habe die Bürgerin Cambis bei mir, die so freundlich war, mich zu begleiten. Außer ihr und dem Kurarzt sehe ich niemanden. Ich bin in einem sehr ehrbaren Haus untergebracht: das Ehepaar erinnert mich an Philemon und Baucis.«

Barras ist zu dieser Zeit wieder ihr engster Vertrauter. Sie bittet ihn, sie unverzüglich zu informieren, sobald er Nachricht von Bonaparte hat. »Die Trennung von ihm schmerzt mich so, daß ich meine Schwermut nicht überwinden kann.« Aus Angst, ihre Briefe an Bonaparte könnten verlorengehen, schickt sie diese zur Weiterleitung an Barras. »Ich bitte Sie, sie ihm so schnell wie möglich zukommen zu lassen. Sie kennen ihn ja und wissen, wie sehr er es mir verübeln würde, wenn er nichts von mir hörte. Der letzte Brief, den er mir geschrieben hat, ist sehr freundschaftlich und zärtlich. Er schreibt, ich solle möglichst schnell zu ihm kommen, er könne fern von mir nicht leben. Deshalb führe ich alle mir verordneten Kuren gewissenhaft aus, um Bonaparte bald wiederzusehen, den ich trotz seiner kleinen Fehler sehr liebe.«

Diese plötzliche Verwandlung in eine besorgte und liebevolle Gattin hat ihre guten Gründe. Joséphine ist zu Ohren gekommen, daß Joseph geäußert hat, er werde nicht ruhen, bis er das Ehepaar Bonaparte endgültig entzweit hätte. Seit ihr Schwager sie bei Napoleon angeschwärzt hat, haßt sie ihn und befürchtet weitere Niederträchtigkeiten dieser Art. Deshalb liegt ihr jetzt sehr viel daran, ihren Mann nicht durch langes Schweigen erneut mißtrauisch zu machen.

Die Tage im Kurort ziehen sich für Joséphine unerträglich in die Länge, bis diese Monotonie am 20. Juni jäh durchbrochen wird, allerdings auf höchst unerfreuliche Weise: Mme. de Cambis sonnt sich auf dem Balkon im ersten Stock der Pension, als sie unten auf der Straße ein besonders hübsches Hündchen sieht. Sie ruft nach den anderen Gästen. Joséphine, General Colle und der Bürger Latour eilen aus dem Salon herbei. Der Balkon hält das Gewicht von vier Personen nicht aus. Die Bodenbretter brechen durch, und alle stürzen fast fünf Meter in die Tiefe. Die Männer bleiben wie durch ein Wunder völlig unversehrt, aber Adélaide de Cambis bricht sich ein Bein, und Joséphines Zustand gibt Anlaß zu so ernsten Befürchtungen, daß Hortense sofort im Pensionat benachrichtigt wird und ans Krankenbett ihrer Mutter eilt. Man befürchtet bleibende Lähmungen oder sogar noch Schlimmeres. Auch Barras wird unverzüglich informiert und in den folgenden Tagen durch ausführliche ärztliche Bulletins auf dem laufenden gehalten. Zehn Tage nach dem Unfall kann Joséphine noch immer nicht gehen und hat starke Schmerzen in den Lenden und im Unterleib. Ihr einziger Trost sind – wie sie selbst sagt – Barras' Briefe.

Doch auch andere Freunde sind sehr besorgt. Manche kommen sogar nach Plombières, um sie zu trösten und abzulenken. Diese Ablenkung besteht allerdings in den meisten Fällen darin, daß sie Joséphine ihr eigenes Leid klagen und sich über die Ungerechtigkeiten auslassen, mit denen sie zu kämpfen haben.

So läßt sich beispielsweise ein ehemaliger Kriegskamerad von Alexandre, Bataillonschef Victor du Lahorie, sogar beurlauben, um Joséphine besuchen zu können, und damit sie ihre Schmerzen vergißt, erzählt er ihr stundenlang von den Widrigkeiten seines Lebens. Seit zwei Jahren ist er nicht mehr befördert worden, obwohl er das mehr als verdient hätte. Vielleicht könnte Joséphine ja an höchster Stelle ein gutes Wort für ihn einlegen, damit er möglichst bald Generaladjutant wird... Joséphine schreibt sofort an Barras und legt ihm Lahorie und dessen Anliegen wärmstens ans Herz. »Wenn Sie mir einen großen Gefallen erweisen wollen, mein lieber Barras, werden

Sie das mit General Schérer irgendwie arrangieren; er kennt und schätzt den Bürger Lahorie, der wirklich ein vornehmer Charakter ist.« Wie hätte Joséphine auch ahnen sollen, daß dieser ›vornehme Charakter‹ sich eines Tages mit General Malet gegen Napoleon verschwören würde? Am 29. Oktober 1812 wird Lahorie auf Befehl des Kaisers erschossen werden.

Joséphine kann einfach nicht untätig bleiben, wenn sie von Schwierigkeiten anderer Menschen hört. Sie entfaltet ihre Verführungskünste, um Verwandten und Freunden, aber auch oberflächlichen Bekannten oder sogar wildfremden Menschen zu helfen. Sie ist außerstande, sich einer Bitte zu verschließen, und setzt sich nach Kräften ein, ob es nun darum geht, jemandem eine begehrte Stellung zu verschaffen, Steuererleichterungen durchzusetzen, einen Namen von der Emigrantenliste verschwinden zu lassen oder sonstige Gefälligkeiten aller Art zu erweisen.

Zwanzig Tage nach ihrem Sturz ist sie noch nicht wieder hergestellt. Sie kann nicht einmal zehn Minuten sitzen oder stehen, ohne heftige Schmerzen in den Lenden und im Unterleib zu verspüren. Um sie zu trösten, versichern ihr die Ärzte, sie werde in einem Monat völlig genesen sein. Bonaparte, der von dem Unfall nichts weiß, schickt seiner Frau weiterhin reizende Briefe, in denen er erklärt, ohne sie nicht leben zu können. Er bittet sie, sich in Neapel einzuschiffen, denn sie hat ihre Absicht, ihm zu folgen, nicht aufgegeben. Am 6. Juli schreibt sie Hortense Marmont, der jungen Frau von Bonapartes Adjutanten, diese möge sich schonen. »Sie wissen ja, daß wir eine sehr weite Reise machen müssen, und Ihr Mann würde es mir verübeln, wenn Sie krank ankämen.« Im Augenblick erlaubt es Joséphines Gesundheitszustand allerdings nicht, eine baldige Abreise ins Auge zu fassen.

Von dem Drama, das sich zu dieser Zeit Tausende von Kilometern entfernt im Wüstensand abspielt, weiß Joséphine zum Glück nichts. Seit das Expeditionskorps am 2. Juli in Alexandria an Land gegangen ist, sind alle Verbindungen mit Frankreich abgerissen. Bonaparte erhält keine Briefe mehr und weiß deshalb nichts vom schlechten Gesundheitszustand seiner Frau. Unter der gnadenlosen Sonne bewegt sich die von Hitze, Durst und Hunger gepeinigte Armee in südliche Richtung. Am 19. Juli – man ist bis Ouârdân vorgerückt – kommen Bonaparte erneut Gerüchte über Joséphines Untreue zu Ohren. Daraufhin zwingt er Junot, ihm reinen Wein einzuschenken. Es ist für ihn ein entsetzlicher Schlag, die ganze Wahrheit zu erfahren. Er ist außer sich vor Zorn, doch zugleich zutiefst verstört und erschüttert. Seinem Sekretär Bourrienne macht er schwere Vorwürfe, weil dieser geschwiegen hat.

»Sie sind mir nicht im mindesten ergeben«, herrscht er ihn in hartem, strengem Ton an. »Denn wenn Sie es wären, hätten Sie mich längst über alles informiert, was ich soeben von Junot erfahren habe. Der ist ein wahrer Freund! Joséphine! Und ich bin 600 Meilen von ihr entfernt! Sie hätten es mir sagen müssen... Joséphine... mich so zu betrügen... sie... wehe ihnen! Ausrotten werde ich diese Rasse von Laffen und blonden Schönlingen! Was sie betrifft – die Scheidung! Ja, die Scheidung, eine öffentliche Scheidung! Ich muß schreiben... Ich weiß jetzt alles... Das ist Ihre Schuld. Sie hätten es mir sagen müssen.«

Etwas ruhiger fügt er sodann hinzu: »Ich weiß nicht, was ich dafür gäbe, daß Junots Enthüllungen nicht wahr wären, so sehr liebe ich diese Frau. Wenn Joséphine schuldig ist, muß die Scheidung mich für immer von ihr trennen. Ich will nicht zum Gespött von ganz Paris werden.«

Der Sturm legt sich rasch. Bonaparte reißt sich zusammen, denn er braucht für die bevorstehenden Schlachten einen kühlen Kopf. Zwei Tage später, am 21. Juli, besiegt

Napoleon vor den Pyramiden.

er die Mamelucken bei den Pyramiden, und am 23. zieht er in Kairo ein. Eugène hält es jedoch für geboten, seine Mutter über die Situation in Kenntnis zu setzen.

»Meine liebe Mama«, schreibt er ihr, »ich habe Dir soviel zu sagen, daß ich nicht weiß, womit ich beginnen soll. Bonaparte scheint seit fünf Tagen sehr traurig, und zwar seit einer Unterredung mit Julien, Junot und sogar Berthier. Dieses Gespräch hat ihn so getroffen, wie ich es nie für möglich gehalten hätte. Ich habe nur Bruchstücke gehört, aber soweit ich verstanden habe, geht es darum, daß Charles bis drei Poststationen vor Paris in Deinem Wagen fuhr, daß Du mit ihm in der italienischen Komödie warst, in einer Loge im vierten Rang, daß er Dir Dein Hündchen geschenkt hat und sogar jetzt im Augenblick bei Dir ist. Das war alles, was ich hören konnte. Du kannst Dir ja denken, Mama, daß ich das nicht glaube, aber sicher ist, daß es dem General sehr zu Herzen geht. Trotzdem verhält er sich mir gegenüber freundschaftlicher denn je. Damit will er wohl ausdrücken, daß die Kinder an den Verfehlungen ihrer Mütter keine Schuld trifft. Doch Dein Sohn glaubt lieber, daß es sich nur um Verleumdungen Deiner Feinde handelt. Er liebt Dich um nichts weniger und sehnt sich um nichts weniger danach, Dich zu küssen. Ich hoffe, daß alles vergessen sein wird, wenn Du herkommst.«

Bonaparte vertraut seinen Schmerz Joseph an. »Es ist eine traurige Situation, wenn man die verschiedensten Gefühle für eine einzige Person in seinem Herzen hegt. Du hast mich verstanden? Sorge dafür, daß mir bei meiner Ankunft ein Landhaus zur Verfügung steht, sei es bei Paris oder in Burgund. Ich beabsichtige dort den Winter zu verbringen und mich einzuschließen. Ich habe die menschliche Natur gründlich satt. Ich brauche Einsamkeit und Zurückgezogenheit. Die Größe langweilt mich, das Gefühl ist verdorrt, der Ruhm ist schal.«

Zum Glück für Joséphine wird das Postschiff der französischen Armee von den Engländern abgefangen, und so liest sie Eugènes Brief erst fünf Monate später... allerdings in der Presse! Die britische Regierung läßt die beiden Schreiben nämlich am 24. November im *Morning Chronicle* veröffentlichen.

Doch davon ahnt Joséphine natürlich noch nichts, als sie Mitte September nach dreimonatigem Aufenthalt in Plombières vollständig genesen nach Paris zurückkehrt.

10

Das Ende des Direktoriums (1799)

Für Joséphine brechen nun schwere Zeiten an.

Kaum nach Paris zurückgekehrt, erfährt sie von Barras, daß die französische Flotte in den ersten Augusttagen bei Abukir von General Nelson vernichtet worden ist. Niemand weiß, ob Bonaparte noch am Leben ist.

Joséphine macht sich große Sorgen um ihren Mann und um ihren Sohn. Ende des Jahres 1798 kommen neue Probleme hinzu: Nach der Veröffentlichung von Napoleons und Eugènes Briefen verschlechtern sich die ohnehin gespannten Beziehungen zur Familie Bonaparte erheblich. Nicht einmal Louis, der ihr bislang relativ freundlich gesonnen war, befolgt nun ihre Einladungen. Und der Inhalt jener Briefe ist natürlich ebenfalls alles andere als beruhigend. Was soll aus ihr werden, wenn Bonaparte die Expedition zwar überlebt, doch auf einer Scheidung besteht?

Auch ihre finanzielle Lage ist wieder einmal prekär. Gewiß, sie ist jetzt in ihrem Haus von Luxus umgeben; die neue Einrichtung ist das Feinste vom Feinen; die Italiener haben sie mit kostbaren Geschenken überhäuft, und sie selbst hat dort auch eine Unmenge von Einkäufen getätigt. Sie besitzt viel erlesenen Schmuck – Perlen, Diamanten und Kameen wie aus Tausendundeiner Nacht. Trotzdem ist sie alles andere als reich. Zwar nennt sie Pretiosen, Antiquitäten, Gemälde, Statuen und Mosaiken ihr eigen, aber sie hat enorme Schulden. Für die notwendigsten Ausgaben fehlt ihr das Geld, und sie kann sich nur durch die Bestechungssummen über Wasser halten, die sie aufgrund ihrer guten Beziehungen zu einflußreichen Persönlichkeiten immer wieder kassiert, wobei aber die Gefahr wächst, durch unkluge Geschäftsverbindungen kompromittiert zu werden.

Zu allem übrigen läßt sich Anfang des Jahres 1799 nicht mehr übersehen, daß sich Barras mehr und mehr von ihr abwendet.

Schloß Malmaison. Lithographie, um 1820.

In dieser frustrierenden und deprimierenden Situation besinnt sich Joséphine plötzlich auf die Freuden des Landlebens. Sie träumt davon, Schloßherrin zu spielen. Bonaparte hat nach seiner Rückkehr aus Italien oft den Wunsch nach einem Landhaus fernab vom Lärm der Hauptstadt geäußert, und dabei ist Joséphine eingefallen, daß der Finanzier Le Couteulx du Molay bei den Tallien einmal erzählt hatte, er wolle sein Gut La Malmaison verkaufen. Anfang des Jahres 1798 haben Bonaparte und Joséphine diesen Landsitz besichtigt und sind davon hell

begeistert gewesen, doch dann ist der General nach Ägypten abgereist, und es ist nicht zum Kauf gekommen.

Seit Monaten ohne Nachricht von ihrem Mann, ohne große Hoffnung, ihn jemals wiederzusehen, unterschreibt Joséphine – leichtsinnig wie eh und je – am 21. April 1799 den Kaufvertrag. La Malmaison kostet die Kleinigkeit von 225 000 Francs, zuzüglich 37 517,65 Francs Ablöse für das Mobiliar. Dabei kann Joséphine nicht einmal die 15 000 Francs Anzahlung aufbringen. Diese Summe leiht ihr der Verwalter der bisherigen Besitzer, unter der Bedingung, daß er seinen Posten behält.

Joséphine richtet sich in Malmaison häuslich ein und fühlt sich dort sehr wohl. »Seit ich auf dem Land lebe«, schreibt sie Barras, »bin ich so menschenscheu geworden, daß die Gesellschaft mir Angst macht.« Hortense bestätigt, daß ihre Mutter dort anfangs ein sehr zurückgezogenes Leben geführt hat. Sie empfängt nur Mme. Campan und deren Nichte Mlle. Augié, von Mme. de Krény einmal abgesehen, die fast ständig bei ihr ist, seit der Liebhaber der ›lieben Kleinen‹, wie Joséphine ihre Freundin nennt, ebenfalls in Ägypten weilt.

Doch allmählich wendet sich Joséphine wieder ihren gesellschaftlichen Verpflichtungen zu, muß aber mit großer Bestürzung feststellen, daß Barras immer distanzierter wird. Das beunruhigt sie sehr, denn der Verlust seiner Freundschaft bedeutet eine enorme Einbuße an Einfluß. Im April 1799 schreibt sie ihm vorwurfsvoll: »Es ist lange her, mein lieber Barras, daß ich das Vergnügen hatte, Sie zu sehen. Ich bin mehrmals bei Ihnen gewesen, ohne Sie jedoch anzutreffen. Es wäre sehr liebenswürdig von Ihnen, mich in den nächsten Tagen – außer morgen – zum Abendessen einzuladen. Teilen Sie mir bitte mit, wann es bei Ihnen paßt. Sie kennen meine aufrichtige Zuneigung.«

Joséphine ist das Opfer einer Intrige geworden: Eine Frau hat sie bei Barras und Botot angeschwärzt. Sie beschwört ihren ehemaligen Geliebten, solchen Verleumdungen keinen Glauben zu schenken. »Stellen Sie mich dieser Frau gegenüber, und Sie werden die Wahrheit herausfinden. Sie werden sehen, mein lieber Barras, daß ich nie aufgehört habe, Sie zu lieben und zu schätzen, und daß ich vor Schmerz sterben müßte, wenn ich Sie irgendwann einmal hintergangen hätte. Ich möchte Sie morgen kurz sprechen. Teilen Sie mir bitte mit, ob ich Sie um fünf oder halb sechs antreffe. Der Gedanke ist mir unerträglich, daß Sie auch nur einen Augenblick lang an meiner Verbundenheit zweifeln können, an der sich nichts ändern wird, solange ich lebe.«

Und in einem weiteren Brief vom 30. September 1799 heißt es: »Ich komme nur Ihretwegen zu Ihnen und nur, wenn Sie mich allein empfangen können. Haben Sie deshalb die Güte, mir mitzuteilen, an welchem Tag Sie mich zum Frühstück einladen können. Ich werde eigens aus Malmaison kommen und um neun bei Ihnen sein. Ich muß mit Ihnen sprechen, Sie um Rat fragen. Das sind Sie Bonapartes Frau und deren Freundschaft für Sie schuldig.«

Das ist das Ende: Um von Barras empfangen zu werden, muß sie sich in erster Linie auf Bonaparte berufen! Ihr Komplize läßt sie fallen, und als ob das allein nicht schon schlimm genug wäre, muß sie auch noch mit einem Skandal wegen ihrer dubiosen Geschäfte rechnen.

Die Gesellschaft Bodin ist nämlich in Verruf geraten und wird sogar in der Presse beschuldigt, unter anderem der Italienarmee Ochsen geliefert zu haben, die bei den Bauern ohne Bezahlung beschlagnahmt wurden. Am 21. Juni weist Joséphine Barras dezent darauf hin, daß er sich aus dieser Angelegenheit, durch die er genauso kompromittiert werden könnte wie sie, nicht einfach heraushalten kann. »Es muß noch heute ein Gutachten über die Gesellschaft Bodin für das Direktorium angefertigt werden. Ich möchte Sie bitten, sich dafür zu interessieren. Es tut mir leid, Sie für einen Augenblick von Ihren wichtigen Beschäftigungen ablenken zu müssen, aber diese Gesellschaft befindet sich in einer so schwierigen Lage, daß sie sich ohne Hilfe nicht halten kann. Sie wünscht keinen neuen Vertrag, sondern die Auflösung des bestehenden. Ich rechne auf Ihre Unterstützung, derer die Gesellschaft noch nie so bedurft hat wie jetzt.«

Die Situation verschlimmert sich, und die Risiken werden im Verhältnis zu den erzielten Gewinnen viel zu hoch. Es scheint höchste Zeit, sich von den korrupten Unternehmern zu lösen. Doch da geschieht das völlig Unerwartete.

Am 9. Oktober wollen Joséphine, Gohier, der Präsident des Direktoriums, und seine Frau gerade zu Abend speisen, als der Direktor eine Depesche erhält: Bonaparte ist soeben zur allgemeinen Überraschung in Fréjus gelandet. Gohier ist über diese Nachricht sichtlich nicht allzu erfreut. Joséphine hingegen ist überglücklich und beschließt, ihrem Mann sofort entgegenzufahren. Das Unbehagen des Direktors ist ihr nicht entgangen, und so flüstert sie ihm vor ihrem hastigen Aufbruch ins Ohr: »Präsident, Sie brauchen nicht zu befürchten, daß Bonaparte mit Absichten kommt, die der Freiheit gefährlich sein könnten. Aber Sie beide müssen sich verbünden, um zu verhindern, daß irgendwelche Schurken sich ihrer bemächtigen.« An Mme. Gohier gewandt, fügt sie hinzu: »Ich fahre zu ihm; es ist für mich sehr wichtig, seinen Brüdern zuvorzukommen, obwohl ich mich eigentlich vor ihren Verleumdungen nicht zu fürchten brauche, denn sobald Bonaparte erfährt, daß ich mich hauptsächlich Ihrer Gesellschaft erfreute, wird er geschmeichelt und dankbar für die Gastfreundschaft sein, die mir während seiner Abwesenheit in Ihrem Hause stets zuteil wurde.«

Joséphine hat ihrem Mann tatsächlich, ohne es zu wissen, einen wertvollen Dienst erwiesen, indem sie sich mit den Gohier anfreundete. Diese Kontakte werden den

Gohier, der Präsident des Direktoriums.

ehrgeizigen Plänen Bonapartes sehr zugute kommen. Kennengelernt hat Joséphine Gohier Anfang des Jahres 1799, als er noch Richter beim Kassationsgericht war. Kurz darauf hat sie sich hilfesuchend an ihn gewandt, weil ihre liebe Mme. de Krény gewisse Probleme mit der Justiz hatte. Am Abend seiner Wahl ins Direktorium im Juni hat sie ihn dann – um sich für sein Entgegenkommen erkenntlich zu zeigen – nach Malmaison zum Essen eingeladen. Gohier führt sie in die politischen Kreise der jakobinischen Linken ein, deren Repräsentant er ist. Durch seine Vermittlung kommt Joséphine mit Personen in Berührung, die dem herrschenden Regime feindlich gegenüberstehen und Bonaparte nicht so recht trauen. Zu diesen Männern gehört auch Rousselin de Saint-Albin, der Sekretär des damaligen Kriegsministers Bernadotte, der über sämtliche Machenschaften der Armeelieferanten bestens informiert ist. Joséphine braucht mehr denn je einen Verbündeten im Kriegsministerium, damit ihre Verstrickung in diese Geschäfte nicht bekannt wird. Allerdings entfällt bald die Notwendigkeit, Rousselin de Saint-Albin ins Vertrauen zu ziehen, denn der ehemalige Abbé Sieyès löst Reubell als Direktor ab, und eine seiner ersten Amtshandlungen besteht darin, Bernadotte zu entlassen, weil er ihn verdächtigt, einen Staatsstreich vorzubereiten. Von diesem Zeitpunkt an kann Joséphine etwas ruhiger schlafen, denn Sieyès, der neue starke Mann im Direktorium, ist ein guter alter Freund. In den Jahren 1794 und 1795 hat er die Bürgerin Beauharnais häufig besucht, und böse Zungen behaupteten damals, es wären keine reinen Höflichkeitsbesuche!

Die Nachricht von Bonapartes Landung breitet sich mit unglaublicher Geschwindigkeit aus. Eugène teilt seiner Mutter mit, es sei ihm gelungen, Bonaparte zu einer versöhnlichen Haltung zu bewegen. Nun müsse sie allerdings alles daran setzen, vor ihren Schwagern bei Bonaparte zu sein, denn diese würden zweifellos versuchen, ihren Bruder wieder gegen Joséphine aufzuhetzen.

Joséphine und Hortense treiben den Kutscher ihrer Berline zur Eile an. In den Städten und Dörfern Burgunds haben die Bewohner eilends Triumphbögen für den ›Retter‹ errichtet, wie Bonaparte plötzlich von der Bevölkerung genannt wird. Doch die beiden Frauen haben großes Pech: Sie verfehlen Napoleon, der nicht durch das Burgund fährt, sondern sich für die Straße durch das Bourbonnais entschieden hat.

Trotz dieses Mißgeschicks geht aber alles wider Erwarten gut. Nach der siebzehnmonatigen Trennung scheint Bonaparte verliebter denn je zu sein. Joséphine ist überglücklich und macht daraus kein Geheimnis. In den Fraktionskämpfen zwischen den Beauharnais und den Bonaparte sind zur Stunde erstere im Vorteil. Die Familie Bonaparte ist über die Versöhnung des Ehepaars äußerst verstimmt und schwört Rache.

Bonaparte kommt am 16. Oktober 1799 in Paris an und wird abends von Präsident Gohier im Luxembourg herzlich empfangen. Am nächsten Tag verspricht der General den fünf Direktoren, er werde seinen Degen nur zum Schutze der Republik ziehen. Einen knappen Monat später, am 10. November, wird Bonaparte Herr über Frankreich sein!

Seine verschiedenen Gesprächspartner malen ein düsteres Bild der Situation: Das Direktorium ist in Auflösung begriffen. Talleyrand ist während der Abwesenheit des Generals nicht untätig gewesen und hat in aller Heimlichkeit den Boden für den Mann vorbereitet, der ihm von der Vorsehung zum Retter Frankreichs bestimmt zu sein scheint. Die Regierung hat sich als unfähig erwiesen, der ständigen Verschlechterung der politischen und finanziellen Lage Herr zu werden. Selten haben Intriganten und Spekulanten eine solche Blütezeit erlebt. Jeder schmiedet irgendwelche Komplotte: Barras wiegt Ludwig XVIII. in der verführerischen Hoffnung auf Wiederherstellung der Monarchie; die Jakobiner mit Bernadotte und Jourdan erwägen einen Putsch; Fouché ist überall und nirgendwo. Diese verworrene Situation nutzen Talleyrand und Bonaparte aus, um sich aller Gegner zu entledigen. Charles-Maurice hat es vorgezogen, aus der Regierung auszuscheiden: Am 20. Juli 1799 hat er das Außenministerium abgegeben. Seitdem hat er völlig freie Hand. Sieyès, sein Komplize, hält die Zeit zum Handeln für gekommen. Der Abbé wird endlich sein großes Werk in die Tat umsetzen können: einen Staatsstreich unter seiner eigenen Führung. Ihm fehlt nur noch ein Degen. Er denkt dabei zunächst an Moreau, doch dieser verweist ihn am 13. Oktober an Bonaparte: »Das ist Ihr Mann. Er wird Ihren Staatsstreich besser ausführen als ich.« Talleyrand übernimmt die undankbare Aufgabe, die beiden Männer zusammenzubringen, die einander nicht ausstehen können.

Während des Direktoriums spielen Frauen eine wesentliche Rolle – freilich hinter den Kulissen. Am Anfang steht die leidenschaftliche Liebe Talliens zu Thérèse, und zu Grabe getragen wird es im Kerzenschein von Joséphines Abendgesellschaften. Natürlich ist der Staatsstreich vom 18. Brumaire – 9. November – nicht Joséphines Werk, aber ihr Beitrag sollte nicht unterschätzt werden. Ihre guten Beziehungen zu allen möglichen Regierungsmitgliedern sind sehr hilfreich, und in diesem Herbst 1799 vollbringt sie das Kunststück, sich der Sympathien von Gohier, dem Mann der jakobinischen Linken, zu erfreuen und zugleich die beiden Direktoren, die den Jakobinern besonders feindlich gesonnen sind – Sieyès und Barras – bei Laune zu halten. Bei dem großen Empfang, den Gohier am 22. Oktober zu Ehren Bonapartes im Luxembourg gibt, wechseln der General und Sieyès kein Wort, sondern tauschen nur eisige Blicke. Doch ein erster Kontakt ist auf diese Weise hergestellt. Nun ist Bonaparte am Zug. Talleyrand fungiert als Berater. Der General wiegt Gohier im Glauben, sie würden gemeinsam Sieyès ausschalten; zusammen mit Sieyès entwirft er den Staatsstreich, der alle anderen hinwegfegen soll. Joséphines Abendgesellschaften bilden einen unverfänglichen Vorwand für Zusammenkünfte und Besprechungen. Als Dubois-Crancé, der neue Kriegsminister, das Direktorium vor subversiven Aktivitäten Bonapartes warnt, findet er wenig Gehör. Fouché versteht es ausgezeichnet, mißtrauische und ängstliche Gemüter zu beruhigen. Arnault berichtet von einer solchen Szene im Hause der Bonaparte, wenige Tage vor dem Staatsstreich, als das Datum schon feststand. Die Gesprächspartner sind Polizeiminister Fouché und Präsident Gohier.

»Was gibt es Neues, Bürger Minister?« fragt der Bürger Direktor, während er seinen Tee schlürft.

»Neues? Eigentlich nichts«, erwidert der Minister.

»Tatsächlich?«

Der Revolutionspolitiker Emanuel Joseph Comte de Sieyès. Gemälde von Jacques-Louis David, 1817.

»Es sind immer dieselben Gerüchte.«

»Welche denn?«

»Die Verschwörung.«

»Die Verschwörung?« mischt sich Joséphine scheinbar entsetzt ins Gespräch.

»Die Verschwörung«, wiederholt der Präsident.

»Ja, die Verschwörung«, ergreift der schlaue Minister wieder das Wort. »Aber ich weiß, was ich davon zu halten habe, ich sehe völlig klar. Bürger Direktor, verlassen Sie sich ganz auf mich. Ich bin kein Mann, der sich überrumpeln läßt. Wenn wirklich eine Verschwörung im Gange wäre, seit diese Gerüchte kursieren, hätte man die Beweise dafür doch bestimmt schon auf der Place de la Révolution oder in der Ebene von Grenelle gesehen, glauben Sie nicht auch?«

Fouché lacht bei diesen Worten schallend.

»Wie können Sie nur über solche Dinge lachen, Bürger Fouché?« tadelt Joséphine.

»Der Minister spricht als Mann, der seine Sache versteht«, erklärt Gohier wichtigtuerisch. »Aber Sie können ganz beruhigt sein, Bürgerin. Daß er in Gegenwart von Damen über solche Dinge spricht, beweist, daß sie in Wirklichkeit nicht existieren. Machen Sie es wie die Regierung: geben Sie nichts auf diese Gerüchte und schlafen Sie ruhig.«

Die Verschwörer spielen mit verteilten Rollen, und diese Strategie bewährt sich großartig. Joséphines Rolle besteht darin, die zukünftigen Opfer einzulullen. Sie ist sehr überzeugend als naives Weibchen, das nichts von Politik versteht.

Am 8. November 1799 bittet Joséphine ihren Sohn um Mitternacht, Gohier einen Brief zu überbringen. »Kommen Sie, mein lieber Gohier, morgen früh um acht mit Ihrer Frau zu mir zum Frühstück. Versäumen Sie es nicht, denn ich muß mit Ihnen sehr interessante Dinge besprechen.«

Gohier, dem die Einladung zu dieser frühen Stunde verdächtig vorkommt, rät seiner Frau, sie solle allein hingehen und ihn entschuldigen. Er werde dann später nachkommen.

Als Mme. Gohier ohne ihren Mann in der Rue Chantereine auftaucht, runzelt Bonaparte die Stirn: »Wie, der Präsident kommt nicht?«

»Nein, General, es ist ihm leider nicht möglich«, erwidert Mme. Gohier.

»Er muß unbedingt kommen«, erklärt Bonaparte. »Schreiben Sie ihm, Madame, und ich lasse ihm diesen Brief überbringen.«

Mme. Gohier schickt ihrem Mann folgende Botschaft: »Du hast gut daran getan, nicht zu kommen, mein Freund. Alles, was hier vorgeht, deutet darauf hin, daß die Einladung eine Falle war.«

Joseph Fouché.
Stich nach einem Gemälde von Couché d. J.

Sobald der Brief unterwegs ist, nähert sich ihr Joséphine. »Alles, was Sie hier sehen, Madame, muß Ihnen klarmachen, was unweigerlich geschehen wird«, sagt Mme. Bonaparte. »Ich kann Ihnen gar nicht sagen, wie wahnsinnig leid es mir tut, daß Gohier meiner Einladung nicht nachgekommen ist, die mit Bonaparte abgesprochen war, der wünscht, daß der Präsident des Direktoriums Mitglied der Regierung wird, die er zu bilden beabsichtigt. Daß ich den Brief durch meinen Sohn überbringen ließ, hätte Ihrem Mann doch beweisen müssen, welche Bedeutung ich der Einladung beimaß.«

»Ich gehe jetzt nach Hause, zu meinem Mann, Madame. Meine Anwesenheit ist hier überflüssig«, erwidert Mme. Gohier.

»Ich halte Sie nicht zurück«, sagt Joséphine. »Aber sagen Sie Ihrem Mann, er solle sich die Sache gründlich überlegen, und denken auch Sie zusammen mit ihm über Bonapartes Wunsch nach, den ich Ihnen soeben mitgeteilt habe. Es geht nicht nur um seine persönlichen Interessen; hier stehen Interessen auf dem Spiel, die ihm noch viel mehr bedeuten und die durch eine Opposition seinerseits Schaden nehmen könnten. Welchen Einfluß Sieyès und seine Leute auf die bevorstehenden Ereignisse nehmen werden, hängt von der Haltung des Präsidenten ab. Ich beschwöre Sie, Madame, machen Sie Ihren ganzen Einfluß geltend, damit er herkommt.«

»Sie kennen mich und meinen Mann gut genug, um zu wissen, daß ich auf seine politischen Entscheidungen keinen Einfluß habe«, erklärt die Gemahlin des Direktors.

»Ich muß Ihnen noch sagen«, fährt Joséphine fort, »daß Talleyrand und Bruix im Augenblick bei Barras sein dürften, um ihn zum Rücktritt aufzufordern. Er wird zweifellos zustimmen. Übrigens sind sie beauftragt, ihm mitzuteilen, daß Bonaparte fest entschlossen ist, alle Mittel – auch Gewalt – anzuwenden, falls er – Barras – den geringsten Widerstand leistet.«

Doch Gohier war schon über die Ereignisse informiert, bevor er den Brief seiner Frau erhielt. Mme. Gohier hatte kaum das Haus verlassen, um sich zu den Bonaparte zu begeben, als Fouché dem Präsidenten des Direktoriums mitteilte, daß die Sitzungen der beiden Kammern der Legislative nach Saint-Cloud verlegt worden seien.

Viel später, auf Sankt Helena, vertraute Napoleon Montholon an: »Ich weiß nicht, ob Gohier mein Anhänger war, aber er machte meiner Frau den Hof.«

Der 18. Brumaire. Kupferstich nach einem Gemälde von Bouchot.

11

»Ich traue mich nicht mehr, Bonaparte aus den Augen zu lassen«

»Meine Heirat mit Mme. Beauharnais hat mir Kontakte mit einer Partei ermöglicht, die ich für mein Fusionssystem benötigte, das zu den bedeutendsten Prinzipien meiner Administration gehörte und diese charakterisierte. Ohne meine Frau hätte ich zu dieser Partei niemals eine natürliche Beziehung gehabt.«

Tagebuch auf Sankt Helena

Der Staatsstreich gelingt, und Joséphine ist plötzlich keine einfache Bürgerin mehr. Von einem Tag auf den anderen wird die Gemahlin des Ersten Konsuls zur First Lady des Landes, auch wenn ihr Titel ›Konsulin‹ in royalistischen Salons und in Jakobinerkreisen verhaltenes Lächeln bewirkt.

Am 15. November 1799 beziehen die drei Konsuln der Republik – Bonaparte, Sieyès und Roger Ducos – die Wohnungen der gezwungenermaßen zurückgetretenen Direktoren im Luxembourg. Joséphine erhält die Wohnung ihres Verehrers Gohier, doch dürfte es ihr nicht ganz leichtgefallen sein, ihr mit so vielen Erinnerungen verknüpftes Haus in der Rue Chantereine zu verlassen, auch wenn sie es gegen eine Palastsuite eintauscht.

Doch sie bleibt nicht lange im Luxembourg, denn Bonaparte beschließt bald, seine Residenz in die Tuilerien zu verlegen, die seit dem Sturz Ludwigs XVI. leerstehen. Der Umzug der Konsuln am 19. Februar 1800 ist eine prunkvolle Zeremonie, denn »man muß dem Auge etwas bieten«, erklärt Bonaparte. »Das ist gut fürs Volk.« Seine beiden Kollegen sind reine Statisten; sie werden von der überragenden Gestalt des Ersten Konsuls völlig in den Hintergrund gedrängt und verfügen de facto über keine Macht.

Falls Napoleon mit diesem demonstrativen Umzug in die Tuilerien die Stimmung im Volk testen wollte, kann er mit dem Ergebnis mehr als zufrieden sein: Man jubelt

Napoleon und Joséphine am Morgen des 18. Brumaire.

ihm zu, und kaum jemand protestiert gegen den geradezu höfischen Glanz.

Manch einem seiner alten Gefährten fällt die Umstellung allerdings ziemlich schwer. So macht beispielsweise Roederer, als er zum erstenmal die düsteren Räume des Palastes betritt, unwillkürlich die Bemerkung: »Das ist aber trist, General.« Worauf der Erste Konsul antwortet: »Ja, trist wie die Größe.«

Auch Joséphine fühlt sich in den Tuilerien nicht wohl. Hortense beschreibt die Niedergeschlagenheit ihrer Mutter in den ersten Tagen nach dem Einzug. »›Ich werde hier nicht glücklich sein‹, sagte sie zu mir. ›Ich habe düstere Vorahnungen.‹« Auf Schritt und Tritt quälen und verfolgen sie Erinnerungen an Marie-Antoinette. In jedem Zimmer, auf jedem Korridor glaubt sie die unglückliche Königin zu sehen und kommt sich wie ein Eindringling vor.

Als Gemahlin des Staatsoberhaupts kann sie sich außerdem längst nicht mehr so frei wie bisher bewegen. Bonaparte legt größten Wert darauf, daß sie ein ihrer neuen Position entsprechendes Benehmen an den Tag legt. Der Erste Konsul beklagt, daß der gute Ton in Frankreich verlorengegangen ist. Er braucht ›ein gewisses Dekorum‹, er will an frühere Traditionen anknüpfen, und dieser Notwendigkeit muß auch Joséphine gehorchen. Napoleon beauftragt deshalb die Marquise de Montesson, die Witwe des hingerichteten Duc d'Orléans, seiner Frau die Kunst der höfischen Umgangsformen beizubringen. Bei der Marquise verkehrt die beste Gesellschaft von Paris: Überlebende des Ancien Régime ebenso wie glänzende Repräsentanten der neuen Zeit. Die Lehrerin widmet sich ihrer Aufgabe mit viel Takt und Geschick, und Joséphine ist – wie einst bei Mme. de Renaudin – eine begabte und gelehrige Schülerin.

Ansonsten ist sie in den ersten Monaten des Konsulats weitgehend zur Untätigkeit verurteilt. Ihre dubiosen Ge-

Bildnis Bonapartes und seiner Mitkonsuln
Cambaceres und Lebrun. Zeitgenössischer Kupferstich.

schäfte hat sie zwar noch immer nicht aufgegeben, aber sie muß jetzt größte Vorsicht walten lassen, denn als ›Konsulin‹ kann sie sich einen Skandal noch viel weniger als früher leisten. Ihre Schulden hat Bonaparte beglichen, obwohl er über die hohe Summe entsetzt war und ihr heftige Vorwürfe machte. Sie fürchtet zwar seinen Zorn, aber das wird sie auch in Zukunft nie davon abhalten können, neue Schulden zu machen.

Das Leben in den Tuilerien ist für Joséphine schrecklich monoton. Der Erste Konsul schließt sich den ganzen Tag über in seinem Arbeitszimmer ein, denn es gilt, ungeheure Probleme zu bewältigen. Joséphine und Hortense beschäftigen sich, so gut sie eben können. Fast jeden Abend flüchten sie ins Theater, oder aber es wird Whist und Pikett gespielt. Die Frauen von Bonapartes Adjutanten leisten ihnen dabei Gesellschaft. Tagein, tagaus dieselben Personen, dieselben Spiele, dieselbe Langeweile, ob nun in den Tuilerien oder auf Malmaison.

Nachdem England und Österreich Bonapartes Friedensangebote verächtlich abgelehnt haben, will er sie mit Waffengewalt dazu zwingen und übernimmt im Mai 1800 erneut das Kommando der seit Ausbruch des Zweiten Koalitionskriegs arg in Bedrängnis geratenen Italienarmee. Joséphine äußert die Absicht, ihm nachzukommen. Er hat im Grunde nichts dagegen einzuwenden, »doch wirst Du inkognito reisen müssen und darfst niemandem verraten, wohin Du Dich begibst, denn ich will nicht, daß man erfährt, was ich vorhabe. Am besten sagst Du, Du wolltest nach Plombières.«

Die Geheimhaltung seiner Pläne ist von entscheidender Bedeutung, beabsichtigt er doch, mit seiner Armee die Alpen zu überqueren, wie einst Hannibal. Das kühne Unternehmen gelingt. Die Bezwingung des Großen Sankt Bernhard am 19. Mai 1800 ist eine großartige Leistung. Am 9. Juni ist Bonaparte in Mailand. Er hält es nun für sinnlos, daß Joséphine zu ihm kommt, denn in einem Monat hofft er wieder in Paris zu sein. Die Schlacht von Marengo endet mit einer Niederlage für die Österreicher, die Piemont und die Lombardei wieder räumen müssen. Der Erste Konsul eilt nach Frankreich zurück. »Während ich in Marengo war«, gesteht er Roederer, »befürchtete ich am meisten, daß einer meiner Brüder mein Nachfolger würde, falls ich fiele.«

Tatsächlich stellt sich das Problem der Nachfolge schon damals. Napoleons Brüder spekulieren auf seinen Tod: Joseph beruft sich darauf, daß er der Älteste ist, während Lucien seine politischen Fähigkeiten ins Feld führt. Der Erste Konsul weiß, daß die Stabilität seiner Regierung von einer Regelung der Nachfolge abhängt. Und Joséphine hat ihm noch immer kein Kind geschenkt!

Nach dem Sieg von Marengo entspannt sich die politische Situation in Frankreich. Miot notiert: »Madame

Bonapartes Salon füllte sich mit Adeligen und zurückgekehrten Emigranten... Diese Herren schienen nur darauf zu warten, daß der Erste Konsul den Thron besteigen würde, um selbst wieder jene Positionen zu übernehmen, die sie am Hofe unserer Könige innehatten.« Der Frage, wie mit den Emigranten zu verfahren sei, kommt zweifellos große Bedeutung zu. Bonaparte hält es für falsch, weiterhin unerbittliche Strenge in dieser Hinsicht walten zu lassen. Während seiner Italienfeldzüge hat er gegen die Emigranten keinerlei Repressalien angewandt, und nun streckt er ihnen sogar die Hand entgegen. Seiner Ansicht nach ist ihre Rückkehr sowohl für den inneren Frieden als auch für das Ansehen Frankreichs im Ausland von großem Vorteil, und so wird den meisten Straffreiheit gewährt, und viele erhalten auch ihren konfiszierten Besitz zurück. Nach kurzer Zeit gibt es kaum noch Emigranten, abgesehen von jenen wenigen, die sich aus Feindschaft gegen das Regime weigern zurückzukehren, sowie einigen hohen Tieren, die der Erste Konsul von der Amnestie ausgenommen hat, wie Thibaudeau betont.

Joséphine empfängt alle Bittsteller und setzt sich nach Kräften für sie ein. Ihr wird es offenbar nie zuviel, sich die Klagen dieser Leute anzuhören. »Madame Bonaparte war von Anfang an eine eifrige Vermittlerin in solchen Dingen«, schreibt Pasquier. »Ihr gutes Herz trieb sie dazu, und der Politik ihres Mannes kam es sehr entgegen, so zu tun, als lasse er sich von ihr erweichen... Sie war äußerst freundlich und hilfsbereit, als ich mich für mehrere Familienmitglieder einsetzte.« Und Mme. Divoff rühmt: »Wenn es einen guten Engel gibt, so ist es diese Frau.« Sogar die Duchesse de Saulx-Tavanes, die mütterlicherseits mit den Beauharnais verwandt ist und nach ihrer Rückkehr aus der Emigration zunächst einen gewissen Widerwillen gegen eine Anbiederung an dieses neue, aber aus der Revolution hervorgegangene Regime verspürt, erliegt Joséphines natürlichem Charme, als sie die Gemahlin des Ersten Konsuls bei der Marquise de Montesson kennenlernt. »Ich fand sie liebenswürdig und entgegenkommend. ... Sie genoß es, Persönlichkeiten der früheren Gesellschaft um sich zu scharen. M. de Saulx war zurückgekehrt. Mme. Bonaparte hatte seine Angelegenheit Fouché besonders ans Herz gelegt.«

Joséphines besondere Fürsorge gilt Verwandten und alten Bekannten. Sie schickt ihre Empfehlungsschreiben an Minister und Beamte, wie sie es auch schon unter dem Direktorium getan hat, nur mit dem Unterschied, daß sie jetzt eine ungleich stärkere Position als damals hat. Für Mme. de Montmorin, ihre Freundin von Fontainebleau, setzt sie sich ebenso ein wie für ihre Kusine Adélaide-Françoise de La Rochefoucauld und für ihren Schwager François de Beauharnais, den Bonaparte trotz dessen ausgesprochen konterrevolutionärer Vergangenheit sogar zum Botschafter ernennt. Bald könnte sich kaum noch eine Adelsfamilie – abgesehen von einigen wenigen radikalen Anhängern von Thron und Altar – rühmen, Mme. Bonaparte nie um irgendeinen Gefallen gebeten zu haben.

Für den Thronanwärter Ludwig XVIII., den Bruder des hingerichteten Königs, ist das natürlich eine unerwünschte Entwicklung. Mit Joséphines Hilfe schart Bonaparte soviel Vertreter des alten Adels wie nur möglich um sich. Er empfängt die jungen Männer aus guten Familien und bringt sie in der Armee unter. Er ermutigt illustre Emigranten zur Rückkehr und behandelt sie äußerst zuvorkommend. Ihm geht es darum, Frankreich wieder ›einen Kopf zu geben‹, indem er den alten Adelsstand mit der jungen revolutionären Elite vereinigt. Was ihm vorschwebt, ist »die Fusion des alten Glanzes und des neuen Ruhmes, der Legitimität und des Reichtums, des Rechtes und der Macht, der monarchischen Traditionen und des Eifers für die gegenwärtige Regierung«.

Ludwig XVIII. versucht schon seit 1797, heimlich Kontakt mit Bonaparte aufzunehmen. Er hofft nach wie vor, auf dem Verhandlungswege den Thron besteigen zu können, und zu diesem Zweck suchen seine Anhänger überall nach Verbündeten. Warum sollte Joséphine, die einst in konterrevolutionären Kreisen verkehrte und sich nun derart für die Emigranten einsetzt, nicht für die Sache der Bourbonen zu gewinnen sein? Und durch ihren Einfluß letztlich auch Bonaparte? Es scheint den Monarchisten jedenfalls einen Versuch wert, und so schleusen sie Agen-

›Öffentliche Audienz beim Ersten Konsul Bonaparte‹ – Lithographie von Brandin nach Zeichnung von Chataignier.

ten in Joséphines Umgebung ein, die jedoch nicht im Traum daran denkt, Napoleon zu hintergehen, sondern ihn über alles auf dem laufenden hält.

Dem Ersten Konsul kommen die Kontakte seiner Frau mit den Royalisten sogar sehr gelegen, die von ihm die Wiederherstellung der Monarchie erwarten, unter sich aber völlig zerstritten sind und sich auf keinen Kandidaten einigen können. Zwar ist Ludwig XVIII. der legitime Thronanwärter, doch manche würden seinen Bruder, den Comte d'Artois, oder seinen Neffen, den Duc d'Angoulême, vorziehen, andere wiederum seinen Vetter Louis-Philippe d'Orléans. Jede dieser rivalisierenden royalistischen Fraktionen verfügt über eigene Agenten, die sich um Joséphine bemühen, genauso wie um Talleyrand oder um den Konsul Lebrun. Diese Zersplitterung dient Bonapartes Interessen, und Joséphine spielt eine wichtige Rolle in der Versöhnungspolitik des Ersten Konsuls. Als Anwältin der Emigranten praktiziert sie eine wohlkalkulierte Öffnung in Richtung der Monarchisten aller Schattierungen.

In seinem Exil im lettischen Mitau ringt sich Ludwig XVIII. schließlich dazu durch, Bonaparte direkt zu schreiben. Die Abfassung dieses Briefes beschäftigt den kleinen Hof von Mitau fast sechs Monate und erreicht Bonaparte schließlich im Sommer 1800, kurz nach seinem Triumph von Marengo.

»Sie müssen wissen, General«, schreibt Ludwig XVIII., »daß Sie seit langem meiner Wertschätzung sicher sein können. Falls Sie an meiner Dankbarkeit zweifeln, setzen Sie selbst Ihre Stellung fest, bestimmen Sie das Schicksal Ihrer Freunde. Was meine Prinzipien betrifft, so bin ich Franzose; gütig von Natur aus, werde ich es auch aus Vernunft sein. Nein, der Sieger von Lodi, von Castiglione, von Arcole, der Eroberer Italiens und Ägyptens kann eitle Berühmtheit nicht dem wahren Ruhm vorziehen. Sie verlieren jedoch kostbare Zeit. Wir können Frankreichs

Ruhm sichern. Ich sage ›wir‹, denn dazu brauche ich Bonaparte, und er wird nicht ohne mich ans Ziel kommen. General, Europa schaut auf Sie, der Ruhm erwartet Sie, und ich kann es kaum erwarten, meinem Volk den Frieden wiederzugeben.«

Der Erste Konsul nimmt sich Zeit, um über diesen Brief nachzudenken. Seine Antwort ist äußerst höflich, macht dem Nachkommen Ludwigs des Heiligen aber unmißverständlich klar, daß ihm nichts anderes übrigbleibt als ›auf die Stunde der Vorsehung‹ zu warten. »Ich habe Ihren Brief erhalten, Monsieur, und danke Ihnen für Ihre Aufrichtigkeit. Sie dürfen Ihre Rückkehr nach Frankreich nicht wünschen, denn Sie müßten über 100000 Leichen gehen. Opfern Sie Ihre Interessen dem Glück und der Ruhe Frankreichs. Die Geschichte wird es Ihnen danken.«

Der Duc d'Angoulême versucht nun seinerseits sein Glück bei Bonaparte, hat aber genauso wenig Erfolg. In ihren Hoffnungen enttäuscht, kehren die Royalisten zu ihren alten Methoden zurück: Sie zetteln Verschwörungen an, mit dem Ziel, den Ersten Konsul zu ermorden.

Am 24. Dezember 1800 soll in der Oper die erste Aufführung von Haydns ›Schöpfung‹ stattfinden. Joséphine, Hortense und Napoleons jüngste Schwester Caroline, die vor kurzem General Murat geheiratet hat, wollen sich dieses Ereignis nicht entgehen lassen, und Bonaparte erklärt sich bereit, sie zu begleiten, obwohl die Polizei ihn vor einem möglichen Attentat in allernächster Zeit gewarnt hat.

Um zwanzig Uhr versperrt ein Heukarren der Kutsche des Ersten Konsuls auf der Rue Saint-Nicaise den Weg. Ein Grenadier der Eskorte schiebt das Hindernis rasch beiseite, doch die Kutsche ist kaum in die Rue de la Loi eingebogen, als sie von einer heftigen Detonation erschüttert wird: In der Rue Saint-Nicaise ist der Heuwagen explodiert. Bonaparte befiehlt dem Kutscher weiterzufahren. Der Wagen der Damen war zum Glück wegen einer kleinen Verspätung Joséphines noch ein Stückchen vom Explosionsort entfernt, so daß nur die Scheiben zerbersten. Ein Grenadier beruhigt Joséphine, daß ihr Mann dem Mordanschlag entgangen ist. Die Kutsche begibt sich auf einem Umweg in die Oper. Man trifft sich in der Loge. »Diese Schurken wollten mich in die Luft jagen«, erklärt der Erste Konsul seinem Adjutanten kurz und bündig. Das Attentat hat acht Tote und 28 Verletzte gefordert.

Bonaparte wohnt der ganzen Aufführung mit versteinerter Miene bei, doch nach der Rückkehr in die Tuilerien macht er seinem Zorn gegenüber Fouché Luft. Er ist überzeugt davon, daß die Jakobiner für den Anschlag verant-

Der Bombenanschlag auf Napoleon.

wortlich sind. »Das waren Ihre Terroristen!« schleudert er seinem Polizeiminister an den Kopf, der gewisse Sympathien für die radikale Linke hegt. Doch Fouché kann schon wenig später beweisen, daß das Attentat von Royalisten verübt worden ist. Am 8. Januar 1801 wird einer der Schuldigen verhaftet; er legt ein Geständnis ab und verrät die Hintermänner. An der Spitze der Verschwörung stand kein Geringerer als der Comte d'Artois, der die Leitung der Aktion einem gewissen Cadoudal übertragen hatte. Die Regierung befiehlt die sofortige Verhaftung aller royalistischen Anführer in Paris. Fouché, dessen Position äußerst gefährdet war, hat gewonnen.

Joséphine hat seit dem Attentat schreckliche Angst um ihren Mann. Als Schwager Joseph, der in Lunéville den Friedensvertrag mit Österreich aushandelt, ihr zu dem Mut und zu der Kaltblütigkeit gratuliert, die sie im Augenblick der Katastrophe bewiesen hat, antwortet sie ihm am 4. Januar 1801: »Ich traue mich nicht mehr, Bonaparte aus den Augen zu lassen, so als könnten meine Augen ihn beschützen. Er könnte mir gar nicht teurer sein, aber ich spüre jetzt noch mehr, wie sehr ich ihn liebe, und ich registriere mit großer Freude, daß unser so persönliches Interesse an seinem Wohlergehen völlig mit den Interessen von ganz Frankreich übereinstimmt.«

Doch dieser Austausch von Höflichkeiten zwischen Joséphine und ihrem Schwager, den sie mit ›mein lieber kleiner Bruder‹ anredet, täuscht gewaltig. Hinter den Kulissen tobt der Kampf zwischen den Bonaparte und den Beauharnais heftiger denn je, und es sind nicht die Terroristen, die Joséphine am meisten fürchtet. »Bonapartes wahre Feinde sind jene, die ihm zu größerer Machtfülle und zur Scheidung raten.«

Ihre Sorge ist nicht unbegründet: Die Frage der Nachfolge des Ersten Konsuls hängt wie ein Damoklesschwert über ihr, denn je mehr sich Napoleon einen direkten

Erben wünscht, desto größer wird die Gefahr einer Scheidung. Deshalb versucht sie auch ihr möglichstes, Bonaparte von der Idee abzubringen, sich zum Konsul auf Lebenszeit proklamieren zu lassen. Unterstützt wird sie dabei von Männern wie Fouché, Thibaudeau oder Réal, die den Jakobinern nahestehen und eine Wiederherstellung der Monarchie verhindern wollen. So ist es denn auch kein Wunder, daß Joséphine den in Bedrängnis geratenen Polizeiminister in den Tagen nach dem Attentat vehement gegen alle Vorwürfe und Angriffe verteidigt. Er ist ihr Verbündeter im Kampf gegen Napoleons Brüder, die sich immer lautstärker für eine Auflösung der Ehe aussprechen. Einen ersten Sieg haben Joséphine und Fouché Anfang November 1800 über Lucien Bonaparte, den Innenminister, verbuchen können, der ein Pamphlet mit dem Titel *Parallèle entre Bonaparte, César, Cromwell et Monk* in Umlauf gebracht hat, in welcher Napoleon auf höchst ungeschickte Weise gerühmt wird. Der ständigen Streitereien zwischen seinem Bruder und Fouché überdrüssig, zwingt der Erste Konsul die beiden Minister zu einer offenen Aussprache. »Fouché macht Lucien dessen Benehmen, die Veruntreuungen, losen Sitten und die Orgien mit Schauspielerinnen zum Vorwurf. Lucien wirft Fouché dessen revolutionäre Vergangenheit vor, das von ihm vergossene Blut, die von ihm eingeführte Steuer auf Glücksspiele. Eine große Rolle spielt bei der Auseinandersetzung auch das Pamphlet.« Lucien fällt bei seinem Bruder in Ungnade, wird als Innenminister abgesetzt und muß sich mit dem Posten eines Botschafters in Madrid begnügen. Joséphine sieht sich im Aufwind und glaubt, ihre gefährdete Position durch einen geschickten Schachzug weiter festigen zu können.

Bonaparte, der danach strebt, seinen Nachfolger selbst bestimmen zu dürfen, fragt sich, wer dafür am besten geeignet wäre. Seine Wahl fällt auf seinen dritten Bruder Louis, der damals 22 Jahre alt ist. Joséphine stimmt begeistert zu, in der Hoffnung, ihre Tochter Hortense mit Louis verheiraten zu können. Diese Verbindung zwischen den Beauharnais und den Bonaparte würde ihre eigene Position stärken und die Gefahr einer Scheidung beseitigen, denn dann könnte Bonaparte Hortenses und Louis' Kind adoptieren. Diese Heirat kommt tatsächlich im Januar 1802 zustande – ein Sieg für Joséphine, die dafür allerdings das Glück ihrer Tochter opfern muß.

Napoleon nimmt die Glückwünsche zu seiner Ernennung zum Konsul auf Lebenszeit entgegen. Holzstich, um 1840.

Der am 27. März 1802 unterzeichnete Friede von Amiens zwischen Frankreich und England leitet die Blütezeit des Konsulats ein. Bonaparte erfreut sich ungeheurer Beliebtheit. Bei einer Volksabstimmung im Sommer 1802 wird er mit überwältigender Mehrheit zum Konsul auf Lebenszeit gewählt und erhält das Recht, seinen Nachfolger zu bestimmen. (Von insgesamt 3577259 Wählern sprachen sich nur 8374 dagegen aus.) In den Kreisen der Royalisten wächst die Sorge, daß der Erste Konsul sich einen noch erlauchteren Titel zulegen könnte. Durch das Konkordat vom April 1802, das die freie Ausübung des Kultes gewährleistet, hat Bonaparte sich mittlerweile auch die Sympathien kirchlicher Kreise gesichert. Die Hoffnungen Ludwigs XVIII. auf den Thron schwinden immer mehr dahin, doch wollen weder er noch seine Konkurrenten endgültig kapitulieren. Da die zahlreichen Versuche, Joséphine als Verbündete zu gewinnen, völlig fehlgeschlagen sind, will man sie nun ausspionieren, um auf diese Weise Staatsgeheimnisse zu erfahren. Es gelingt tatsächlich, eine Spionin in die Tuilerien einzuschleusen, die unter dem Decknamen ›l'Amie de Paris‹ – ›die Freundin von Paris‹ – dem Comte d'Antraigues, einem berühmten royalistischen Geheimagenten, Nachrichten zukommen läßt. Diese Frau geht so geschickt ans Werk, daß niemand sie verdächtigt. Heute läßt sich allerdings mit großer Sicherheit sagen, daß sich hinter der ›Freundin von Paris‹ eine von Joséphines Hofdamen verbarg, eine gewisse Mme. de Talhouet, die am 23. November 1802 zusammen mit den Damen Rémusat, Lucay und Lauriston auf Weisung des Ersten Konsuls ihren Dienst bei Mme. Bonaparte angetreten hat. Freilich erfährt d'Antraigues auf diese Weise zwar alles über das Privatleben des Konsuls und der ›Konsulin‹, aber so gut wie nichts über die politischen Pläne, denn solche Beratungen finden hinter verschlossenen Türen statt, und Joséphine erfährt nur das, was Bonaparte ratsam erscheint.

Der neuerliche Ausbruch von Feindseligkeiten zwischen Frankreich und England im Jahre 1803 weckt bei den Royalisten neue Hoffnungen. Sie verstärken ihre Umtriebe und schmieden neue Komplotte, angestiftet vom Comte d'Artois, der Bonaparte unbedingt beseitigt sehen will. Ein sorgfältig geplanter Anschlag mißlingt im Oktober 1803 nur deshalb, weil einer der Verschwörer es mit der Angst zu tun bekommt und die Pläne verrät. Auf diese Weise erfährt die Polizei, daß Cadoudal – der Drahtzieher des Attentats vom 24. Dezember 1800 – die Absicht hatte, den Ersten Konsul zu entführen und zu ermorden, daß aber auch zwei Generäle, Moreau und Pichegru, an dem Komplott beteiligt waren. Daraufhin werden die Sicherheitsmaßnahmen erheblich verstärkt. Man befürchtet weitere Anschläge auf Bonapartes Leben. Cadoudal hat während der Verhöre gestanden, daß die Verschwörer auf das Eintreffen eines Prinzen warteten. Die Tatsache, daß Louis de Bourbon-Condé, Duc d'Enghien, sich in Ettenheim aufhält, auf deutschem Territorium, aber dicht an der französischen Grenze, kommt dem Ersten Konsul sehr verdächtig vor. Er befolgt Talleyrands Rat, läßt Enghien am 15. März 1804 entführen und nach Paris bringen. Der unglückselige Herzog wird vor ein Kriegsgericht gestellt, zum Tode verurteilt und in der Nacht vom 20. auf den 21. März im Festungsgraben von Vincennes erschossen, obwohl er jede Beteiligung an irgendeinem Komplott bestritten hat.

Die ›Freundin von Paris‹ behauptet, sie sei zu Joséphine gestürzt und habe sie um Hilfe gebeten, sobald sie von der Entführung Enghiens erfahren habe. »Ich schwöre Ihnen bei Gott«, schreibt sie d'Antraigues am 19. April 1804, »daß sie [Joséphine] alles in ihren Kräften Stehende getan hat. Mme. Bonaparte hat sich ihrem Mann zu Füßen geworfen und ihn angefleht, den Herzog als Geisel zu behalten.« Angeblich soll der Konsul erwidert haben, sie solle sich nicht in Dinge einmischen, von denen sie nichts verstünde, er habe an Geiseln keinen Bedarf und werde Enghien hinrichten lassen.

M. de Rémusat, der an diesem Tag die Funktionen eines Kammerherrn ausübte, hat Pasquier die Szene zwischen dem Ehepaar etwas anders geschildert. Ihm zufolge soll Bonaparte zu seiner Frau gesagt haben: »Gehen Sie; Sie sind ein Kind. Von den Zwängen der Politik verstehen Sie nichts.« Und um fünf Uhr morgens, beim Auf-

Die Hinrichtung des Herzogs von Enghien in Vincennes

wachen, soll er Joséphine informiert haben: »Jetzt lebt der Duc d'Enghien nicht mehr.« Angeblich hat sie laut geschrien und Tränenströme vergossen, worauf Napoleon trocken feststellte: »Versuch zu schlafen, du bist ein richtiges Kind.«

Miot de Mélito zweifelt allerdings am Wahrheitsgehalt dieser rührenden Geschichten, denn in jener Woche hielt Bonaparte sich auf Malmaison auf, nur mit seiner Frau,

am 21. März 1804. Zeitgenössische Lithographie.

einem Gardeoffizier, einem Präfekten und einer Hofdame. Niemand wurde zum Essen eingeladen, und Joséphine durfte niemanden empfangen. Unter diesen Umständen hält Miot es für äußerst unwahrscheinlich, daß sie rechtzeitig von der bevorstehenden Hinrichtung erfahren haben könnte, zumal ja alles sehr schnell und unter äußerster Geheimhaltung vor sich ging. Allerdings ist Miot davon überzeugt, daß Joséphine tatsächlich versucht hätte, das Leben des Herzogs zu retten, wenn sie über die Vorgänge informiert gewesen wäre.

Um nicht den Eindruck zu erwecken, als messe er diesem Ereignis übermäßige Bedeutung bei, begibt sich Bonaparte am Abend des 22. März 1804 wie vorgesehen in die Oper. Joséphine begleitet ihn. »Sie zitterte am ganzen Leibe, und er war sehr bleich«, weiß Mme. de Rémusat zu berichten. »Er betrachtete uns alle und schien an unseren Blicken ablesen zu wollen, welchen Empfang man ihm bereiten würde. Schließlich betrat er seine Loge, so als müßte er in den Kugelregen hinaus. Man begrüßte ihn wie üblich mit Applaus, sei es nun, weil sein Anblick die gewohnte Wirkung hervorrief, oder weil die Polizei gewisse Vorsichtsmaßnahmen getroffen hatte. Ich hatte befürchtet, daß man ihm nicht applaudieren würde, und war sehr erleichtert, daß es nicht soweit kam, und doch versetzte mir dieser Applaus einen Stich ins Herz.«

Die Verschwörer des Jahres XII werden vor Gericht gestellt. Neunzehn Personen werden für schuldig befunden und zum Tode verurteilt. Bonaparte begnadigt sieben der Angeklagten, die übrigen werden am 24. Juni 1804 hingerichtet.

Eine geschickte Pressekampagne nutzt diese Verschwörung aus, um allgemeine Zustimmung zu einer Verfassungsänderung zu erhalten, die am 18. Mai 1804 zur Errichtung des erblichen Kaisertums führt. An diesem Tag begibt sich Cambacérès, der Senatspräsident, mit einer großen Truppeneskorte nach Saint-Cloud, wo er

Die erste Gemahlin Napoleons I.

eine Rede hält und Bonaparte zum erstenmal mit ›Majestät‹ anredet. Napoleon empfängt ihn gelassen, »so als hätte er sein Leben lang ein Anrecht auf diesen Titel gehabt«, wie Mme. de Rémusat bemerkt.

Danach begibt sich der Senator in Joséphines Suite und proklamiert sie zur Kaiserin. »Dem Senat bleibt nun noch die ehrenvolle Aufgabe, Eurer Kaiserlichen Majestät untertänigst seine Ehrerbietung und den Dank der Franzosen zu entbieten. Ja, Madame, Ihr Ruf kündet von all dem Guten, das Sie unablässig tun. Es heißt von Ihnen, daß Sie stets ein offenes Ohr für die Unglücklichen haben und von Ihrem Einfluß auf das Staatsoberhaupt nur Gebrauch machen, um die Not zu lindern. ... Diese Neigung verheißt, daß der Name der Kaiserin Joséphine ein Garant des Trostes und der Hoffnung sein wird.«

Joséphine erwidert die Komplimente des Senatspräsidenten »mit dem ihr eigenen Charme, der sich jedweder Situation gewachsen zeigte«.

Denkt sie in diesem Augenblick an die Worte jener Wahrsagerin auf Martinique, die ihr als jungem Mädchen prophezeit hatte, sie werde eines Tages »mehr als eine Königin« sein?*

* Diese legendenhaft anmutende Geschichte, die 1797 zum erstenmal auch in der Presse erschien (in der royalistischen Zeitung *Le Thé*), wurde von Joséphine so oft erzählt, auch lange vor ihrem Aufstieg zur First Lady, daß sie – so unwahrscheinlich das auch anmuten mag – vielleicht doch einen wahren Kern hatte.

12

»Ich gehe sehr spät zu Bett und stehe früh auf«

Zwischen dem 18. Mai 1804, als der Senat Joséphine den Titel ›Kaiserin‹ verleiht, und dem 16. Dezember 1809, als ihre Ehe mit Napoleon aufgelöst wird, liegen nur etwas mehr als fünfeinhalb Jahre. Während dieser kurzen Zeit erstrahlt sie wie ein Meteor am Himmel des Empire. Wenn sie nicht gerade auf Reisen ist, hält sie sich meistens in den Tuilerien oder in Saint-Cloud auf, seltener in den anderen Schlössern der Umgebung, wie Rambouillet oder Fontainebleau. Doch wo auch immer sie sich befinden mag, sie ist eine Gefangene der vom Kaiser eingeführten und im Jahre 1806 veröffentlichten *Etiquette du palais impérial*.

Diese *Etiquette* regelt das Leben bei Hofe in allen Einzelheiten. Nichts darf improvisiert werden, nichts bleibt dem Zufall überlassen, weder die Benutzung der verschiedenen Räumlichkeiten noch die Mahlzeiten noch das Zeremoniell bei Messen, Bällen, Konzerten oder Trauerfällen. Doch obwohl ihr ja nicht an der Wiege gesungen wurde, was sie erwartet, weiß Joséphine sich den Zwängen erstaunlich gut anzupassen, versteht es großartig zu repräsentieren und scheint diesem Lebensstil sogar einiges abgewinnen zu können.

Bei der Aufstellung ihres Hofstaates wird Joséphine, deren Gutmütigkeit und Schwäche bekannt ist, von allen möglichen Leuten umlagert, die ihr eine Hofdame, einen

Kammerherrn oder einen Stallmeister empfehlen wollen. Alle Gesellschaftsschichten möchten vom Glanz des neuen Kaiserhofs profitieren, und das heimliche Feilschen um Stellungen bietet der ›Freundin von Paris‹ schier unerschöpflichen Stoff für boshafte Schilderungen in ihren Briefen an d'Antraigues.

Zu Joséphines erster Hofdame wird Mme. de La Rochefoucauld ernannt, eine Kusine von Alexandre de Beauharnais. Die kleine, verwachsene – sogar bucklige – Person ist sehr gebildet und geistvoll und besitzt trotz ihrer körperlichen Behinderung ein gesundes Selbstbewußtsein. Sie wagt es sogar mitunter, dem Kaiser offen zu widersprechen, was diesem zwar imponiert, aber nicht behagt. Mme. de La Rochefoucauld glaubt dem Kaiserpaar eine hohe Ehre zu erweisen, indem sie die ihr angebotene Stellung annimmt, und sie läßt sich lange bitten, bevor sie Mitte Juli 1804 zustimmt – für ein Jahresgehalt von 40000 Francs. Auch ihre sonstigen Bedingungen werden akzeptiert: sie erhält 400000 Francs, um die Schulden ihrer Familie tilgen zu können; ihr Mann wird Kommandant der Ehrenlegion, wodurch sein Gehalt sich um 15000 Francs erhöht, zuzüglich einer Pension von 12000 Francs. Es ist zweifellos der glanzvolle alte Name, der es Mme. de La Rochefoucauld erlaubt, ihre Ansprüche durchzusetzen. Von Dankbarkeit gegenüber ihrer Wohltäterin kann bei ihr keine Rede sein, auch nicht von Verbundenheit. Sie bleibt nach der Scheidung nicht bei Joséphine, sondern legt ihr Amt nieder, in der Hoffnung, erste Hofdame der neuen Kaiserin zu werden. Napoleon macht ihr allerdings einen Strich durch die Rechnung: Die Dame, deren Ton dem Kaiser von jeher mißfiel, erhält ihren Abschied.

Mme. de La Rochefoucauld gebührt der Vorrang vor dem Oberkämmerer; ihr unterstehen die Hofdamen, bis 1806 auch die Kämmerer, ebenso die Garderobenmeisterin, obwohl diese ihrerseits eine wichtige Persönlichkeit

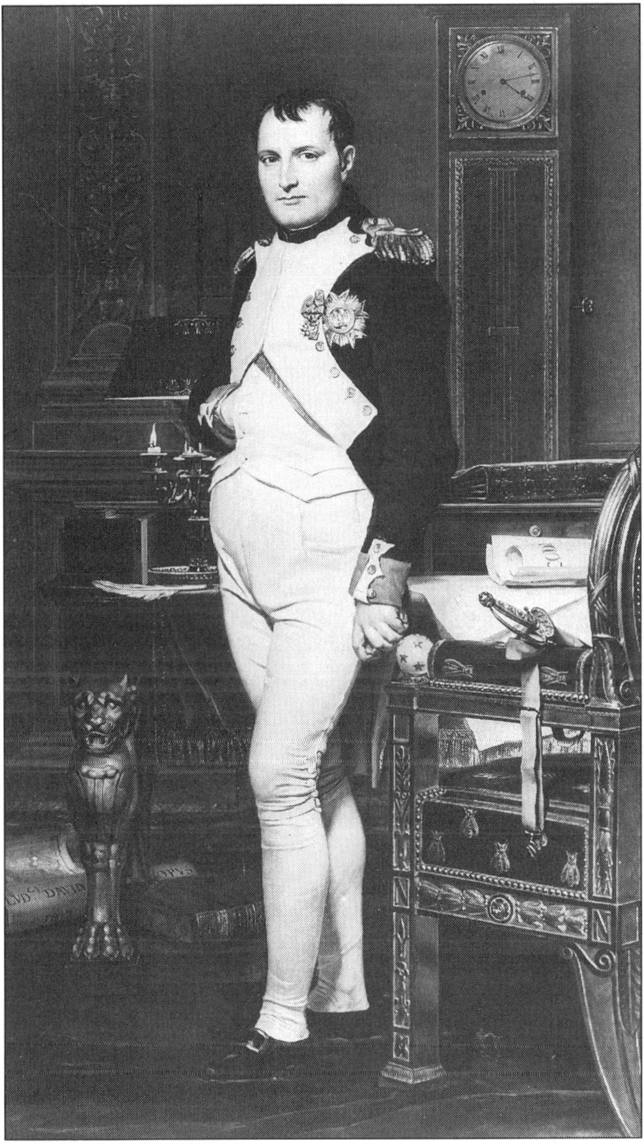

Napoleon I. Bonaparte. Gemälde von Jacques-Louis David, 1812.

ist, die über Kleidung und Schmuck der Kaiserin gebietet. Diesen Posten erhält Alexandres Nichte Emilie; Joséphine hat sie mit La Valette verheiratet, einem Adjutanten Napoleons, der bald zum Generaldirektor der Post ernannt wird. Emilie ist ein sanftes und gutmütiges Geschöpf, das bei den Kammerfrauen keinerlei Autorität besitzt und sich nie durchsetzen kann. Sie hat ihre Stellung aber gerade diesen Schwächen zu verdanken, denn Joséphine will nicht, daß man ihr in Fragen der Toilette irgendwelche Vorschriften macht.

Im November 1802 hat der Erste Konsul seiner Frau vier Hofdamen zugeteilt. Nach der Krönung werden es rasch immer mehr. Während unter dem Ancien Régime der Königin zwölf Hofdamen zustanden, bringt Joséphine es als Kaiserin schließlich auf neunundzwanzig! Dabei sollte man allerdings nicht vergessen, daß sie ihren Dienst in vierteljährlichem Turnus versahen. Damen von altem Adel wie Mme. de Mortemart, Mme. de Montmorency oder Mme. de Chevreuse sind dabei ebenso vertreten wie Angehörige des kaiserlichen Neuadels, etwa Mme. Savary oder Mme. Maret, die sich unter den ›echten‹ Aristokratinnen mitunter nicht ganz wohl fühlen. Diese Mischung entspricht dem ausdrücklichen Wunsch des Kaisers, dem etwas Unmögliches vorschwebt: jenes Fusionssystem, von dem er auf Sankt Helena so oft sprechen wird. Eine der Hofdamen verdient es, besonders hervorgehoben zu werden: Mme. d'Arberg, die sich mit den höfischen Sitten so gut auskennt wie sonst niemand. Der Kaiser schätzt sie, die Kaiserin hört auf sie, und sie wird von allen respektiert. Für Joséphine ist sie die unentbehrliche Ratgeberin in allen Fragen der Etikette.

Wie einst der Königin von Frankreich, so stehen nun auch Joséphine ein Oberkämmerer und sechs Kämmerer zur Verfügung, die sich vierteljährlich im Dienst abwechseln. Alle gehören dem alten Adel an und tragen illustre Namen wie M. d'Aubusson Comte de la Feuillade oder

Prince de Grave. Da der Kaiser die alten Titel jedoch offiziell nicht anerkennt, werden sie im *Almanach impérial* einfach als M. Hector Daubusson und M. Degrave geführt.

Die Kaiserin besitzt ihren eigenen Marstall, über den zunächst M. d'Harville gebietet, ein Freund Alexandres, der aber 1806 von General Ordener abgelöst wird, einem lothringischen Bauern, der mit höfischen Sitten nichts anzufangen weiß, seinen Pflichten aber gewissenhaft nachkommt, so als handelte es sich um militärische Aufträge. Diesem Oberstallmeister unterstehen mehrere Vorreiter – Soldaten aus guten alten Familien, die jedoch nur selten bei Hofe anzutreffen sind, weil sie sich ständig an irgendwelchen Feldzügen beteiligen müssen. Zahlreiche Gefährte bedürfen ständiger Pflege: elegante Kutschen in verschiedenen Farben – himmelblau, zitronengelb, rot-gold, manche mit Wappen versehen, andere nur mit Joséphines verziertem Anfangsbuchstaben. Hundert Pferde stehen in den Ställen. Natürlich werden auch Kutscher, Postillons, Treiber und Stallknechte beschäftigt – anfangs sind das 43 Personen, zur Zeit der Scheidung 83.

In diesem vom Kaiser abgesteckten prunkvollen Rahmen entfaltet sich Joséphine während der Glanzzeit des Empire. In den kaiserlichen Palästen ist die Suite der Kaiserin – wie die des Kaisers – in zwei streng voneinander getrennte Bereiche unterteilt. Napoleon und Joséphine ziehen – im Gegensatz zum Hof von Versailles – einen scharfen Trennungsstrich zwischen Repräsentation und Privatleben. Der äußere Bereich hat offiziellen Charakter und wird nur für öffentliche Zeremonien verwandt. Er besteht aus einem Vorzimmer, einem ersten Salon, einem zweiten Salon, dem Salon der Kaiserin, einem Speisezimmer und einem Konzertsaal. Der innere Bereich besteht aus Schlafzimmer, Bibliothek, Ankleidezimmer, Boudoir und Bad.

Joséphine hält sich viel lieber in Saint-Cloud oder Malmaison als in den Tuilerien auf, nicht zuletzt deshalb, weil sie in den Gärten der Tuilerien nicht ungestört spazierengehen kann: Man erkennt sie sofort und läßt sie nicht aus den Augen, so daß sie rasch gezwungen ist, in ihre Gemächer zurückzukehren. Und sobald sie auf ihre Terrasse im Erdgeschoß hinaustritt, wird sie von Neugierigen umringt, denn der Weg vor dem Palast ist der Öffentlichkeit zugänglich. Hingegen gibt es in Saint-Cloud Privatgärten, in denen sie sich aufhalten kann, ohne belästigt zu werden. Zudem ist ihre dortige Suite moderner und femininer als die Räume in den Tuilerien. Und

Die Kaskade von Saint-Cloud.

schließlich hat Saint-Cloud den Vorteil, daß man auf der neu angelegten Straße zwischen den beiden Residenzen mit der Kutsche in einer Viertelstunde in Malmaison ist, wodurch sich etwas Abwechslung in den monotonen Tagesablauf bringen läßt.

Joséphine ist mittelgroß; in ihren Pässen wird ihre Größe mit 1,63 m angegeben. Ihre dunkelblauen Augen sind fast immer halb geschlossen, verborgen unter schweren Lidern, und die herrlichen langen Wimpern verleihen ihr einen sanften Blick. Sie hat langes seidiges

kastanienbraunes Haar, das perfekt mit ihrem leicht bräunlichen Teint harmonisiert, dem sie mit Hilfe von Schminke Zartheit und Frische verleiht. Das einzig Störende sind ihre extrem schlechten Zähne, doch sie kaschiert diesen Schönheitsfehler, indem sie beim Sprechen und Lächeln kaum die Lippen öffnet.

Als Kaiser verbringt Napoleon die Nacht nicht mehr in Joséphines Schlafzimmer, sondern in seinen eigenen Gemächern. Wenn das Ehepaar zusammen sein möchte, steigt Bonaparte die Geheimtreppe hinab, die sein Schlafzimmer mit dem seiner Frau verbindet. Sie liebt es, abends lange aufzubleiben; vor halb eins oder eins geht sie selten ins Bett. Morgens wacht sie gegen acht auf, bleibt meistens noch etwas liegen, steht aber nicht später als um neun auf, es sei denn, sie fühlt sich nicht wohl. Manchmal verlangen ihr irgendwelche Verpflichtungen größere Strapazen ab. So vertraut sie im Februar 1806, nach ihrer Reise nach München, ihrem Sohn an: »Seit meiner Rückkehr führe ich ein sehr anstrengendes Leben. Ich habe keine Minute Zeit für mich, gehe sehr spät zu Bett und stehe früh auf. Der Kaiser, der sehr kräftig ist, erträgt dieses aktive Leben sehr gut, aber meine Gesundheit leidet darunter ein wenig.«

Nach dem Aufstehen begibt sich Joséphine in ihren Ankleideraum. Ihrer Toilette widmet sie immer viel Zeit – am Tag insgesamt fast drei Stunden. Die erste Kämmerin, Mme. Marco-Saint-Hilaire, ist Joséphine von Mme. Campan empfohlen worden; die Pensionsdirektorin findet sie »erstaunlich geschickt und vielseitig begabt: sie spielt hervorragend Harfe, schreibt großartig und ist sanft und respektvoll«. Zweite Kämmerin ist eine Mme. Bassan. Diesen beiden Damen unterstehen vier Kammerfrauen, die bald in Empfangsdamen umbenannt werden und jene privilegierten Personen anmelden, denen der Zutritt in die Privaträume der Kaiserin erlaubt ist. Diese Kammerfrauen haben den Spitznamen ›rote Damen‹, weil ihre Tracht von roter Farbe ist; von Mme. de La Rochefoucauld werden sie aber auch abfällig ›weibliche Türhüter‹ genannt.

Joséphine sieht in ihren Hofdamen und Kammerzofen stets enge Vertraute und Freundinnen, erleben sie doch das Leben der Kaiserin aus nächster Nähe mit, kennen Freud und Leid ihrer Herrin.

Auf Gesichts- und Körperpflege legt Joséphine größten Wert, und wie jede Frau, die nicht mehr ganz jung ist, aber noch gefallen möchte, verwendet sie reichlich Schminke. Auf Rouge verzichtet sie niemals; aus Grasse läßt sie ihr Rosenwasser und ihre Rosenmilch kommen, die ihr einen zarten Teint verleihen sollen.

Danach legt ihr die Garderobenmeisterin mehrere Kleider zur Auswahl vor, und oft kann sich Joséphine nur schwer entscheiden, was sie anziehen soll.

Es folgt die Arztvisite. Wenn sie sich krank fühlt, stattet ihr Corvisart, der Leibarzt des Kaisers, einen Besuch ab und verschreibt irgendein schmerzstillendes Medikament; normalerweise wird sie jedoch von Doktor Leclerc betreut. Als dieser im Jahre 1808 stirbt, tritt Horeau, ein Schüler Corvisarts, seine Nachfolge an und bleibt auch nach der Scheidung Joséphines Hausarzt. Trotz häufiger Migräne, einer Anfälligkeit für Katarrh und gelegentlicher Unpäßlichkeiten besitzt sie im Grunde eine ausgezeichnete Konstitution, was ein wahres Glück ist, denn der Stand der Medizin ist zu jener Zeit noch nicht allzu hoch. Blutegel, Brech- und Abführmittel gelten als Allheilmittel. Außerdem verordnet Corvisart Joséphine gelegentlich eine strenge Diät, weil er die Ansicht vertritt, daß völlige Abstinenz den Krankheitsverlauf günstig beeinflußt.

Nach dem Arzt wird Herbault vorgelassen, einer der vier Kammerdiener, der als Friseur der Kaiserin fungiert. Um zehn Uhr hat sie meistens ihre erste Toilette beendet und begibt sich in den Salon, wo sie die Lieferanten emp-

Das Paradebett Joséphines.

fängt. Meistens handelt es sich um Modisten, die ihr die neuesten Kreationen präsentieren wollen. Ihre Schwäche für Kleidung ist allgemein bekannt, und das wissen die schlauen Geschäftsleute auszunützen. Selbst Napoleon gelingt es nicht, in dieser Hinsicht Ordnung zu schaffen, und schließlich resigniert er.

Wenn keine Lieferanten bestellt sind, empfängt die Kaiserin in dieser Stunde Personen, die um eine Audienz nachgesucht haben. Solchen Bittstellern geht es fast immer um eine Stellung, eine Pension, einen Titel oder um ein Almosen.

Genau um elf Uhr – die Kaiserin legt auf Pünktlichkeit größten Wert – wird das Mittagessen serviert. Der Kaiser speist oft allein und in großer Hast. Joséphine lädt immer etwa zehn Personen zum Essen ein – Damen, die im Palast ihren Dienst versehen, dazu einige Damen von Welt oder Ehefrauen bedeutender Offiziere. Manchmal werden auch Damen gebeten, die Joséphines Freundinnen waren, bevor sie Kaiserin wurde; das mißfällt Napoleon allerdings sehr, und er schneidet unweigerlich eine Grimasse, wenn er zufällig den Raum betritt und solche Tischgäste vorfindet. Er hat Joséphine diesen Umgang streng verboten, wobei ihm speziell Mme. Tallien ein Dorn im Auge ist. Im August 1805 schreibt er seiner Frau diesbezüglich aus dem Heerlager von Boulogne: »Ich verbiete Dir, Mme. Tallien zu sehen, unter welchem Vorwand auch immer. Ich werde keine Entschuldigung mehr gelten lassen. Wenn Dir etwas an meiner Wertschätzung liegt und Du mir gefallen möchtest, wirst Du Dich über diesen Befehl niemals hinwegsetzen. Sie kommt in Deine Gemächer, verbringt dort sogar die Nacht. Verbiete Deinen Türhütern in Zukunft, sie einzulassen. Ein jämmerlicher Kerl hat sie mit acht Bastarden geheiratet. Ich verachte sie jetzt nur noch mehr. Sie war ein sehr liebenswertes junges Mädchen, doch sie hat sich in ein ehrloses und liederliches Frauenzimmer verwandelt.«

Hin und wieder nimmt das Herrscherpaar das Mittagessen auch gemeinsam ein, mit einigen wenigen Gästen. Anschließend begeben sich Ihre Majestäten in den Salon, wo Kaffee und Liköre gereicht werden. Napoleon schätzt die belebende Wirkung von sehr starkem Kaffee, der ihn am Einschlafen hindert. Joséphine achtet darauf, daß er weder unpassenderweise einnickt noch zerstreut zu viele Tassen hintereinander trinkt. Sie gießt ihm den Kaffee ein, zuckert diesen und probiert einige Tropfen, bevor sie ihm die Tasse reicht.

Nach dem Essen spielt sie eine Partie Billard, wenn das Wetter für einen Spaziergang im Garten zu schlecht ist. Nach dieser kurzen Erholung treibt sie Konversation mit ihren Damen, die wie sie selbst beschäftigt sind, Kissen- oder Sesselbezüge zu besticken.

Wenn keine Besucher warten, unternimmt sie zwischen zwei und drei eine Ausfahrt in der offenen Kutsche. Von den Tuilerien aus kann man sich nur in den Bois de Boulogne begeben, der zu jener Zeit noch ziemlich ungepflegt ist. Die herrlichen Wälder in der Umgebung von Saint-Cloud eignen sich wesentlich besser für solche Ausfahrten; und wenn der Hof in Fontainebleau residiert, beobachtet die Kaiserin von ihrer Kalesche aus die Jagdgesellschaften. Obwohl sie keinen Geschmack an diesem Sport findet, bemüht sie sich, ein gewisses Interesse vorzutäuschen. Auch für Bonaparte ist die Jagd eher eine Pflichtübung zur körperlichen Ertüchtigung denn ein Vergnügen. Trotzdem hat der unentbehrliche Hofschneider Leroy spezielle Jagdkostüme angefertigt, für die Kaiserin aus amarantrotem Samt, mit Gold bestickt.

In den Palast zurückgekehrt, kleidet sie sich zum Abendessen um. Hin und wieder taucht dabei unvermutet der Kaiser auf; bei solchen Gelegenheiten ist er stets fröhlich und amüsant, tätschelt Joséphines Wangen oder Rücken oder bringt sie lachend in Verlegenheit. Ihre sanften Proteste, ihr »Hör doch auf, hör doch auf, Bonaparte!« ist völlig wirkungslos; er neckt sie weiter, und Joséphine zwingt sich, über seine Scherze zu lachen, auch wenn sie manchmal Tränen in den Augen hat.

Das Abendessen ist für sechs Uhr vorgesehen. Meistens vergißt Napoleon das aber, oder er verspätet sich. Es ist durchaus keine Seltenheit, daß man sich erst um neun oder zehn zu Tisch setzt. Wenn keine Bälle, Theateraufführungen oder sonstigen Ereignisse auf der Tagesordnung stehen, spielt Joséphine abends mit einem ihrer Kämmerer Tricktrack, oder sie unterhält sich mit ihren Damen.

Oft bittet der Kaiser seine Gemahlin zu sich, nachdem er sich zu Bett begeben hat, damit sie ihm etwas vorliest. Sobald er einschläft, kehrt sie in ihren Salon zurück und setzt die unterbrochene Unterhaltung oder Partie fort. Mme. de Genlis hat für eine Pension von 6000 Francs die Aufgabe, aus allen Neuerscheinungen besonders interessante Passagen auszuwählen, die sie der Kaiserin allwöchentlich zukommen läßt. Niemand kann so gut vorlesen wie Joséphine; unvergleichlicher Charme und ihre weiche Stimme machen das Zuhören zum Genuß.

Es wurde oft behauptet, daß sie nie Freude am Lesen gehabt hätte; das ist ein großer Irrtum. Ihr stehen die Palastbibliotheken zur Verfügung, und die Briefe ihres Sekretärs Deschamps an die Bibliothekare des Kaisers beweisen, daß ihre Interessen sich nicht auf die Botanik beschränkten. Einmal wünscht sie ein Werk über die Armée Condé, ein anderes Mal verlangt sie ein Buch über Deutschland. Obwohl sie gern selbst liest, erfordert es die Etikette, daß eine Vorleserin zu ihrem Haushalt gehört. Anfangs nimmt Mlle. Lacoste diese Stellung ein, doch schon 1806 wird sie von der schönen Genueserin Gazzani abgelöst, die der Kaiser zu seiner Mätresse macht. Doch Joséphine ist nicht nachtragend: auch nach der Scheidung behält die Gazzani ihre Stellung.

Die Kaiserin ist aber auch eine ausgezeichnete Zuhörerin. Ihr hervorragendes Gedächtnis trägt dazu bei, ihr viele Freunde zu verschaffen, denn sie erinnert sich an jeden Namen und an jede Einzelheit aus dem Leben ihrer Gesprächspartner. Der Kaiser ist stets aufs neue begeistert über ihre Gabe, irgendeine Unterhaltung genau wiederzugeben. Sie flößt den Menschen Vertrauen ein, weil sie sich für alles, was man ihr erzählt, zu interessieren scheint. An Höflichkeit dürfte sie die meisten Prinzessinnen des Ancien Régime bei weitem übertreffen. Sie kann auch mühelos auswendig zitieren; nicht umsonst nennt Napoleon sie sein wandelndes Notizbuch, und es macht ihm viel Spaß, ihr Gedächtnis auf die Probe zu stellen, indem er absichtlich irgendwelche falschen Daten nennt, nur um von ihr korrigiert zu werden.

Für Zeichnen oder Malen scheint sie keine Neigung gehabt zu haben – jedenfalls kennt man von ihr nur eine einzige Zeichnung aus dem Jahre 1805. Dafür interessiert sie sich für Musik, auch wenn das oft bestritten wurde. Gewiß, sie komponiert keine Romanzen wie ihre Tochter Hortense, aber verschiedene Zeitgenossen bestätigen, daß sie ausgezeichnet Harfe spielte und sehr hübsch sang. Allein in Malmaison finden sich neben einer wertvollen Harfe nicht weniger als sieben Klaviere der berühmtesten Klavierbauer jener Zeit. Auch in keinem der anderen Paläste, die sie bewohnt hat, fehlt ein Klavier. Und in ihrer Bibliothek in Malmaison, die bei ihrem Tod etwa 14000 Bände umfaßt, gibt es außer 29 Bänden mit Partituren für Harfe und Begleitung auch sehr viele Opern und Liederhefte. Das sieht jedenfalls nicht nach der Bibliothek einer Frau aus, die kein Interesse an der Musik hatte.

13

»Ich werde mich mit Kunst und Botanik beschäftigen«

Der Landsitz Malmaison, den Joséphine während Bonapartes Ägyptenfeldzug erworben hat, sagt diesem außerordentlich zu. Als Erster Konsul ist er stets froh, wenn er den düsteren Tuilerien entrinnen und sich dorthin zurückziehen kann. Malmaison bleibt bis zum Herbst 1802 seine Landresidenz; danach bezieht er das ihm zur Verfügung gestellte Schloß von Saint-Cloud. Zwar hält er sich auch weiterhin gelegentlich in Malmaison auf, doch betrachtet Joséphine diesen Ort immer mehr als ihren persönlichen Besitz, ihr Zuhause, ihren sicheren Hafen.

Zwei junge Architekten, Percier und Fontaine, werden Ende Januar 1800 damit beauftragt, das alte Gebäude aus dem 17. Jahrhundert zu modernisieren und zu verschönern. Diese Arbeiten nehmen das ganze Jahr in Anspruch, denn sie müssen immer wieder unterbrochen werden, wenn der Erste Konsul auf Malmaison weilt und nicht von Baulärm belästigt werden möchte.

Ein neu errichteter zeltförmiger Pavillon bildet den Eingang. Von hier gelangt man in eine Halle, deren Stucksäulen an das Atrium einer römischen Villa erinnern. An diese Halle schließt sich auf der rechten Seite ein Billardsaal, ein Gesellschaftssalon und ein Musiksalon an, der zunächst auch als Gemäldegalerie dient. Links von der Halle befinden sich ein Speisesaal mit Wandgemälden von Lafitte im Stil von Pompeji, ein zeltförmiger Ratssaal und eine Kombination aus Arbeitszimmer und Bibliothek mit Mahagonisäulen und einer Gewölbedecke, die mit Porträts der größten Schriftsteller geschmückt ist, darunter auch Ossian, den Bonaparte besonders schätzt. Das ganze Erdgeschoß ist prunkvoll eingerichtet: Mahagonimöbel mit Intarsien aus vergoldeter Bronze, Porzellan aus Sèvres, Vasen und Uhren aus Marmor. Viel schlichter ist die Wohnung des Konsuls und seiner Gemahlin, über dem Salon und der Galerie gelegen. Ferner gibt es in der ersten Etage sieben Gästesuiten. Zehn bescheidenere Gästezimmer befinden sich im zweiten Stock.

Malmaison, das Schloß des Kaiserpaares.

Die Renovierung dieses wahrlich nicht großartigen Landsitzes des Staatsoberhaupts verschlingt enorme Summen: 600000 Francs innerhalb von 18 Monaten – mehr als das Doppelte des Kaufpreises.

Zahlreiche Nebengebäude werden errichtet: Wirtschaftsräume, Gesindewohnungen, Stallungen, Wachhäuschen und sogar ein hübsches kleines Theater. Der Park wird erheblich vergrößert und auf Joséphines ausdrücklichen Wunsch hin ganz im englischen Stil angelegt.

Im Juli 1802 erhalten die Architekten Percier und Fontaine den Auftrag, den Palast von Saint-Cloud instandzusetzen, der als Sommerresidenz des Ersten Konsuls dienen soll. Die Arbeiten auf Malmaison werden nun von verschiedenen Architekten geleitet, mit denen Joséphine jedoch wenig zufrieden ist, wahrscheinlich weil diese Männer von ihren ständigen neuen Einfällen wenig begeistert sind. Erst Ende 1805 findet sie in Louis-Martin Berthault wieder einen Architekten, der ihr zusagt, und in den folgenden Jahren werden in Haus und Park unzählige Arbeiten durchgeführt.

An das bereits 1805 von Thibault und Vignon errichtete Treibhaus werden 1807 prächtige Salons angebaut, von denen aus man die seltenen tropischen Pflanzen bewundern kann. In einem dieser Säle wird auch ein Teil von Joséphines reicher Antikensammlung untergebracht. Im Schloß selbst wird der Musiksalon durch eine große Gemäldegalerie verlängert, in der auch die schönsten Antiken und Statuen ausgestellt sind. Nach der Scheidung läßt Joséphine zunächst den Gesellschaftssalon völlig umgestalten, im Jahre 1812 auch ihr Schlafzimmer, das in eine rot-goldene Rotunde mit riesigem Bett verwandelt wird.

Alle Zeitgenossen haben sich über den Gegensatz zwischen den herrlichen Sammlungen und der prächtigen Innenausstattung einerseits und dem einfachen Bauwerk andererseits gewundert. Offenbar hat Joséphine aber nie daran gedacht, das alte Haus verschwinden zu lassen und das Schloß von Grund auf neu zu bauen. Wahrscheinlich wäre ihr das wie ein Sakrileg vorgekommen, denn hier hat sie mit Bonaparte viele glückliche Stunden verbracht.

Die schönste Zeit auf Malmaison, an die Joséphine sich in den weniger schönen Jahren nach der Scheidung oft sehnsüchtig zurückerinnert – das sind die knapp drei Jahre vom Januar 1800 bis zum Herbst 1802.

Noch ist der Alltag nicht in das Korsett einer strengen Hofetikette eingezwängt, und Napoleon und Joséphine führen auf dem Lande ein bürgerliches Leben. Hier verbringen sie das Wochenende – genauer gesagt, den letzten und ersten Tag jeder Dekade, denn nach dem neuen Kalender ist das Jahr nicht in Wochen, sondern in Dekaden eingeteilt. Begleitet werden sie meistens von Napoleons Geschwistern, seiner Mutter, seinem Onkel Fesch und Joséphines Tochter Hortense; hinzu kommt eine Schar junger Adjutanten und Obersten: Lannes, La Valette, Duroc, Junot, Bessières, Rapp.

Das Vestibül von Schloß Malmaison.

An Arbeit fehlt es Bonaparte auch auf dem Lande nie: Ab sechs Uhr morgens empfängt er seine Minister, und danach vertieft er sich in die Berichte der Präfekten. Nachmittags finden Besprechungen mit den Konsuln und Staatsräten statt. Doch zwischendurch findet er etwas Entspannung bei Spaziergängen oder Jagdausflügen. Manchmal arbeitet er auch draußen auf dem Rasen, worüber Talleyrand sehr schockiert ist. »Ich komme also in Malmaison an«, schreibt er dem Sekretär des Prince d'Orange, »und wissen Sie, was ich dort tue und wo der Erste Konsul seinen Arbeitsplatz eingerichtet hat? Auf einer Rasenfläche! Man mußte im Gras sitzen. Ihm macht das natürlich nichts aus, er ist schließlich an Feldlager gewöhnt und trägt Stiefel und lederne Hosen. Aber ich! In Seidenhose und Seidenstrümpfen auf dem Rasen! Können Sie sich das vorstellen? Was für ein Mann! Er glaubt sich immer in seinem Biwak.«

Die Freuden von Malmaison sind einfacher Natur; abends liest man oder spielt Tricktrack und Karten. Bonaparte hält sich selten an die Spielregeln und hat eine kindliche Freude an seinen eigenen Mogeleien. Währenddessen legt Joséphine zur allgemeinen Belustigung ihre ewigen Patiencen. Nach dem Abendessen werden auf dem Rasen vor dem Schloß manchmal große Partien Barlauf ausgetragen; bei solchen Spielen ist Napoleon so wendig und ausgelassen wie ein Schuljunge und mogelt wie beim Kartenspiel.

Bei den Mahlzeiten sitzen alle an einem einzigen großen Tisch, wie bei einem Familientreffen. Der Konsul nimmt als erster Platz und benennt die Person, die an seiner Seite sitzen soll. Joséphine setzt sich ihm gegenüber, und die anderen Gäste nehmen zwanglos Platz, wo immer sie wollen, Minister, Adjutanten und Konsuln kunterbunt durcheinander.

Bonaparte hat eine besondere Vorliebe für Scharaden und Theaterstücke, und seine Umgebung bemüht sich, ihm diese harmlose Freude zu machen. Anfangs werden in den Salons ohne Vorbereitungen einfache Scharaden aufgeführt, wobei die Akteure ihre Kostüme hinter Paravents wechseln. Doch allmählich findet man Geschmack an richtigen Komödien, und im Jahre 1802 genehmigt Bonaparte den Bau eines kleinen Theaters in der Nähe des Schlosses. Der Saal bietet zwei- bis dreihundert Zuschauern Platz. Im Parterre sitzen meistens Nationalgardisten, die auf Malmaison Dienst tun, während die Logen für Konsuln, Minister und Generäle reserviert sind. Zu den Aufführungen werden etwa 150 Personen eingeladen, ein Drittel von ihnen auch zum Abendessen vor der Vorstellung. Hinterher werden in den Salons Erfrischungen gereicht, bevor die Gäste sich gegen Mitternacht auf den Rückweg nach Paris machen. Eingeweiht wird dieses Theater am 12. Mai 1802 mit der Oper *La Serva Padrona* von Paisiello. Viele berühmte Schauspieler und Sänger treten dort in der Folge auf.

Neben diesen offiziellen Aufführungen gibt es aber weiterhin die kleine Amateurtruppe, die sich aus der Umgebung des Ersten Konsuls rekrutiert. Hortense ist der unangefochtene Star; ferner wirken meistens mit: Eugène, de Lauriston, de Savary, die Junot und de Bourienne, manchmal auch Lucien, der besonders in Tragödien glänzt. Der berühmte Talma studiert die Rollen mit den Laienspielern ein, Isabey ist für Regie und Bühnendekoration verantwortlich. Das Repertoire besteht anfangs aus Einaktern, später wagt man sich auch an *Le barbier de Séville* und *Les fausses confidences* heran. Wenn jemand erklärt, er hätte leider keine Zeit, um seine Rolle zu lernen, bittet und schmeichelt Napoleon so lange, bis der Betreffende nachgibt. Unter dem Empire, als jeder bei Hofe einen bestimmten Rang einnimmt, bleibt für solche Zerstreuungen kaum noch Zeit, und nur bei seltenen festlichen Anlässen – etwa am Namenstag der Kaiserin – kommt es noch zu kleinen Aufführungen.

Joséphines Sammlungen sind ziemlich eklektischer Art: ethnographische Objekte, Skulpturen, Gemälde, Antiquitäten – alles ist vorhanden. Die von Bonaparte eroberten Städte schicken seiner Gemahlin kostbare Geschenke aller Art. Ganze Kunstsammlungen landen bei Joséphine, die für sich die schönsten Stücke auswählt, bevor der Rest dem Musée Napoléon – dem heutigen Louvre – zugeführt wird, für das die erbeuteten Kunstwerke eigentlich gedacht sind.

Anfangs bereitet es Joséphine eine kindliche Freude, die Kisten öffnen zu lassen und all die hübschen Gegenstände selbst mit auszupacken. Doch schon bald kommen soviel Kisten an, daß sie in Magazinen gelagert werden müssen, und nun vergehen oft Monate, bevor es Mme. Bonaparte in den Sinn kommt, sie öffnen zu lassen. Diese Kisten stapeln sich in Saint-Cloud und Malmaison, und manche geraten völlig in Vergessenheit, so etwa eine bedeutende mineralogische Sammlung.

Ein echtes Interesse hat Joséphine an zeitgenössischen Skulpturen, speziell an Werken des italienischen Meisters Canova, von dem sie fünf Arbeiten ihr eigen nennen kann. Doch sie vergibt auch Aufträge an bedeutende französische Bildhauer wie Cartellier, der später ihr Grabmal gestalten wird, Chaudet oder Bosio. Anhand ihrer Lieblingsstatuen, die in der Galerie Ehrenplätze einnehmen, läßt sich ihr persönlicher Kunstgeschmack erkennen: sie bevorzugt anmutige, feminine – oft ausgesprochen sentimentale – Werke. Von denselben Künstlern läßt sie sich und ihre Lieben – Hortense, Eugène oder ihren Enkel Napoléon-Charles – auch porträtieren.

Joséphines Antikensammlung ist zwar nicht aufsehenerregend, aber doch erstklassig. Zum größten Teil handelt es sich um Funde aus Pompeji oder Herculanum. Der König von Sizilien hat sie dem Ersten Konsul geschenkt, und auf diese Weise sind sie aus dem Museum von Neapel in die Galerie von Malmaison gelangt. Doch es genügt

Gartengesellschaft in Malmaison. Gemälde von Victor Viger.

Joséphine nicht, die schönsten antiken Bronzen, Mosaiken und Gemälde zu besitzen; sie möchte auch eine einmalige Sammlung griechischer Vasen ihr eigen nennen. Im Jahre 1814 schmücken fast 250 solcher Vasen die große Galerie und die Galerie im Treibhaus.

Für Malerei scheint sich Joséphine schon sehr früh interessiert zu haben. Bei ihrem Tod sind im Katalog ihrer Galerie von Malmaison 360 Nummern aufgeführt; in Wirklichkeit besitzt sie aber 450 Gemälde, Zeichnungen und Miniaturen. Hinzu kommen noch jene Werke, die in den Schlössern von Navarra und Prégny hingen und deren genaue Zahl nicht bekannt ist. Jedenfalls war es eine stattliche Sammlung. Joséphine besucht regelmäßig den Salon lebender Künstler; sie kauft dort Bilder, ermutigt die jungen Künstler und protegiert den begabten Nachwuchs. Bei der Ausstellung des Jahres XII ersteht sie beispielsweise für 7700 Francs Gemälde von Demarne, Lecomte, Roehn und Duperreux. Nach ihrer Belgienreise mit dem Ersten Konsul im Jahre 1803 erwirbt sie durch Vermittlung des Malers Van Bree eine vollständige Sammlung der größten flämischen und holländischen

Meister. Die Meisterwerke in der Galerie stammen jedoch aus deutschen und italienischen Museen, Kirchen und Palästen; die Schloßherrin von Malmaison eignet sie sich skrupellos an, um ihr Heim zu verschönern, obwohl diese Beutestücke französischer Siege eigentlich im Musée Napoléon der Öffentlichkeit zugänglich gemacht werden sollten. Allein die kurfürstliche Galerie von Kassel liefert ihr 36 Gemälde, darunter vier Rembrandt, fünf Lorrain sowie Werke von Poussin, Potter, Van Dyck, Gérard Dou und anderen. Napoleon gesteht später: »Wenn es Joséphine, die eine Kunstliebhaberin war, unter Berufung auf meinen Namen gelang, sich einiger Meisterwerke zu bemächtigen, so tat mir das in der Seele weh, und ich fühlte mich wie bestohlen, weil sie nicht im Museum waren, wo sie hingehörten. Daß sie in meinem Palast hingen und ich sie vor Augen hatte, änderte daran nichts.« Doch auch der Kaiser kommt gegen die Sammelleidenschaft seiner Frau nicht an.

Bei Joséphines Tod umfaßt die Sammlung alter Meister nicht weniger als 110 italienische und 76 flämische und holländische Gemälde, aber nur acht spanische und zwei deutsche. Bei der Zusammenstellung ihrer Galerie läßt sie sich von dem Kunstexperten und Kunsthändler Guillaume-Jean Constantin anleiten, den sie 1807 zum ›Kustos der Gemälde Ihrer Majestät der Kaiserin in der Galerie von Malmaison‹ ernennt. Seine Aufgabe besteht darin, Kunstwerke zu restaurieren, den Katalog für die Galerie zu erstellen und ihr detaillierte Beschreibungen jener Gemälde zu liefern, die er ihr zu kaufen empfiehlt.

Möglicherweise bewundert Joséphine die Gemälde alter Meister mehr aus Konvention als aus echter Begeisterung. Die Sammlung zeitgenössischer Werke spiegelt ihren Kunstgeschmack zweifellos besser wider. Abgesehen von den Familienporträts, die sie bei damals berühmten Malern wie Gérard, Gros, Appiani, Isabey oder Prudhon in Auftrag gibt, sind kaum große Namen vertreten: eine Skizze von David, ein Gemälde von Guérin und eines von Prudhon, der mit seinem Modell freundschaftliche Beziehungen unterhielt und es immer jünger und schöner darstellte, als es der Wirklichkeit entsprach.

Joséphine scheint vom damals modernen Neoklassizismus wenig begeistert zu sein; Blumen- und Landschaftsbilder gefallen ihr besser als die großartige Historienmalerei. So ist ihr Schlafzimmer mit zarten Aquarellen des berühmten Redouté dekoriert, und nach ihrer Reise in die Schweiz begeistert sie sich für die Landschaftsgemälde des Schweizer Malers Delarive.

»Gestatten Sie uns, Madame, Sie zu Ihrem Interesse an der Naturkunde zu beglückwünschen. Sie tragen zu ihrem Fortschritt bei, und dafür danken wir Ihnen im Namen aller Naturforscher.«

Diese an Joséphine gerichteten Zeilen der Professoren des Museums für Naturgeschichte belegen das Interesse der Kaiserin an Botanik und Zoologie. Innenminister Chaptal hat die ehrwürdigen Gelehrten dieses Museums schon frühzeitig zur Zusammenarbeit mit Joséphine ermutigt. »Sie wissen so gut wie ich, mit welchem Erfolg Mme. Bonaparte Pflanzenzucht betreibt und seltene Tiere sammelt. Es ist im Interesse der Wissenschaft und des Ruhmes Frankreichs, ihr dabei behilflich zu sein, und ich möchte Sie deshalb bitten, sie nach Kräften zu unterstützen.« Im Laufe der Jahre betrachten die Professoren Joséphine denn auch fast als Kollegin.

Schon unter dem Konsulat hat sie ausgezeichnete Beziehungen zu diesem Museum. Als Thouin, Professor für Baumzucht, ihr einige exotische Früchte aus Treibhäusern zukommen läßt, ist sie über diese Geste zutiefst gerührt. »Ich danke Ihnen, liebenswerter Bürger, für die ausgezeichneten Feigen und Bananen, die Sie mir geschickt haben. Diese Früchte haben mich an meine Heimat erinnert und mir bewiesen, daß Sie imstande sind, über das Klima zu triumphieren und alles zur Reife zu bringen.«

Von nun an wird Joséphine unablässig bemüht sein, die exotischen Pflanzen, die sie in ihrer Kindheit erfreut haben, auch in westeuropäischen Breitengraden heimisch werden zu lassen. Im Mai 1802 schreibt sie ihrer Mutter: »Schicken Sie mir alle Samen und alle Früchte von Amerika: Kartoffeln, Bananen, Orangen, Mangonen oder Mangobäumchen, einfach alles, was Sie an Früchten und Samen auftreiben können.«

Sie weiß ganz genau, was sie will, und sie verfolgt ihr Ziel mit Eifer und Ausdauer. Dazu korrespondiert sie sogar mit allen möglichen Leuten. So bittet sie den Unterkommissar von Porthsmouth in den Vereinigten Staaten, ihr möglichst viele verschiedene Samen aus Nordamerika zu schicken. »Ich möchte diese Pflanzenarten in Frankreich züchten, das ja, was die Temperaturen betrifft, große Ähnlichkeit mit Nordamerika aufweist. Zu diesem Zweck, dessen Nutzen Sie gewiß einsehen, lasse ich einen Teil der zu Malmaison gehörenden Ländereien zu Gewächshäusern und Baumschulen herrichten. Dort werden exotische Bäume und Sträucher kultiviert, die auch in unserem Klima gedeihen können. Der Erste Konsul verfolgt diese Bemühungen mit großem Interesse. Das ist eine neue Erwerbsquelle für Frankreich.«

Ähnliche Briefe schickt sie in alle Welt. Die Botanik ist ihre große Leidenschaft, und in ihrer Begeisterung neigt sie dazu, ihrer ganzen Umgebung lange Vorträge über dieses Thema zu halten und sämtliche seltenen Pflanzen zu zeigen, auch wenn die Besucher nicht das geringste Interesse daran haben. Ihre Liebe zu Blumen ist so groß, daß man ihr kaum ein schöneres Geschenk machen kann als irgendeine seltene Pflanze.

Sie frönt ihrer Leidenschaft aber durchaus nicht nur aus egoistischen Motiven. Was ihr vorschwebt, ist die Schaffung botanischer Gärten in allen Départements, und sie teilt ihre Pläne dem Präfekten von Bouches-du-Rhône, Thibaudeau, mit, der sich ebenfalls für Pflanzenzucht interessiert. »Ich möchte, daß Malmaison bald als Vorbild für gelungene Pflanzenzucht gilt und den Départements seine Reichtümer anbieten kann. Im Hinblick darauf lasse ich unzählige Bäume und Sträucher aus Australien und Nordamerika anpflanzen. Ich will, daß in zehn Jahren jedes Département eine Sammlung wertvoller Pflanzen besitzt, die aus meinen Gewächshäusern stammen. Ich habe dabei speziell Südfrankreich im Auge, weil dort alle Pflanzenarten prächtig gedeihen würden, die hier bei uns nur mit sehr viel Pflege überleben.«

Als Kaiserin verfolgt Joséphine mit großem Interesse Bonapartes Eroberungen und versäumt es nie, den Generalintendanten Daru daran zu erinnern, er möge ihr Pflanzen besorgen, die sie noch nicht besitzt. Als die Franzosen im Jahre 1809 Wien besetzen, wandern etwa 800 Pflanzen, die es in Frankreich bisher nicht gab, aus den Gewächshäusern von Schönbrunn in jene von Malmaison. Als kleinen Trost für den Verwalter Boos schenkt Joséphine ihm einen Ring im Wert von 2000 Francs.

Sie vervollständigt ihre Sammlungen aber auch durch Einkäufe von Samen und Pflanzen bei den besten Gärtnern Europas: Vilmorin in Paris, Rosenzüchter Dupont, Arie Corneille in Haarlem und allen voran Lee & Kennedy in Hammersmith bei London. John Kennedy erhält sogar einen Sonderausweis, der ihn dazu berechtigt, sich trotz Kriegszustand und Kontinentalsperre frei zwischen England und Frankreich zu bewegen. In den Jahren 1811 und 1812 liefert er noch immer riesige Mengen an Pflanzen nach Malmaison.

Manche Höflinge, die Joséphines Leidenschaft für Botanik kennen, bemühen sich ebenfalls, ihre Sammlung zu vergrößern. So schickt Roederer ihr 1811 23 kleine Samenpäckchen. »Es ist sehr liebenswürdig«, schreibt sie ihm, »daß Sie sich an meine Liebe zu Pflanzen erinnert haben. Ich habe mich immer gern mit Pflanzenzucht beschäftigt, und jetzt tu ich das noch mehr als früher. Sie hätten mir kein schöneres Geschenk machen können.«

Der allergrößte Glücksfall für die Gärten von Malmaison ist allerdings die Expedition, die Kapitän Baudin zwischen 1800 und 1804 nach Australien unternimmt. Die riesige Ausbeute an Pflanzen und Tieren, die er von dort mitbringt, wird zwischen dem Museum für Naturgeschichte und Malmaison aufgeteilt.

Joséphine läßt die Früchte ihrer Pflanzenzucht nicht nur den großen botanischen Gärten in Frankreich und im Ausland zukommen; sie beschenkt auch Privatpersonen mit seltenen Pflanzen, so etwa die Komödiantin Mlle. Raucourt oder den Schriftsteller Chateaubriand, der sich später daran erinnert, daß er von Kaiserin Joséphine die einzige Magnolie erhielt, die es damals in Frankreich gab, abgesehen von ihrem eigenen Exemplar in Malmaison.

Fast 200 neue Pflanzen wachsen und gedeihen zwischen 1803 und 1814 zum erstenmal auf französischem Boden, in den Anlagen von Malmaison. Im großen Treibhaus – es ist 50 Meter lang und nach dem neuesten Stand der Erkenntnisse ausgestattet – werden Pflanzen bis zu fünf Meter hoch. Fast 250 verschiedene Rosenarten werden gezüchtet, 132 Arten Heidekraut.

Unter Joséphines Schirmherrschaft erscheint in einer Auflage von nur 200 Exemplaren der Band *Jardin de La Malmaison* mit 120 Stichen der schönsten Pflanzen aus den Gewächshäusern. Den Text hat der berühmte Botaniker Ventenat verfaßt; Pierre-Joseph Redouté hat die Blumen gemalt. Ebenfalls mit Hilfe von Redouté entsteht später eine *Description des plantes rares cultivées à Malmaison et à Navarre.* Die Veröffentlichung zweier weiterer von ihr finanzierter Werke hat Joséphine nicht mehr erlebt: *Les liliacées* und *Les roses,* beide wieder mit Illustrationen von Redouté.

Ein weiteres Interessengebiet der Kaiserin ist die Zoologie. Sie bevorzugt sanfte Tiere, die sich mit etwas Geduld zähmen lassen. Tiere, die ihr gefährlich vorkommen, übergibt sie dem Zoo, beispielsweise das Kamel und den Affen, die sie 1802 geschenkt bekommt, und den Löwen, den der Bey von Tunis ihr schickt. Wie in den modernen zoologischen Gärten, so leben manche Tierarten schon damals auf Malmaison halb in Freiheit. So können sich beispielsweise die Gazellen im Park völlig frei bewegen. Joséphines Menagerie nimmt ihren Anfang im Jahre

Joséphine.
Gemälde von Friedrich Kaulbach nach Gérard, 1890.

1800, als sie aus Peru ein Lamapärchen erhält; eines dieser Tiere lebt noch 1814. Zwei Känguruhs halten 1804 ihren Einzug, zwei weitere kommen zwei Jahre später als Geschenk des sächsischen Königs hinzu; auch sie werden erstaunlich artgerecht gehalten und haben viel Platz zur Verfügung.

Kapitän Baudin hat von seiner Australienexpedition aber nicht nur Känguruhs mitgebracht. Joséphines Zoo erhält beträchtlichen Zuwachs: Hirsche, ein Gnu, Papageien, vor allem aber die schwarzen Schwäne, die von allen Besuchern genauso bestaunt werden wie die seltenen Blumen. Nicht so beliebt, aber genauso wertvoll sind die beiden Emus.

Die Kaiserin wird mit Tieren aus aller Welt beschenkt: General Ernouf, Generalkapitän von Guadeloupe, schickt ihr Vögel; General Janssens, Gouverneur der holländischen Kolonie am Kap der Guten Hoffnung, schickt ihr ein zahmes Zebra, das sich sogar reiten läßt; General Decaen, Gouverneur von Französisch-Indien, schenkt ihr ein Orang-Utan-Weibchen, dem er ausgezeichnete Manieren beigebracht hat. Es ißt an Joséphines Tisch manierlich mit Messer und Gabel und schläft in einem Bett.

Zu Joséphines besonderen Lieblingen gehören die Fasanen aus China, die sie oft selbst füttert. Natürlich dürfen auch Pfauen im Park nicht fehlen.

Ab 1807 nimmt die Zahl der Tiere ab; manche sterben und werden nicht ersetzt; andere werden dem Zoo übereignet. Beim Tode der Kaiserin leben auf Malmaison abgesehen von sieben schwarzen Schwänen und verschiedenen Vögeln nur noch ein Känguruh, ein Lama, ein Schaf, sieben Ziegen, ein Hirsch und vier Hirschkühe.

14

»Die Kaiserin macht überhaupt keine Ersparnisse«

Joséphine ist gerade aufgestanden. Sie ist traurig und melancholisch und würde am liebsten weinen. Doch da bringt man ihr hübsche Hauben, die sie anprobieren muß. Das braucht seine Zeit: sie kritisiert und bewundert, läßt kleine Änderungen vornehmen. Eine Stunde vergeht im Nu, und während dieser Zeit hat sie ihre Depression völlig vergessen...

Toilette machen, das ist für Joséphine mehr als eine Passion, es ist ihr eigentlicher Lebensinhalt. Niemand versteht sich besser und vorteilhafter zu kleiden. Der Kaiser legt großen Wert darauf, daß sie eine würdige Repräsentantin ihres Landes ist, daß sie Zeugnis vom kommerziellen Wohlstand Frankreichs ablegt. Dafür stellt er großzügig enorme Geldsummen zur Verfügung. Was er allerdings haßt, ist überflüssige Verschwendung, und völlig zu Recht gerät er über unbezahlte Rechnungen und Schulden in heftigen Zorn. Doch Joséphine ist in dieser Hinsicht unverbesserlich. Sie muß alles haben, was ihr gefällt, auch wenn es sich nur um eine verrückte Augenblickslaune handelt.

Über die Befehle des Kaisers, daß Kleider aus Samt und Seide gefertigt werden sollen, um die heimische Wirtschaft zu fördern, setzt sich Joséphine eigensinnig hinweg, indem sie riesige Mengen an Musselin aus Indien kauft. Sie schreckt nicht einmal davor zurück, ausländische Stoffe ins Land schmuggeln zu lassen. General Marbot erinnert sich daran, im Jahre 1807 gezwungenermaßen ein großes Paket in seinem Wagen transportiert zu haben. Dieses Paket enthielt Trikotagen aus Berlin und andere in Frankreich verbotene Stoffe, die für die Kaiserin bestimmt waren. Um die Zöllner zu täuschen, war das Paket mit dem Siegel des siebten Reiterregiments versehen und trug die Aufschrift: Dokumente.

Der ›Modezar‹ jener Zeit, dessen erlauchteste Kundin Joséphine ist, heißt Louis-Hippolyte Leroy. Nachdem der Couturier im Jahre 1804 für 74000 Francs das Krönungsgewand der Kaiserin angefertigt hat, steht er hoch in ihrer Gunst. Er spricht regelmäßig im Palast vor, um sich mit Ihrer Majestät über Mode zu unterhalten, und Joséphine würde um nichts in der Welt einen dieser Termine versäumen. Genau die Hälfte der ihr für Garderobe zur Verfügung stehenden Summen wandert in Leroys Tasche. Trotzdem hält er diese Beträge für eine Kaiserin viel zu niedrig und erkühnt sich, beim Kaiser darüber zu klagen. Napoleon schildert später diesen unerhörten Vorfall. »Eines Tages, als ich eine von ihm gelieferte Aussteuer begutachtete, wagte er es, mir Vorhaltungen zu machen, mir, dem man gewiß nicht aus der Hand fressen konnte. Er tat, was niemand in Frankreich zu tun gewagt hätte: er erklärte mir wortreich, ich würde der Kaiserin Joséphine nicht genügend Geld geben, und er könnte sie zu diesen niedrigen Preisen unmöglich weiterhin würdig einkleiden. Ich brachte ihn mitten in seinen unverschämten Ausführungen nur durch einen Blick zum Schweigen. Er war völlig niedergeschmettert.«

Doch Leroy wähnt sich unentbehrlich und deshalb völlig in Sicherheit. Joséphine ist sehr empfänglich für Schmeicheleien, und er glaubt, mit dieser Taktik auch bei der neuen Gemahlin des Kaisers Erfolg haben zu können. »Wenige Tage nach der Trauung bringt Leroy der Kaiserin Marie-Luise Kleider. Diese erklärt, sie seien zu tief dekolletiert. ›Ah, Madame‹, erwidert er, ›wenn man einen so schönen Hals hat, darf man ihn nicht verstekken.‹ Sie läutet. ›Wirf diesen unverschämten Menschen sofort hinaus. Und daß er mir nicht wieder unter die Augen kommt!‹ Leroy ist wie vom Donner gerührt, daß seine bewährte Methode völlig ihre Wirkung verfehlt hat.«

Die Tatsache, daß Kaiserin Joséphine und ihre Tochter Hortense seine Kundinnen sind, ist für Leroy natürlich die beste kostenlose Werbung. Die Damen der Gesellschaft reißen sich darum, vom Hofschneider Ihrer Majestät ausstaffiert zu werden.

Bis zur Scheidung liefert Leroy der Kaiserin jeden Monat Textilien im Werte von 10000 bis 15000 Francs. In diesen Summen sind allerdings auch Sachen enthalten, die nicht für Joséphine selbst bestimmt sind: Aussteuern für irgendwelche Verwandten oder Geschenke für die Prinzessinnen der kaiserlichen Familie. Allein im Jahre 1809 kassiert Leroy 142000 Francs. Infolge der Scheidung seiner besten Kundin erleidet der Couturier schwere Einbußen. Von Januar 1811 bis Mai 1814 belaufen sich ihre Rechnungen nur noch auf 168000 Francs, und er muß oft lange auf sein Geld warten und sich mit Anzahlungen von 10000, 3000 oder sogar nur 1000 Francs begnügen.

Alle Lieferanten nutzen Joséphines Schwäche für hübsche Sachen schamlos aus. Sie tummeln sich ständig in ihren Gemächern, und sogar der Kaiser ist dagegen machtlos. Sie besitzt einfach nicht genügend Willenskraft, um dem Überangebot widerstehen zu können, und sie ist so leichtsinnig, daß sie sich nicht einmal nach den Preisen erkundigt. Diese Sorglosigkeit verführt die Händler natürlich dazu, Wucherpreise auf die Rechnungen zu setzen. Bourrienne weiß zu berichten, daß die meisten Lieferanten sich auch mit der Hälfte ihrer ursprünglichen Forderungen zufriedengaben. »Einer erhielt statt 80000 Francs nur 33000 und besaß die Unverschämtheit, mir zu sagen, daß er auch daran noch genug verdiene«, schreibt Bourrienne.

Offiziell stehen Joséphine jährlich 360000 Francs für ihre Toilette zu; ab März 1809 sogar 540000 Francs, während Marie-Luise ›nur‹ über 480000 Francs verfügen wird. Trotzdem ist Joséphine ständig verschuldet.

Zweimal im Jahr wird die gesamte Garderobe inventarisiert, und danach sortiert die Kaiserin aus, was sie nicht mehr haben möchte. Oft handelt es sich um völlig neue Sachen, die ihr plötzlich nicht mehr gefallen. Im Jahre 1809 werden beispielsweise 533 Artikel aus dem Inventar gestrichen und verschenkt: an die Schwiegermutter, an die Schwägerinnen, an Hofdamen, Kammerzofen und sonstige Interessentinnen.

Nur anhand eines solchen Inventars vermag man sich die richtige Vorstellung von Joséphines Garderobenbestand zu machen. Sehen wir uns einmal die Aufstellung von 1809 an: 49 große Hoftoiletten, 676 Kleider, 60 Kaschmirschals, 496 andere Schals und Schultertücher, 498 Hemden, 413 Paar Seiden- und Baumwollstrümpfe, 1132 Paar Handschuhe, mehr als tausend weißer und schwarzer Reiherfedern als Kleiderputz und 785 Paar Schuhe. Innerhalb eines einzigen Jahres bestellt Joséphine 136 Kleider, 87 Hüte, 71 Paar Seidenstrümpfe, 985 Paar Handschuhe und 520 Paar Schuhe.

Ob sie sich manchmal, wenn sie diese märchenhaften Listen liest, daran erinnert, wie mager es noch in der Rue Chantereine um ihre Garderobe bestellt war? Im Jahre 1795 besaß sie nur vier Dutzend Hemden, zum Teil sogar schon ziemlich abgetragene. Den 24 weißen Leinentaschentüchen von damals stehen 1814 579 feine Batisttaschentücher gegenüber. Und wie unglaublich bescheiden war ihre Auswahl an Kleidern: ein braunes und ein violettes Taftkleid sowie drei farbig bestickte Musselinkleider. Kein einziger Kaschmirschal, nur sechs Schals aus Musselin, und nur zwölf Paar Seidenstrümpfe!

Prachtrobe der Kaiserin. Stich nach einer Zeichnung von Isabey.

Auch was Schmuck betrifft, kennt Joséphine weder Maß noch Ziel. Als Kaiserin stehen ihr zwar die märchenhaften Kronjuwelen zur Verfügung, aber die Tatsache, daß ihre erste Hofdame oder ihre Garderobenmeisterin dazu jedesmal einen schriftlichen Antrag stellen muß, sowie das Bewußtsein, daß diese Kostbarkeiten ihr nicht gehören, verderben ihr jede Freude daran. Deshalb ist sie nach Kräften bemüht, ihre privaten Schatullen zu füllen. Sie läßt bei vielen verschiedenen Juwelieren arbeiten, hat aber zwei Favoriten: zunächst Foncier, den sie sogar ins Vertrauen zieht und zu ihrem Komplizen macht, wenn es darum geht, Bonaparte weiszumachen, daß dieses oder jenes Schmuckstück nicht neu sei. Unter dem Empire steht dann der Juwelier Marguerite besonders hoch in ihrer Gunst; er ist es auch, der nach dem Tod der Kaiserin Expertisen über die Juwelen anfertigt. Joséphine läßt ihren Schmuck ständig umarbeiten, kauft Sachen, tauscht sie um, verkauft sie wieder, leistet Anzahlungen... kurzum, sie richtet ein solches Durcheinander an, daß weder sie selbst noch die Juweliere manchmal wissen, wem dieses oder jenes Stück nun eigentlich gehört. Sie bestellt und zieht ihre Bestellungen im nächsten Moment zurück, ganz nach Lust und Laune. Den Überblick über ihre Schätze hat sie längst verloren; sie ist überzeugt, zu wenig Schmuck zu besitzen, und was sie besitzt, ist ihr niemals schön genug.

Am kostbarsten ist zweifellos ihre Diamantgarnitur; bei der Erbteilung wird sie auf 902000 Francs geschätzt werden. Doch auch andere Garnituren sind von hohem Wert. Die meisten bestehen aus Kollier, Diadem, Ohrringen, Kamm und Gürtel. Sie kann zwei Rubingarnituren sowie jeweils eine Smaragd-, Opal-, Saphir- und Türkisgarnitur ihr eigen nennen, für traurige Anlässe sogar eine aus Gagat.

Es nimmt eigentlich wunder, daß sie bei all diesen Schätzen auch an relativ billigem Schmuck großen Gefal-

Joséphine. Lithographie, 1832.

len findet, so etwa an Korallen, Türkisen, Mosaikarbeiten oder Kameen. Sobald der Kaiser sich irgendwo auf einem Feldzug befindet, muß der arme Generalintendant Daru ihr nicht nur seltene Pflanzen, sondern auch Modeschmuck aus dem betreffenden Land besorgen.

In den fünf Jahren zwischen 1805 und 1809 gibt die Kaiserin für Schmuck 865 000 Francs aus, und auch nach der Scheidung frönt sie unersättlich ihrer Leidenschaft. Bei ihrem Tode schuldet sie verschiedenen Pariser Juwelieren noch 210 000 Francs. In diesen enormen Summen sind allerdings auch Geschenke enthalten, mit denen Joséphine stets sehr freigebig war.

Bei der Erbteilung zwischen ihren beiden Kindern wird der Gesamtwert der Pretiosen auf mehr als drei Millionen Francs geschätzt. Eugène erbt Schmuck im Werte von 1 422 432 Francs, Hortense im Werte von 1 555 470 Francs.

Vom größten Teil dieser Kostbarkeiten muß sie sich allerdings bald wieder trennen: Sie ist gezwungen, die Diamantgarnitur dem Zaren und die Saphirgarnitur der Duchesse d'Orléans zu verkaufen; der König von Bayern erhält ein herrliches Kollier gegen eine Rente auf Lebenszeit in Höhe von 25000 Francs.

Auf diese Weise wird eine der schönsten Schmucksammlungen, die eine Herrscherin jemals zusammengetragen hat, in alle Winde verstreut.

Die Zeitgenossen sind sich in ihren Memoiren in einem Punkt einig: Alle rühmen Joséphines Güte und Großzügigkeit. Unzählige Menschen haben von diesen Charaktereigenschaften profitiert, angefangen mit den Tascher und den Beauharnais.

Daß Joséphine ihre Mutter nach Kräften unterstützt, ist nur recht und billig, hat diese ihr doch nach der Entlassung aus dem Gefängnis mehrfach unter die Arme gegriffen. Im Jahre 1801 fällt Martinique wieder an Frankreich, und von diesem Zeitpunkt an versucht Joséphine immer wieder, ihre Mutter zu einem Umzug nach Paris zu bewegen. »Zu meinem Glück fehlt nur noch, Sie in meiner Nähe zu haben«, schreibt sie im Mai 1802. »Erfüllen Sie mir diesen Wunsch, meine liebe Mama. Verkaufen Sie Ihren Besitz auf Martinique und kommen Sie nach Frankreich. Sie müssen doch den Wunsch haben, jetzt bei Ihren Kindern zu leben. Sie können nicht länger in den Kolonien bleiben, wenn Ihre Kinder sich so sehr wünschen, Sie um sich zu haben.«

Sie schickt Mme. de la Pagerie eine mit Diamanten verzierte goldene Schatulle, auf welche ihr Porträt gemalt ist, zusammen mit Porträts ihres Mannes und ihrer Kinder. Aber es ist einfach nichts zu machen: Mme. de la Pagerie will ihre Heimatinsel nicht verlassen. Joséphine muß sich damit begnügen, ihr vom Kaiser eine Rente aussetzen zu lassen und die von ihrer Mutter ausgestellten Wechsel zu bezahlen. Mme. de la Pagerie wohnt auf Martinique in einem winzigen und sehr lauten Zimmer über der Küche, was natürlich Anlaß zu Gerüchten gibt. Böse Zungen behaupten, die undankbare Tochter kümmere sich nicht um ihre arme Mutter, die Not leiden müsse. In Wirklichkeit weigert sich Mme. de la Pagerie kategorisch, in eine herrschaftliche Wohnung in Fort-de-France umzuziehen, wie Joséphine es gern gesehen hätte. Im Jahre 1807 stirbt sie, ohne ihre Tochter als Kaiserin der Franzosen, ihre Enkelin Hortense als Königin von Holland und ihren Enkel Eugène als Vizekönig von Italien gesehen zu haben.

Hingegen gelingt es Joséphine, ihren Onkel Robert-Marguerite de Tascher zum Umzug nach Paris zu bewegen. Sie bringt ihn in ihrem Haus in der Rue de la Victoire (Rue Chantereine) unter, das seit dem Konsulat leersteht, bezahlt seine Schulden und verschafft ihm den Orden der Ehrenlegion. Als er 1806 stirbt, läßt sie ihm in der Kirche von Rueil ein Grabmal im antiken Stil errichten und vergißt auch seine neun Kinder nicht. Fünf von ihnen kommen nach Frankreich und sind bald bestens versorgt: für Stéphanie arrangiert der Kaiser eine Ehe mit dem belgischen Prinzen von Arenberg; Charles-Marie, der Älteste, wird Oberleutnant der kaiserlichen Garde, kehrt allerdings schon 1806 wieder nach Martinique zurück; Henri wird Oberst und heiratet Marcelle Clary, die Nichte der spanischen Königin Julie, der Gemahlin von Joseph Bonaparte, der das junge Paar fürstlich ausstattet; Louis, Adjutant des Vizekönigs Eugène, heiratet die Prinzessin von der Leyen, Nichte und Erbin des Fürsten Carl-Theodor von Dalberg; und Sainte-Rose wird Ordonnanzoffizier seines Cousins Eugène.

Doch auch alle anderen Verwandten profitieren von Joséphines Gutmütigkeit, ob es sich nun um ihre Vettern mütterlicherseits handelt, deren Studien in Paris sie bezahlt, um ihre Tante Rosette de la Pagerie, ihre Großtante Madeleine de Tascher, Ursulinin in Bordeaux, oder ihren angeheirateten Onkel Louis Lejeune du Gué, denen sie Pensionen verschafft. Ihre Großzügigkeit erstreckt sich sogar auf weitläufige Verwandte, etwa eine Kusine ihres Großvaters. Trotzdem sind einige Personen der Meinung, daß für sie nicht genug getan wird.

Auch den Beauharnais läßt die Kaiserin ihre Sorge angedeihen. Sie verschafft ihnen einflußreiche Stellungen und vermittelt vorteilhafte Ehen. Alexandres Kusine Mme. de La Rochefoucauld wird erste Hofdame; die Literatin Fanny de Beauharnais erhält jährlich 24000 Francs; ihr Sohn, Claude de Beauharnais, wird Comte d'Empire mit einem Gehalt von 24000 Francs; Claudes Tochter Stéphanie de Beauharnais wird von Joséphine in Mme. Campans Pensionat untergebracht; als sie dieses 1806 verläßt, findet der Kaiser Gefallen an ihr, erklärt sie zur kaiserlichen Prinzessin und verheiratet sie kurze Zeit später mit dem Erbprinzen von Baden, woran sie zunächst wenig Gefallen findet. François de Beauharnais, Alexandres Bruder, ein überzeugter Royalist, erhält nach seiner Rückkehr aus der Emigration seine Güter zurück und wird sogar zum bevollmächtigten Gesandten in Etrurien und später zum Botschafter in Spanien ernannt; seine Tochter Emilie heiratet Bonapartes Adjutanten La Valette und wird Garderobenmeisterin Ihrer Majestät. Undankbarkeit gegenüber Verwandten und Freunden kann man Joséphine wahrlich nicht nachsagen!

Die Summen, die der Kaiserin für ihren Wohltätigkeitsfonds bewilligt werden, steigen von Jahr zu Jahr; waren es 1805 noch 72000 Francs, so sind es 1809 schon 180000 Francs. Insgesamt stehen Joséphine in den fünfeinhalb Jahren ihrer Regentschaft für Wohltätigkeitszwecke 925000 Francs zur Verfügung. Dieser Fonds wird von Ballouhey, einem integren Mann, verwaltet, der sorgfältig über alle Ausgaben Buch führt, was uns heute erlaubt, Joséphines Ruf als Wohltäterin zu überprüfen.

Da wären zunächst einmal jene Bittsteller, die in den Schriftstücken mit Namen, Adressen und genauen Anliegen aufgeführt sind. Die erste Hofdame liest der Kaiserin all diese Berichte vor, und diese entscheidet über die Höhe der zu gewährenden Zuwendung. Meistens handelt es sich hierbei um niedrige Summen unter 100 Francs, aber manchmal wird ein Bittsteller mehrmals im Jahr bedacht. Man stößt hier auf erstaunlich viele Namen alter Adelsfamilien und wundert sich, warum eine d'Harcourt, eine Goyon-Matignon oder eine Polastron sich mit Almosen von fünfzig, sechzig oder hundertzwanzig Francs begnügen. Häufig vertreten sind auch ehemalige Kolonisten aus Saint-Domingue, die durch die Aufgabe dieser Kolonie ruiniert worden sind. Allein im September 1808 werden neun solcher Damen aus dem Fonds bedacht! In ihrer Großzügigkeit vergißt Joséphine weder Eugènes Amme, Mme. Chéron, noch die Amme Ludwigs XVI., die Witwe Mallard, die mehrmals im Jahr eine Unterstützung erhält.

Kaum jemand dürfte so viele Empfehlungsschreiben abgefaßt haben wie Joséphine. Welcher Minister hat wohl nie einen Brief von ihr erhalten? Meistens sind ihre Bemühungen von Erfolg gekrönt, und ihr macht es Freude, auf diese Weise zu helfen. Manchmal kennt sie dabei nicht einmal die Anliegen des Bittstellers. So legt sie während ihres Aufenthalts in Mainz dem Generalintendanten Daru einen Angehörigen der jüdischen Religion in Paris ans Herz: »Ich weiß nicht, welches Anliegen er Ihnen vortragen möchte, aber ich wäre entzückt, wenn Sie ihm behilflich sein könnten.«

Solche Empfehlungen sind zum Glück kostenlos. Einen erheblichen Posten des Wohltätigkeitsfonds machen hingegen die gewährten Pensionen aus. Ihre Zahl nimmt von vierzig im Jahre 1805 auf hundertzehn im Jahre 1809 zu. Anhand der Liste der Empfänger kann man Joséphines wechselhaftes Schicksal Revue passieren lassen. Eine Freundin aus der Zeit von Fontainebleau, Mme. de Montmorin, erhält die höchste Pension, 3600 Francs im Jahr. Joséphine Tallien, ihr Patenkind, wird hinter Bonapartes Rücken genauso bedacht wie Hortenses und Eugènes Kindermädchen, die Mulattin Lefèvre, Hortenses Gouvernante Marie Lannoy und ihre früheren Zofen. Sie hilft einigen mittellosen Kreolen; doch auch mehrere durch die Revolution ruinierte Personen, wie die Witwe des Revolutionärs Collot d'Herbois oder eine ehemalige Vorleserin der Töchter Ludwigs XV., können mit ihrer Unterstützung rechnen. Und diese Liste ließe sich noch lange fortsetzen.

Mit ansehnlichen Summen können auch verschiedene Pariser Wohltätigkeitsorganisationen rechnen: Waisenhäuser, Hospize und Armenhäuser. Die Ironie des Schicksals will es, daß in einem von ihr besonders geförderten Altenheim im Jahre 1829 ihr ehemaliger Geliebter, Direktor Barras, stirbt!

Wie man sehen kann, ist ihr Ruf als Fürsprecherin der Armen und Unglücklichen durchaus gerechtfertigt.

Während die Verwaltung des Wohltätigkeitsfonds Ballouhey keine Mühe macht, treiben die Privatausgaben der Kaiserin den bedauernswerten Mann schier zur Verzweiflung. Wie bereits erwähnt, hat Joséphine für ihre Garderobe eine Summe von 360000 Francs im Jahr zur Verfügung, ab 1809 sogar 540000 Francs. Sie kommt damit aber bei weitem nicht aus, die Schulden häufen sich, die Lieferanten mahnen, und der Kaiser muß alljährlich hohe Summen zulegen, damit sie ihr Geld bekommen. Im Jahre 1806 sind das 650000 Francs, 1807 sind es 400000 Francs, und bei der Scheidung gar 1400000 Francs! Damit steht der Kaiserin im Jahr etwa eine Million Francs für Garderobe und Schmuck zur Verfügung. Zum Vergleich: die Gärtner auf Malmaison erhalten 600 Francs Jahreslohn...

Doch Joséphine ist in ihren Ansprüchen völlig maßlos; sie kann schönen Dingen einfach nicht widerstehen; sie kauft aus Freude am Kaufen, und sie bringt es nicht übers Herz, irgendeinen Händler wegzuschicken, ohne ihm etwas abgekauft zu haben. Napoleon bezahlt zähneknirschend. Was bleibt ihm auch anderes übrig? Er macht seiner Frau jedoch heftige Szenen, die unweigerlich damit enden, daß Joséphine herzerweichend schluchzt, was der Kaiser nicht ertragen kann. Dann kommt es zur Versöhnung, und Joséphine verspricht jedesmal hoch und heilig, keine Schulden mehr zu machen, aber ihre Kauflust ist so groß, daß sie sofort rückfällig wird.

Da Joséphine Napoleons Zorn jedoch mehr als alles andere fürchtet, versucht sie ständig, irgendwie Geld aufzutreiben, und sie wendet dabei die gleichen Methoden wie früher an, als sie noch die Bürgerin Bonaparte war: sie leiht sich hohe Beträge, ohne sie jemals zurückzuzahlen, und sie beteiligt sich darüber hinaus an zweifelhaften Geschäften.

Ihre heimlichen Börsenspekulationen mit dem Bankier Delarue als Partner erweisen sich nach anfänglichen Gewinnen als Fehlschlag; bei ihrem Tode schuldet sie dem Bankier fast 150000 Francs, die dieser erst 1818 von Eugène und Hortense zurückerhält.

Ihr alter Bekannter, der Finanzier Ouvrard, leiht ihr im Jahre 1805 150950 Francs, der Juwelier Foncier leiht ihr 68000 Francs; beide sehen ihr Geld bis zu Joséphines Tod nicht wieder. Von all dem weiß Napoleon zum Glück nichts!

Wenn alle anderen Geldquellen versiegen und sie nicht mehr ein noch aus weiß, borgt sie sich Geld von ihren Kindern: einmal 50000 Francs von Hortense, ein anderes Mal 100000 Francs von Eugène ... Im Jahre 1807 ist ihr Sohn sogar gezwungen, selbst ein hohes Darlehen aufzunehmen, um seiner Mutter aus der Klemme zu helfen, die Angst hat, Napoleon alles zu beichten.

Ballouhey drückt sich später, zur Zeit der Restauration, sehr vornehm aus, wenn er schreibt, daß Joséphines Rechnungen ein überzeugender Beweis dafür sind, »daß die Kaiserin überhaupt keine Ersparnisse machte«. Galant fügt er hinzu: »Es ist im übrigen ja allgemein bekannt, daß es Ihrer Majestät gefiel, noch großzügiger zu sein, als ihre Mittel es erlaubt hätten.«

15

»Ich fühle mich jetzt mehr denn je als Kaiserin«

Als Joséphine am 9. März 1796 Bonaparte heiratet, wird nur eine Ziviltrauung vollzogen, der niemand große Bedeutung beimißt, weil es in jenen revolutionären Zeiten denkbar einfach ist, sich wieder scheiden zu lassen. Eine kirchliche Trauung wäre unauflösbar, aber darauf legen beide Ehepartner keinen Wert.

Nachdem Napoleon in Ägypten die ganze Wahrheit über Joséphines Liaison mit Hippolyte Charles erfährt, denkt er im Juli 1798 erstmals an eine Scheidung; doch nach seiner Rückkehr verzeiht er seiner Frau, und sie bleiben zusammen. Trotzdem ist jener mächtige Zauber, den sie auf Bonaparte ausübte, unwiderbringlich dahin, seit er weiß, daß sie sein Vertrauen mißbraucht und ihn betrogen hat. Im Laufe der Zeit vertauschen die Ehepartner ihre Rollen: Nun ist es Napoleon, der ab und zu Mätressen hat, und Joséphine ist rasend eifersüchtig. Während er selbst seinen Seitensprüngen keine Bedeutung beimißt und sie ganz realistisch als Liebeleien einschätzt, kann Joséphine es nicht ertragen, daß es in seinem Leben andere Frauen gibt. Sie macht ihm Szenen, sie spioniert ihm nach, sie läßt ihn bespitzeln, und sie vertraut ihren Kummer irgendwelchen Freundinnen an, die sich nicht immer als verschwiegen erweisen.

Ob es sich nun um die berühmte italienische Sängerin Giuseppina Grassini handelt, die Bonaparte von Mailand nach Paris kommen läßt, um die Schauspielerin Mlle. George oder um die schöne Vorleserin Mme. Gazzani – Joséphine weint und tobt! Wenn Napoleon seine Geliebten in seinen Privatgemächern in den Tuilerien oder in Saint-Claud empfängt, gibt er strenge Order, niemanden einzulassen, auch nicht seine Frau, die – wie er sehr wohl weiß – durchaus imstande wäre, im unpassendsten Moment in sein Schlafzimmer zu stürmen. Hat sie nicht eines Nachts Mme. Rémusat gezwungen, mit ihr jene Innentreppe zu Napoleons Schlafzimmer hinaufzusteigen, weil sie ihn auf frischer Tat mit Mlle. George ertappen wollte? Allerdings hat das laute Schnarchen des Mamelucken Roustam, der im Vorzimmer seines Herrn schläft, die beiden Damen so erschreckt, daß sie Hals über Kopf geflüchtet sind. Um den Eifersuchtsszenen seiner Frau zu entgehen, verläßt Bonaparte manchmal nachts inkognito den Palast – in schwarzem Frack, einen runden Hut auf dem Kopf, wie irgendein Bürger –, um seine Mätressen zu treffen.

Joséphine, die nicht begreift, daß diese Frauen keine ernsthaften Rivalinnen für sie sind, versucht die Verbindung durch eine kirchliche Trauung zu besiegeln. Sie kommt immer wieder darauf zu sprechen, während Napoleon sich hütet, darauf einzugehen. Seine Brüder Joseph und Lucien drängen ihn ständig, sich scheiden zu lassen, um seine Nachfolge zu sichern. Joséphines diesbezügliche Ängste sind zweifellos begründeter als ihre Aufregung über die gelegentliche Untreue ihres Mannes. Gepeinigt von der Idee einer Scheidung aus Gründen der Staatsraison, sieht Joséphine schließlich nur einen Ausweg: eine Ehe zwischen Hortense und Louis Bonaparte. Obwohl sie es nicht einmal sich selbst eingestehen will und auch weiterhin Kuren in Plombières machen wird, weiß sie genau, daß sie keine Kinder mehr bekommen kann. Doch wenn Hortense und Louis heiraten, könnte ihr Sohn eines Tages Napoleons Nachfolge antreten. Die

Sache hat nur einen Haken: Hortense liebt Bonapartes Adjutanten Duroc, und der Erste Konsul hätte gegen diese Verbindung nichts einzuwenden. Joséphine setzt ihre ganzen Verführungskünste ein, um Napoleon davon zu überzeugen, daß eine Ehe zwischen ihrer Tochter und seinem Bruder viel günstiger wäre. Bonaparte will die letzte Entscheidung den Beteiligten überlassen. Als Duroc zögert, entschließt sich Hortense, dem Drängen ihrer Mutter nachzugeben. Die Hochzeit wird am 3. Januar 1802 gefeiert, doch ist die Ehe von Anfang an unglücklich, und daran wird sich nie etwas ändern. Joséphine mag unter dem Gedanken leiden, das Glück ihrer Tochter der eigenen Sicherheit geopfert zu haben, aber als am 11. Oktober 1802 der kleine Napoléon-Charles geboren wird, kann sie endlich wieder ruhig schlafen: In dieses Kind – ihren Enkel und Bonapartes Neffen – setzt sie von nun an all ihre Hoffnungen.

Nach der Proklamation des Kaiserreiches ist sie bestrebt, ihre Position durch die Krönung weiter zu festigen. Napoleons Geschwister hingegen wollen um jeden Preis verhindern, daß die verhaßte Schwägerin wie der Kaiser selbst gesalbt und gekrönt wird. Joseph versucht ihn wieder zu einer Scheidung zu überreden, der die Vermählung mit einer ausländischen Prinzessin folgen könnte, die ihm einen direkten Erben schenken würde. Joséphine durchlebt bange Zeiten, doch Bonaparte bietet seiner Familie die Stirn. Wenige Tage vor den Krönungsfeierlichkeiten vertraut er Roederer an: »Wie sollte ich diese brave Frau wegschicken, nur weil ich selbst größer werde? ... Nein, das übersteigt meine Kräfte. Ich habe ein menschliches Herz, ich bin nicht von einer Tigerin gesäugt worden. Wenn sie stirbt, werde ich eine neue Ehe eingehen und Kinder haben. Aber ich will sie [Joséphine] nicht unglücklich machen.«

Er geht sogar noch weiter, adoptiert den kleinen Napoléon-Charles und erklärt ihn zum französischen Prinzen.

Louis Bonaparte, der Bruder Napoleons I.
Gemälde von G. B. Scheffer.

Hortense, Tochter von Joséphine.
Kreidezeichnung, um 1800.

Sofort beschwert sich Joseph, er sei um seine Ansprüche auf den Thron gebracht worden. Napoleon reagiert gereizt auf diese Klagen und ist nun fester denn je entschlossen, Joséphine krönen zu lassen. »Wenn ich sie zur Kaiserin mache, so ist das nur gerecht, und ich bin vor allem ein gerechter Mensch«, erklärt er Roederer. »Wenn man mich in ein Gefängnis geworfen hätte, anstatt mich auf den Thron zu heben, hätte sie mein Unglück mit mir geteilt. Deshalb ist es nur gerecht, wenn sie an meiner Größe teilhat... Ja, sie wird gekrönt werden! Sie wird gekrönt werden, und koste es mich 200000 Mann!«

Doch es genügt Joséphine nicht, gekrönt zu werden. Sie weiß genau, daß ihre Ehe ohne kirchlichen Segen von einem Tag auf den anderen aufgelöst werden kann. Vom Abbé de Pradt, dem zukünftigen Erzbischof von Malines (Mechelen), klug beraten, gesteht sie dem Papst, daß sie mit Bonaparte nicht kirchlich getraut wurde. Nach den Kanones der Kirche leben sie im Konkubinat, und unter diesen Umständen könnte Pius VII. sie natürlich nicht salben. »Daran soll es nicht scheitern«, erklärt der Kaiser. »Würden Eure Heiligkeit uns die Ehre erweisen, die Trauung zu vollziehen?« Schließlich gilt es zu verhindern, daß der Papst einfach nach Rom zurückkehrt und der Kaiser zum Gespött von ganz Europa wird.

Die Trauung wird von Pius VII. in aller Heimlichkeit im Arbeitszimmer des Kaisers vollzogen, in Gegenwart von Kardinal Fesch. Joséphine läßt sich vorsichtshalber eine schriftliche Trauungsurkunde ausstellen, von der sie sich niemals trennen wird, obwohl der Kaiser sie oft zur Herausgabe zu überreden versucht.

Das Gespenst der Scheidung scheint gebannt. Napoleon zweifelt inzwischen an seiner Zeugungsfähigkeit und entschließt sich deshalb, ein Adoptivsystem einzuführen, das die Beauharnais begünstigt. Am 12. Januar 1806 adoptiert er Eugène und Hortense, am 3. März deren Kusine Stéphanie de Beauharnais. Joséphine kann mehr als zufrieden sein, während die Bonaparte vor Wut kochen.

Die Jahre 1805 und 1806 sind Zeiten des Glücks. Mit Ausnahme der verlorenen Seeschlacht von Trafalgar im Oktober 1805 gegen die Engländer feiert Napoleon einen Triumph nach dem anderen: Am 26. Mai 1805 wird er in Mailand zum König von Italien gekrönt; am 2. Dezember 1805 erringt er in der Dreikaiserschlacht von Austerlitz einen glänzenden Sieg; im Frieden von Preßburg Ende Dezember 1805 kann Frankreich die Bedingungen diktieren; unter dem Protektorat Napoleons wird 1806 der Rheinbund – ein Zusammenschluß deutscher Fürsten – gegründet; im August 1806 schlägt für das Heilige Römische Reich Deutscher Nation die letzte Stunde, als Franz II. unter dem Druck Napoleons auf die Kaiserkrone verzichtet; in der Doppelschlacht von Jena und Auerstedt im Oktober 1806 muß die preußisch-sächsische Armee eine vernichtende Niederlage hinnehmen, und Napoleon zieht kampflos in Berlin ein.

Der Ruhm des Kaisers färbt natürlich auch auf Joséphine ab: Wo immer sie auftaucht, wird sie geehrt und umjubelt. Ihre Italienreise mit Napoleon in der ersten Hälfte des Jahres 1805 ist ein einziger Triumphzug. Überall fliegen ihr die Herzen zu. Sie nimmt ihre Repräsentationspflichten sehr ernst und läßt sich weder Müdigkeit noch Langeweile anmerken, auch wenn sie des ganzen Trubels manchmal etwas überdrüssig ist. Ihr einziger Kummer ist die Trennung von ihren geliebten Kindern. Als der Kaiser ihren Sohn zum Vizekönig von Italien proklamiert, bricht sie bei dem Gedanken, daß Eugène von nun an in Mailand leben muß, in Tränen aus, worauf Napoleon leicht indigniert bemerkt: »Wenn dir die Trennung von deinen Kindern soviel Schmerz bereitet, dann überlege dir einmal, was ich erst empfinden muß. Deine Liebe zu ihnen führt mir grausam vor Augen, welches Unglück es ist, keine Kinder zu haben.«

Im Gegensatz zu den ersten Ehejahren, als sie nicht die geringste Lust verspürte, Paris zu verlassen und Bonaparte auf seinen Feldzügen zu begleiten, will sie nun nach Möglichkeit immer in seiner Nähe sein, obwohl er es viel lieber sähe, wenn sie während seiner Abwesenheit für einen normalen Fortgang des Hoflebens sorgen würde. Doch davon will Joséphine nichts wissen. Sie hat nach wie vor Angst, ihn an andere Frau zu verlieren.

Während Napoleon im Herbst 1805 seinen glänzenden Feldzug gegen Österreicher und Russen führt, der mit dem Sieg von Austerlitz enden wird, verbringt Joséphine zunächst zwei Monate in Straßburg, wo man die Kaiserin mit Festlichkeiten aller Art zu unterhalten versucht. Auf Napoleons ausdrücklichen Wunsch hin begibt sie sich Ende November über Karlsruhe und Stuttgart nach München, wo sie am 3. Dezember eintrifft. In der bayerischen Hauptstadt soll sie auf den Kaiser warten und in der Zwischenzeit Frankreich würdig repräsentieren. Dieser Aufgabe ist sie wie immer bestens gewachsen, und wie immer erobert sie mit Charme und Liebenswürdigkeit alle Herzen. Der Kurfürst von Bayern veranstaltet ihr zu Ehren Bälle, Konzerte und Empfänge. Hauptgesprächsthema ist überall die angeblich bevorstehende Heirat von Prinzessin Auguste mit Eugène, obwohl offiziell noch nichts vereinbart ist. Diese Gerüchte kommen sogar Hortense in Paris zu Ohren, und sie erkundigt sich bei ihrer Mutter, ob etwas Wahres daran sei, worauf Joséphine antwortet: »Du weißt doch, meine liebe Freundin, daß der Kaiser, der mit mir nie über dieses Thema gesprochen hat, Eugène nicht verheiraten würde, ohne sich mit mir zu beraten. Doch ansonsten hätte ich nichts dagegen einzuwenden, wenn die Gerüchte zutreffend wären. Ich hätte sie sehr gern zur Schwiegertochter, sie hat einen reizenden Charakter und ist schön wie ein Engel. Ein schönes Gesicht vereint sich bei ihr mit der schönsten Figur, die ich kenne.«

Napoleon trifft am 30. Dezember in München ein und stürzt sich sofort in die Verhandlungen. Am 13. Januar 1806 wird der Ehekontrakt unterzeichnet, und am nächsten Tag wird in Anwesenheit des ganzen Hofes die kirchliche Trauung vollzogen. Joséphine ist über diese Heirat sehr glücklich. Ihr Sohn – Vizekönig von Italien und Adoptivsohn des Kaisers – ist nun auch noch mit einer der ältesten europäischen Dynastien verwandt. Ihre eigene Stellung scheint gesicherter denn je. Was könnte ihr jetzt noch geschehen?

Die Begegnung zwischen Napoleon und Kaiser Franz II. nach der Schlacht bei Austerlitz.

Prinzessin Augusta von Bayern,
Gemahlin von Eugène Beauharnais.

Ein völlig unvorhersehbarer Schicksalsschlag setzt allen herrlichen Zukunftsvisionen ein jähes Ende: Der kleine Napoléon-Charles, Hortenses und Louis' Sohn, den der Kaiser zu seinem Erben ausersehen hat, stirbt am 5. Mai 1807 in Den Haag an Kehlkopfdiphtherie. Das ist ein Drama für seine Mutter; für seine Großmutter ist es eine Katastrophe.

Napoleon führt zu dieser Zeit einen Feldzug gegen die Russen und hält sich in Polen auf, im Feldlager Finckenstein. Als der Kaiser die traurige Nachricht erhält, schreibt er Joséphine: »Ich begreife das Ausmaß Deines Schmerzes über den Tod des armen Napoléon; Du kannst Dir vorstellen, wie mir selbst zumute ist. Ich wäre gern bei Dir, damit Du Dich in Deiner Trauer mäßigst und vernünftig bist. Dir war das Glück beschieden, niemals ein Kind zu verlieren, aber auch das gehört nun einmal zu

Eugène Beauharnais,
Sohn aus erster Ehe der Kaiserin Joséphine.

den schmerzlichen Erfahrungen und Prüfungen unseres irdischen Daseins. Sei vernünftig und nimm Dich zusammen. Oder willst Du meinen Schmerz vergrößern? Adieu, meine Freundin.«

Doch so gefaßt und abgeklärt, wie er sich in diesem Brief gibt, ist Napoleon keineswegs; der Tod dieses Kindes hat auch ihn tief erschüttert. Joséphine vertraut ihrer Tochter an, daß Maret ihr mitgeteilt habe, der Kaiser sei sehr traurig. »In all seinen Briefen versucht er mir Mut zu machen. Ich weiß, daß dieses schreckliche Ereignis ihn sehr mitgenommen hat; Marschall Berthier berichtet mir, er habe ihn weinen gesehen.«

Joséphine ist untröstlich. Sie schließt sich drei Tage lang ein, verweigert jede Nahrung und weint sich die Augen aus. Ihr ist klar, welche Folgen der Tod ihres Enkels für sie persönlich haben wird.

Dieser jähe Todesfall wirft alle Pläne des Kaisers über den Haufen und weckt in ihm erneut den Wunsch nach einem direkten Erben. Das um so mehr, als er am 13. Dezember 1806 zum erstenmal Vater geworden ist. Eléonore Denuelle de la Plaigne hat einen Sohn zur Welt gebracht, den zukünftigen Comte Léon. Diese Geburt beweist dem Kaiser, daß er zeugungsfähig ist, nachdem es Joséphine fast schon gelungen war, ihn vom Gegenteil zu überzeugen. In Polen hat er eine ernsthafte Liaison mit Marie Walewska; und da er seit mehr als zehn Monaten von seiner Frau getrennt ist, unterliegt er nicht mehr ihrem Einfluß und kann sich deshalb leichter zur Scheidung entschließen. Die Friedensverhandlungen von Tilsit im Juli 1807 zeigen ihm, welche Macht er inzwischen besitzt. Es sieht so aus, als bräuchte er nur unter den herrschenden Dynastien eine ihm genehme Prinzessin als Nachfolgerin für Joséphine auszuwählen.

Im August 1807 sprechen die beiden Ehepartner ganz offen über eine mögliche Trennung. Joséphine informiert sofort ihren Sohn, der ihr am 10. September 1807 antwortet: »Es wird viel von dieser Scheidung gesprochen. Das weiß ich von Paris und von München, aber ich bin sehr zufrieden über Dein Gespräch mit dem Kaiser, wenn es so verlief, wie Du es mir geschildert hast. Man muß immer ganz offen zu Seiner Majestät sein. Sich anders zu verhalten, hieße ihn nicht mehr zu lieben. Falls der Kaiser das Gespräch wieder auf Kinder bringt, so sage ihm, er dürfe Dir solche Sachen nicht zum Vorwurf machen. Wenn er eigene Kinder für unentbehrlich hält, zu seinem Glück und zum Wohle Frankreichs, dann darf er auf niemanden Rücksicht nehmen. Er muß Dich aber gut behandeln, Dich ausreichend abfinden und Dir erlauben, bei Deinen Kindern in Italien zu leben. Dann kann er eine Ehe eingehen, die für seine Politik und sein Glück notwendig ist. Wir werden ihm deshalb nicht minder verbunden sein, denn auch seine Gefühle für uns dürften

Napoleon Charles. Gemälde von François Gérard.

sich nicht ändern, selbst wenn die Umstände ihn dazu zwingen sollten, unsere Familie aus seiner Umgebung zu entfernen.«

In den Tuilerien werden die Gerüchte über eine kurz bevorstehende Scheidung immer lauter. Sogar der österreichische Botschafter Metternich geht in seinem Schreiben vom 30. November 1807 an Kanzler Stadion auf dieses Thema ein.

In aller Öffentlichkeit wird über eine mögliche Ehe zwischen dem Kaiser und der Schwester des russischen Zaren Alexander diskutiert. Der Hof hält sich in Fontainebleau auf, als Fouché im November 1807 einen Vorstoß bei der Kaiserin unternimmt und ihr ans Herz legt, sie solle zum Wohle der Nation beim Senat um die Scheidung bitten. Er legt ihr sogar eine fertige Rede vor, die sie nur abzulesen bräuchte. Joséphine findet diese Rede höchst albern und lehnt Fouchés Vorschlag ab. Seit langem auf eine Scheidung vorbereitet, fragt sie ihn kaltblütig, ob er seinen Vorstoß auf Befehl des Kaisers unternommen habe, was der Polizeiminister energisch verneint. Ihm gehe es einzig und allein um den Ruhm seines Vaterlandes, behauptet er.

Als der Kaiser seine Gemahlin wenige Tage später nach den Gründen für ihre Traurigkeit fragt, erzählt sie ihm von ihrer Unterhaltung mit Fouché. Napoleon beruhigt sie und verurteilt die Initiative seines Polizeiministers. Ob dieser tatsächlich eigenmächtig oder aber doch in Napoleons Auftrag gehandelt hat, ist nicht bekannt.

Fouché ist jedenfalls nicht bereit, so schnell aufzugeben. Am 19. November 1807 veröffentlicht er ein Polizeibulletin, in dem er seinen Standpunkt zur Scheidung des Kaisers unumwunden darlegt.

»Bei Hofe, unter den Fürsten, in allen Kreisen wird von der Auflösung der Ehe der Kaiserin gesprochen. Bei Hofe sind die Meinungen zu diesem Thema geteilt. Jene Personen, die das Vertrauen der Kaiserin genießen, scheinen davon überzeugt zu sein, daß der Kaiser sich niemals zu dieser Trennung durchringen wird. Sie argumentieren, die Kaiserin werde in Frankreich verehrt; ihre Beliebtheit sei dem Kaiser und dem Empire nützlich; das Glück des einen wie des anderen sei von der Dauer dieser Verbindung abhängig; die Kaiserin sei der Talisman des Kaisers; ihre Trennung würde das Ende seines Glücks bedeuten und dergleichen Ammenmärchen mehr, die Ähnlichkeit mit dem Geschwafel von Wahrsagern haben. Sie bestärken die Kaiserin in ihren Ideen, halten sie davon ab, einen anderen Entschluß zu fassen, ermutigen sie, in der Öffentlichkeit aufzutreten, um durch ihr Erscheinen die Gerüchte zu zerstreuen. Die andere Partei bei Hofe, welche die Auflösung dieser Ehe als unerläßliche Voraussetzung für den Erhalt der Dynastie betrachtet, versucht die Kaiserin auf dieses Ereignis vorzubereiten, gibt ihr Ratschläge, die der Situation angemessen sind. In der kaiserlichen Fa-

Maria Walewska, die Geliebte Napoleons.

milie gibt es nur eine Meinung: sie ist einstimmig für die Scheidung. In den vornehmen Pariser Kreisen scheint es bei jenen, die der Dynastie verbunden sind, ebenfalls nur eine Meinung zu geben: man ist überzeugt, daß nur leibliche Kinder des Kaisers ihr Fortbestehen garantieren können. Den Egoisten und den Leichtsinnigen ist natürlich alles gleichgültig. Die Unzufriedenen jammern heuchlerisch über das Schicksal der Kaiserin, die sie zutiefst bedauern und der sie plötzlich Gefühle entgegenbringen, die in krassem Gegensatz zu ihrer früheren Einstellung stehen.«

Diesmal ist Fouché wirklich zu weit gegangen und wird vom Kaiser scharf getadelt. Dem Polizeiminister wird streng untersagt, sich weiter in die Privatangelegenheiten Ihrer Majestäten einzumischen. Napoleon hat bisher keine positive Antwort aus Rußland erhalten. Er weiß im übrigen genau, daß die Zarenmutter Maria Fjodorovna sehr dagegen ist, eine ihrer Töchter dem ›blutrünstigen Tyrannen, der Europa beherrscht‹ zur Frau zu geben. Wenn er die Scheidung erzwingt und dann nicht sofort eine neue Verbindung eingeht, wird er sich in einer unangenehmen, ja sogar lächerlichen Situation befinden.

Zu Beginn des Jahres 1808 scheint sich Joséphines Stellung wieder zu festigen, doch sie ahnt, daß das nur ein Aufschub ist. Nach der Scheidung wird sie zugeben: »Ich konnte glauben, daß die Angelegenheit vertagt sei, aber eben nur vertagt und nicht gänzlich vom Tisch, denn ich kenne meinen Bonaparte besser als jeder andere Mensch, und ich weiß, daß er früher oder später sein Ziel erreicht.«

Aber zunächst sind die Sturmwolken abgezogen. Napoleon kann sich nicht entschließen, Joséphine zu verlassen. Er liebt sie noch immer, und der Gedanke an eine Trennung von seiner Weggefährtin ist ihm schrecklich. An sie ist er gewöhnt, und sie kennt ihn genau, während er nicht weiß, was ihn bei einer jungen Frau erwarten wird. Vielleicht wird sie ihn – den fast Vierzigjährigen – für alt halten. Auf jeden Fall wird er ihre Tugenden und Schwächen, ihren Geschmack und ihre Neigungen erst erforschen müssen. Er wird liebgewordene Gewohnheiten aufgeben und auf Joséphines betörenden Charme verzichten müssen. Im März wird Joséphine eines Tages gebeten, zum Kaiser zu gehen, der sich krank fühle. Er leidet tatsächlich unter sehr heftigen und schmerzhaften Krämpfen und unter einer Nervenkrise. Als sie das Zimmer betritt, kann er die Tränen nicht zurückhalten, nimmt sie in seine Arme, drückt sie fest an sich und murmelt: »Meine arme Joséphine, ich werde dich nie verlassen können!« Sie bewahrt ihre Fassung. »Sire, beruhigen Sie sich«, sagt sie – bei besonderen Anlässen siezt sie ihren Mann. »Sie müssen wissen, was Sie wollen, und mit solchen Szenen sollten wir aufhören.« Doch die Nervenkrise verstärkt sich noch. Napoleon beschwört Joséphine weinend, bei ihm zu bleiben und sein Bett zu teilen. Ein ums andere Mal wiederholt er, daß die Bonaparte ihn quälen und unglücklich machen.

Kurz darauf unternimmt das Kaiserpaar die letzte große gemeinsame Reise. Napoleon beabsichtigt, Spanien seinem Reich einzuverleiben, und zu diesem Zweck begibt er sich nach Bayonne, wo er Verhandlungen mit der königlichen Familie führen möchte. Er macht sich die Konflikte zwischen dem schwachen König Karl IV., einem Bourbonen, und Thronfolger Ferdinand zunutze und spielt sie gegeneinander aus. Diese Taktik führt letztlich zum Erfolg: Vater und Sohn entsagen allen Ansprüchen auf den spanischen Thron. Am 7. Juni 1808 proklamiert Napoleon seinen Bruder Joseph zum König von Spanien.

Joséphines Aufgabe besteht in diesen Monaten wieder einmal darin, liebenswürdig zu sein und die königliche Familie durch ihren Charme zu entwaffnen. Sie spielt ihre Rolle auch diesmal mit Bravour, und der Kaiser zieht sie ins Vertrauen, redet mit ihr über seine politischen Pläne und ist so aufmerksam und rücksichtsvoll, daß jeder Gedanke an eine Scheidung in weite Ferne gerückt scheint. Die Rückfahrt nach Paris vom 21. Juli bis 14. August nimmt die Form einer offiziellen Reise an. Der Weg führt über Auch, Toulouse und Bordeaux in die Vendée, nach Nantes, Angers, Tours und Blois. Wegen der Hitze reist man nachts; tagsüber muß man sich die ewig gleichen Reden anhören und huldvoll alle Ehrenbezeigungen entgegennehmen. Für Joséphine heißt das vor allem: lächeln, immerzu lächeln, sich nie Müdigkeit oder Überdruß anmerken lassen. Sie erträgt die Strapazen dieser Reise, ohne zu klagen, denn sie befürchtet, daß der Kaiser sie andernfalls irgendwo zurücklassen könnte. Auch unterwegs erobert sie im Nu alle Herzen. Ihre Untertanen lieben sie, daran kann kein Zweifel bestehen...

Joséphine glaubt sich gerettet und besteht nicht einmal darauf, Napoleon im September zum Fürstentag nach Erfurt zu begleiten, wo mit dem russischen Zaren Alexander I. Verhandlungen geführt werden sollen. Doch der Kaiser ist mehr denn je entschlossen, sich von ihr zu trennen. Er hofft noch immer, eine Schwester des Zaren heiraten zu können. Es kostet ihn zwar große Überwindung, aber schließlich spricht er doch mit Talleyrand über die Scheidung, und er informiert auch Caulaincourt, seinen Botschafter in Rußland, über seine Pläne. »Dieser Akt wird für mich ein Opfer sein«, erklärt er, »denn ich liebe Joséphine. Aber meine Familie, Talleyrand, Fouché, alle Staatsmänner bedrängen mich im Namen Frankreichs.«

Nach seiner Rückkehr aus Erfurt hat der Kaiser aber zunächst in Spanien alle Hände voll zu tun. Um die Aufstände im ganzen Land niederzuschlagen, muß er einen Feldzug führen. Und kaum hat er dort die Ruhe wiederhergestellt, erheben sich im April 1809 die Österreicher, und er eilt an den neuen Kriegsschauplatz, wo er im Juli in der Schlacht von Wagram einen weiteren Sieg erringt.

Diese politischen Ereignisse haben Joséphine noch einmal einen Aufschub verschafft, doch inzwischen macht sie sich fast keine Hoffnungen mehr. Gewiß, Napoleon schreibt ihr noch immer sehr oft, aber es sind meistens kühl distanzierte Briefe, die mit einem unpersönlichen »Adieu, meine Freundin« oder mit einem eisigen »Ganz der Deine« enden.

Im Herbst 1809 residiert der Kaiser in Schloß Schönbrunn bei Wien, um den Frieden mit den Österreichern auszuhandeln. Von dort aus erteilt er den Befehl, auf Fontainebleau die Verbindungstür zwischen seinen Gemächern und jenen der Kaiserin zumauern zu lassen. Als er dann am 26. Oktober um neun Uhr morgens nach Fontainebleau zurückkehrt, ist seine Frau nicht im Schloß; er muß bis sechs Uhr abends auf sie warten. Sein eisiger Ton verrät ihr, daß sein Entschluß nun endgültig feststeht.

Nun kann es sich nur noch um Tage oder bestenfalls um Wochen handeln . . .

Der ganze Hof weiß bereits Bescheid, und die Bonaparte heucheln nicht einmal mehr Liebenswürdigkeit. Doch Joséphine muß weiterhin ihre Rolle als Kaiserin spielen, obwohl sie ihren Kummer nicht immer verbergen kann. Am 30. November, zwei Wochen nach der Rückkehr des Hofes in die Tuilerien, bricht der Sturm endlich los.

Joséphine, die den ganzen Tag geweint hat, kaschiert ihre Blässe und ihre roten Augen mit einem großen wei-

›Der 2. Mai 1808‹ –
Aufstand in Madrid gegen die Franzosen.
Gemälde von Francisco Goya.

ßen Hut, der unter dem Kinn gebunden wird und ihre Stirn bedeckt. Beim Abendessen bringt niemand einen Bissen herunter. Nach dem Kaffee gibt der Kaiser zu verstehen, daß er mit der Kaiserin allein sein möchte. Wenige Minuten später sind gellende Schreie zu hören. Napoleon reißt die Salontür auf und ruft nach dem Kämmerer Bausset. »Kommen Sie, Bausset, und schließen Sie die Tür.« Bausset tut, wie ihm geheißen, und sieht die Kaiserin schreiend auf dem Teppich liegen. »Nein, das überlebe ich nicht«, stöhnt sie, bevor sie ohnmächtig wird. »Bausset, sind Sie stark genug, Joséphine aufzuheben und über die Innentreppe in ihre Gemächer zu bringen, wo ihr die nötige Pflege zuteil werden kann?« fragt der Kaiser und faßt sodann selbst mit an. Sie tragen Joséphine jene Geheimtreppe hinab, die in glücklicheren Tagen romantischen Zwecken diente. Bausset, der auf den Stufen zu stolpern fürchtet, hält die Kaiserin so fest wie möglich, wobei sich sein Degengriff in ihre Schulter bohrt. Zu seiner großen Verwunderung hört er sie plötzlich flüstern: »Nicht so fest!« In diesem Augenblick begreift er, daß ihr Ohnmachtsanfall nur gespielt war!

Nachdem die Kaiserin der Obhut ihrer Damen anvertraut ist, macht der Kaiser seinen Gefühlen gegenüber dem Kämmerer Luft: »Das Interesse Frankreichs und meiner Dynastie hat mein Herz vergewaltigt... Die Scheidung ist für mich zu einer harten Pflicht geworden... Diese Szene hat mich um so mehr mitgenommen, als ich dachte... sie hätte es doch eigentlich seit drei Tagen von Hortense wissen müssen... diese unglückselige Verpflichtung, mich von ihr zu trennen... Ich bedaure sie von ganzem Herzen... Ich glaubte, sie hätte mehr Charakter... auf solche Ausbrüche ihres Schmerzes war ich nicht gefaßt...«

Die nun folgenden zwei Wochen sind für Joséphine ein langer Leidensweg. Am 2. Dezember, dem Jahrestag der Krönung, veranstaltet sie in Malmaison ein Fest zu Ehren der deutschen Fürsten, die aus Anlaß der Unterzeichnung des Friedens mit Österreich eingeladen worden sind. Am 3. Dezember das Tedeum in Notre-Dame, am 4. die große Truppenparade und ein Fest im Rathaus, am 11. ein Fest bei Berthier in Grosbois, eine große Gesellschaft bei Hofe am 14. Joséphine muß die triumphierenden Mienen der Bonaparte ertragen, die tiefe Genugtuung über den Sturz der verhaßten Schwägerin empfinden. Doch sie ist fest entschlossen, in Anwesenheit der Könige von Bayern, Württemberg und Sachsen sowie

Napoleon teilt Joséphine seine Absicht zur Scheidung mit. Nach einem Gemälde von Guillon.

verschiedener deutscher Fürsten würdig aufzutreten, was auf die Gäste großen Eindruck macht. Als man sich im Jahre 1814 in Malmaison wiedersieht, unter völlig veränderten politischen Umständen, wird Joséphine von ihrer noblen Haltung in diesen schweren Tagen profitieren. Bis zum Schluß erfüllt sie ihre Repräsentationspflichten, besucht alle Feste und erträgt alle Blicke, mitleidige wie hämische. Der zukünftige Kanzler Pasquier, der bei jener letzten großen Gesellschaft am Vorabend der Scheidung zugegen ist, kann seine Bewunderung nicht verhehlen:

»Es war eine große Soiree, und das Souper wurde, wie bei solchen Gelegenheiten üblich, im Saal der Diana an vielen kleinen Tischen serviert«, schreibt er. »Joséphine saß am Mitteltisch, und die Männer umringten sie und warteten auf jenes anmutige Kopfnicken, mit dem sie Bekannte zu begrüßen pflegte. Ich blieb einige Minuten in ihrer Nähe stehen und war überrascht von ihrer perfekten Selbstbeherrschung in Gegenwart all dieser Höflinge, die ihr noch alle Ehrenbezeigungen erwiesen, wobei natürlich jeder wußte, daß dies das letzte Mal war, daß sie in einer Stunde vom Thron hinabsteigen und den Palast für immer verlassen würde. Nur Frauen sind imstande, eine derart schwierige Situation zu meistern, aber ich bezweifle, daß eine andere Frau dies mit solcher Anmut und Würde vollbracht hätte. Um Napoleons Haltung war es schlechter bestellt als um die seines Opfers.«

Und dann ist es soweit: das Gespenst der Scheidung, das Joséphine so lange verfolgt hat, wird Wirklichkeit. Die Zeremonie findet am Abend des 15. Dezember im Thronsaal und im Großen Kabinett des Kaisers statt, in Anwesenheit der ganzen kaiserlichen Familie, kaiserlicher Fürsten, hoher Offiziere und der Hofdamen Ihrer Majestät. Natürlich sind auch beide Ehepartner bei dieser Scheidung ›in gegenseitigem Einvernehmen‹ zugegen. Napoleon spricht in seiner Rede davon, wie schwer ihm der Entschluß zur Trennung von seiner ›innigstgeliebten Gemahlin‹ gefallen sei und daß er sich ob ihrer Liebe und Zärtlichkeit nur glücklich schätzen könne. »Sie hat fünfzehn Jahre meines Lebens verschönt; die Erinnerung daran werde ich für immer in meinem Herzen bewahren.«

Dann versucht die Kaiserin, die für sie aufgesetzte Rede vorzulesen, die sie selbst durch einige rührende Passagen ergänzt hat. Doch schon nach wenigen Worten erstickt ihre Stimme in Tränen, und sie überreicht das Manuskript dem Staatssekretär, Regnault de Saint-Jean-d'Angély, der die Verlesung übernimmt.

»Mit der Erlaubnis Unseres erhabenen und geliebten Gemahls muß ich erklären, daß ich – nachdem keine Hoffnung mehr besteht, daß ich ihm Kinder schenken könnte, die seiner Politik und den Interessen Frankreichs förderlich wären – bereit bin, ihm den größten Beweis von Liebe und Ergebenheit zu erbringen, der jemals auf Erden erbracht wurde. Ich verdanke alles seiner Güte: von seiner Hand wurde ich gekrönt, und auf diesem Thron habe ich nur Beweise der Zuneigung und der Liebe des französischen Volkes erhalten.

Ich glaube, mich dieser Gefühle würdig zu erweisen, indem ich der Auflösung einer Ehe zustimme, die dem Wohle Frankreichs nun im Wege steht, die Frankreich des Glückes beraubt, dereinst von den Nachfahren des großen Mannes regiert zu werden, den die Vorsehung so offensichtlich dazu auserkoren hat, die Übel einer schrecklichen Revolution zu tilgen und Altar, Thron und gesellschaftliche Ordnung wieder erstehen zu lassen. Doch wird die Auflösung meiner Ehe nichts an den Gefühlen meines Herzens ändern: der Kaiser wird in mir stets seine beste Freundin haben. Ich weiß, wie weh dieser von der Politik und von so großen Interessen diktierte Schritt seinem Herzen tat. Doch beide sind wir stolz auf dieses Opfer, das wir zum Wohle des Vaterlandes bringen.«

Am nächsten Tag um elf Uhr tagt der Senat, um über die Scheidung abzustimmen. Alle Blicke sind auf Eugène gerichtet, der in seiner Eigenschaft als Senator das Wort ergreift. Er entledigt sich seiner heiklen Aufgabe mit großem Geschick. »Unsere Familie wird immer die des Kaisers sein, zumindest aufgrund der Zärtlichkeit, Ergebenheit und Liebe.« Und über seine Mutter sagt er: »Ihre Seele war oft gerührt, wenn sie sah, welch schwere Kämpfe das Herz eines Mannes ausfechten mußte, der daran gewöhnt ist, das Schicksal zu lenken und stets entschlossenen Schrittes zur Verwirklichung seiner großen Pläne voranzuschreiten. Die Tränen, die diese Entscheidung den Kaiser gekostet hat, gereichen meiner Mutter zur Ehre und zum Ruhm.«

Dann schreitet man zur Abstimmung. Mit 76 gegen 7 Stimmen bei 4 Enthaltungen wird die zivile Ehe aufgelöst, was dem Kaiser viel wichtiger ist als die Annulierung der Ehe durch kirchliche Autoritäten. Letzteres ist für ihn eine reine Formalität. Und tatsächlich erklärt das Diözesanoffizialat von Paris die Ehe zwischen Kaiser und Kaiserin am 9. Januar 1810 für ungültig, und das Metropolitanoffizialat bestätigt diesen Spruch am 11. Januar.

Am 16. Dezember gegen zwei Uhr nachmittags – es ist ein windiger Regentag – verläßt Joséphine die Tuilerien. Sie steigt in ihren Wagen, ohne einen letzten Blick auf den Palast zu werfen, in den sie nie mehr zurückkehren wird.

Malmaison kommt ihr seltsam leer vor. Zum Glück sind wenigstens ihre Kinder bei ihr und versuchen sie zu trösten und abzulenken. Doch in Malmaison sind die Erinnerungen an frühere glückliche Zeiten mit Napoleon übermächtig...

Auch der Kaiser hat die Tuilerien – wenn auch nur vorübergehend – verlassen und sich nach Trianon begeben, wo einige Tage lang niemand zu ihm vorgelassen wird. Am Abend des 17. Dezember stattet er Joséphine in Malmaison einen Besuch ab und lädt sie und ihre Kinder zum

Essen nach Trianon ein. Bei dieser letzten gemeinsamen Mahlzeit zu viert ist der Kaiser, wie Eugène seiner Frau berichtet, zu Joséphine »sehr gütig und sehr liebenswürdig, und ihr schien es daraufhin viel besser zu gehen. Alles läßt mich glauben, daß die Kaiserin in ihrer neuen Position glücklicher sein wird, und wir alle ebenfalls.«

Doch wäre es für sie nicht besser, für einige Zeit mit Eugène nach Mailand zu fahren? Könnte sie dort nicht leichter vergessen? Die Nähe von Trianon ist für sie eine Qual. Sie wartet ungeduldig auf die Besuche und Briefe des

›Joséphines Schmerz bei der Ankündigung der Ehescheidung‹. Holzstich nach einer Zeichnung von E. Bayard, um 1880.

Kaisers. Er schreibt ihr täglich, aber seine Zeilen entfachen ihren Schmerz jedesmal aufs neue. »Ich werde Dich besuchen, sobald man mir sagt, daß Du vernünftig bist und etwas Mut geschöpft hast. Adieu, meine Freundin. Auch ich bin heute traurig. Ich muß eben wissen, daß Du zufrieden bist und Dich erholst.« Er rät ihr, viel zu schlafen und fröhlich zu sein, doch nach seiner Rückkehr in die Tuilerien bekennt er seinerseits: »Der große Palast kommt mir leer vor, und ich fühle mich einsam.«

Joséphine ist zutiefst deprimiert, und sie würde sich völlig der Verzweiflung überlassen, wenn nicht Mme. de

Die Scheidungsszene nach einer zeitgenössischen Illustration.

Rémusat ständig um sie wäre. Die treue Hofdame hat sich – im Gegensatz zu manch anderer – strikt geweigert, ihre Herrin zu verlassen.

»Die Kaiserin hat einen beklagenswerten Vormittag verbracht«, schreibt sie ihrem Mann. »Sie empfängt Besuche, die ihre Wunden aufreißen, und jedesmal, wenn sie eine Nachricht vom Kaiser erhält, bekommt sie furchtbare Zustände. Jemand – sei es der Großmarschall, sei es der Prince de Neuchâtel – müßte den Kaiser bitten, er möge sich in den Bekundungen seines Bedauerns und Schmerzes mäßigen, wenn er ihr schreibt. Denn wenn er

auf diese Weise seine Trauer zum Ausdruck bringt, stürzt sie in tiefe Verzweiflung, und ihre Sinne scheinen sich zu verwirren. Ich betreue sie, so gut es geht. Sie tut mir wahnsinnig leid, sie ist sanft, kränklich und anschmiegsam, so daß es einem schier das Herz zerreißt. Und der Kaiser verschlimmert diesen Zustand noch, indem er sie zu Tränen rührt. Bei all dem kommt nie eine bittere Klage über ihre Lippen, sie ist wirklich engelssanft. Heute morgen bin ich mit ihr spazierengegangen. Ich wollte versuchen, ihren Körper zu ermüden, damit ihr Geist etwas ausruhen konnte. ...›Es kommt mir manchmal so vor‹, sagte sie mir, ›als sei ich tot und mir bleibe nur noch die vage Fähigkeit zu empfinden, daß ich nicht mehr bin.‹ Versuche, wenn es Dir irgend möglich ist, dem Kaiser irgendwie mitteilen zu lassen, daß er ihr aufmunternd schreiben solle, und außerdem nicht abends, weil sie sonst schreckliche Nächte hat. Sie weiß nicht, wie sie seinen Kummer ertragen soll; zweifellos würde sie Kälte noch viel weniger ertragen. Aber es muß so etwas wie einen Mittelweg geben. Gestern, nach dem letzten Brief des Kaisers, habe ich sie in einem solchen Zustand gesehen, daß ich nahe daran war, selbst nach Trianon zu schreiben.«

Nach diesen ersten schlimmen Wochen faßt sie sich Anfang Januar 1810 ein wenig. Sie weint nicht mehr so viel und findet sich allmählich mit ihrem Schicksal ab. Trotz der Scheidung behält sie ihre Titel und den Rang einer gekrönten Kaiserin. Die Kaiserkrone und der mit Bienen bestickte Mantel schmücken nach wie vor ihr Wappen. Stolz erklärt sie: »Ich fühle mich mehr denn je als Kaiserin, denn jetzt bin ich es nicht mehr kraft irgendeiner Autorität; vielmehr habe ich festgestellt, daß ich es durch die Vorzüge meiner Seele und durch den Tribut der öffentlichen Meinung bin, der mir ohne jegliche Beeinflussung und ohne jeden Zwang zuteil wurde.«

Napoleon hat dafür gesorgt, daß sie auch in Zukunft fürstlich leben kann. Per Dekret vom 16. Dezember 1809 schenkt er ihr Schloß Malmaison und stellt ihr auf Lebenszeit den Elysée-Palast zur Verfügung, den schönsten Palast von Paris. Am 11. März 1810 fügt er seinen Gaben auch noch das Schloß Navarra bei Evreux hinzu und erhebt Navarra zum Herzogtum, damit Joséphine sich Herzogin nennen kann.

Der Senat hat ihr eine Jahresrente in Höhe von zwei Millionen Francs aus der Staatskasse bewilligt, und der Kaiser fügt eine weitere Million hinzu. Da er allerdings wieder einmal für alte Schulden seiner Frau – nun Ex-Frau – aufkommen muß und diese sich auf fast zwei Millionen belaufen, beschließt er, ihr diesmal nur ein Darlehen zu gewähren. Zunächst einmal reduziert er die überhöhten Forderungen der Lieferanten auf 1400000 Francs. Diese Summe soll 1810 und 1811 in zwei Raten von der zusätzlich bewilligten Million abgezogen werden. Trotzdem verbleibt ihr in diesen beiden Jahren ein Einkommen von 2300000 Francs. Das ändert freilich nichts daran, daß Joséphine bald wieder verschuldet ist. Vergeblich versucht der Kaiser, sie zur Sparsamkeit anzuhalten. »Bring Deine Angelegenheiten in Ordnung, gib nicht mehr als 1500000 Francs aus und spare alljährlich die gleiche Summe, dann wirst Du in zehn Jahren über ein Vermögen von 15 Millionen für Deine Enkel verfügen... Urteile doch selbst, welch schlechte Meinung ich von Dir haben müßte, wenn ich wüßte, daß Du mit einem Jahreseinkommen von drei Millionen verschuldet bist.«

Joséphine ist zwar voller guter Vorsätze, aber sie kann einfach nicht mit Geld umgehen. Ihr fehlt jeder Überblick, sie läßt sich von Händlern und von Verwaltern betrügen, sie bringt es nicht fertig, ihre Ausgaben für Garderobe und Schmuck einzuschränken. Ende 1811 hat sie erneut Schulden in Höhe von 1159493,65 Francs. Der Kaiser, der seinen Finanzminister beauftragt hat, sich persönlich um Joséphines Angelegenheiten zu kümmern, ist entsetzt und erklärt zunächst kategorisch, er werde ihre Schulden nicht mehr bezahlen. Doch schließlich bezahlt er, wie er es immer getan hat.

Und Joséphine macht sofort neue Schulden, wie sie es immer getan hat. Bei ihrem Tod müssen die Erben feststellen, daß sie fast drei Millionen Francs Schulden hinterläßt.

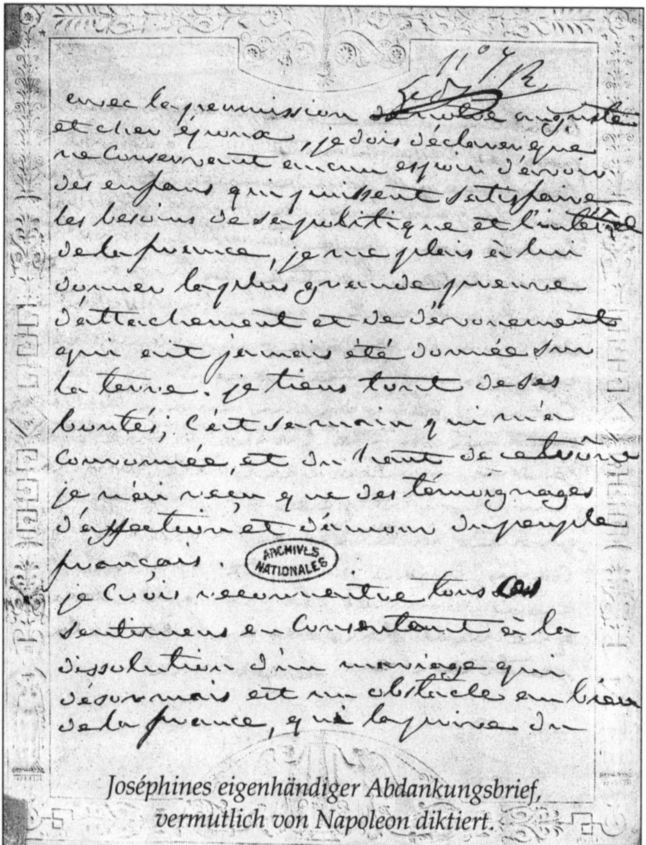
avec la permission de notre auguste et cher époux, je dois déclarer que ne conservant aucun espoir d'avoir des enfans qui puissent satisfaire les besoins de sa politique et l'intérêt de la france, je me plais à lui donner la plus grande preuve d'attachement et de dévouement qui ait jamais été donnée sur la terre. je tiens tout de ses bontés; c'est sa main qui m'a couronnée, et du haut de ce trône je n'ai reçu que des témoignages d'affection et d'amour du peuple français.

je crois reconnaître tous ces sentimens en consentant à la dissolution d'un mariage qui désormais est un obstacle au bien de la france, qui la prive du

Joséphines eigenhändiger Abdankungsbrief, vermutlich von Napoleon diktiert.

16

»Wohltuende Ruhe«

Die tiefe Verzweiflung der ersten Wochen nach der Scheidung hat einer melancholischen Resignation Platz gemacht. Doch Joséphine begreift rasch, daß Malmaison für sie jetzt nicht der geeignete Aufenthaltsort ist. Zu viele Erinnerungen an Bonaparte sind mit diesem Ort verknüpft, als daß ihr hier ein Neuanfang gelingen könnte. Deshalb bezieht sie Anfang Februar 1810 den ihr vom Kaiser zur Verfügung gestellten Elysée-Palast, was sich allerdings bald als denkbar ungünstig erweist. Napoleon hat sich zur Ehe mit Erzherzogin Marie-Luise von Österreich entschlossen, und die Hochzeitsvorbereitungen sind in Paris in vollem Gange. Das mit ansehen zu müssen, fällt Joséphine begreiflicherweise schwer. Und Napoleon weiß, daß peinliche Situationen entstehen könnten, wenn Joséphine zum Zeitpunkt seiner Hochzeit – am 1. April – noch in Paris wäre. Auch Malmaison ist nicht weit genug entfernt. Kurz entschlossen kauft er Schloß Navarra und legt seiner geschiedenen Frau nahe, sich dorthin zu begeben. Joséphine gehorcht, auch wenn sie das demütigende Gefühl hat, verstoßen zu werden. Bei ihrer Ankunft in Navarra Ende März stellt sich heraus, daß das Schloß im derzeitigen Zustand kaum bewohnbar ist. Sofort werden umfangreiche Renovierungsarbeiten eingeleitet, und Joséphine bittet daraufhin den Kaiser um einen Vorschuß von mehreren hunderttausend Francs.

Mitte Mai hält sie es in der ›Verbannung‹ nicht mehr aus und kehrt mit Napoleons Erlaubnis für einige Wochen nach Malmaison zurück, bevor sie sich zu einer zweimonatigen Kur nach Aix-les-Bains begibt. Ihren Lieblingskurort Plombières aufzusuchen wäre ihr peinlich; sie ist fünfmal dort gewesen – 1798, 1801, 1802, 1805 und 1809 – und mit Ehrungen überhäuft worden. Wie könnte sie jetzt dorthin zurückkehren, nachdem eine andere Frau auf dem Thron sitzt und Anspruch auf solche Ehrungen hat, während sie selbst nur noch ein Nichts, ein Niemand ist?

In Aix-les-Bains, weit entfernt von Paris und von allen schmerzlichen Erinnerungen, kann sie ihre Lage allmählich mit etwas mehr Abstand beurteilen und fühlt sich wesentlich wohler. Im Anschluß an die Kur unternimmt sie eine ausgedehnte Reise durch die Schweiz, hält sich längere Zeit in Genf auf und erwirbt sogar vor den Stadttoren, in Prégny-le-Tour, für 165000 Francs ein Schlößchen, das sie selbstverständlich – wie könnte es bei Joséphine auch anders sein? – sofort umbauen läßt. Der Blick auf den Genfer See begeistert sie, und bei klarem Wetter kann man sogar den Mont-Blanc sehen. Sie wird diesen idyllischen Ort allerdings nur noch ein einziges Mal aufsuchen, im Herbst 1812.

Verunsichert, ob sie nun wieder nach Paris zurückkehren darf, schreibt sie dem Kaiser und bittet ihn um Rat. »Ah, ich flehe Dich an, weigere Dich nicht, mich anzuleiten; gib Deiner armen Joséphine einen Rat; das wird ein Freundschaftsbeweis sein, und Du wirst sie damit ein klein wenig für all ihre Opfer entschädigen.« Am 13. Oktober erhält sie in Bern die Antwort des Kaisers, der ihr rät, den Winter entweder bei Eugène in Mailand oder aber auf Schloß Navarra zu verbringen. Die Aussicht, ihren Sohn wiederzusehen und ihre Enkel kennenzulernen, ist verlockend, doch trotz der freundlichen Zeilen des Kaisers, der ihr geschrieben hat, daß er sie keineswegs in ihrer Freiheit beschränken wolle, befürchtet sie noch immer, die ›Neue‹ könnte eifersüchtig auf sie sein und bei Napoleon ihre Verbannung aus Frankreich durchsetzen. Vielleicht ließe man sie gar nicht wieder ins Land, wenn sie jetzt den ganzen Winter in Mailand verbrächte? Die Aussicht, im kalten und feuchten Klima der Normandie auf Schloß Navarra ausharren zu müssen, ist zwar deprimierend, einer möglichen Exilierung aber doch bei weitem vorzuziehen.

Entgegen ihren Erwartungen bringt dieser lange Aufenthalt in Navarra – sie weilt dort vom 22. November 1810 bis zum 1. April 1811 – jedoch entschieden eine Wende zum Besseren. Sie kommt wieder zur Ruhe und findet allmählich neue Lebensinhalte. Von nun an teilt sie ihre Zeit zwischen Navarra und Malmaison auf und stellt sogar fest, daß auch dieses neue Leben durchaus seine Vorteile hat. So genießt sie es sehr, die strenge Hofetikette über Bord werfen zu können und aller Repräsentationspflichten ledig zu sein. Besonders auf Navarra geht es sehr zwanglos zu: nur die Mahlzeiten werden zu festen Zeiten serviert, ansonsten kann jeder tun und lassen, was er möchte. Auf Malmaison geht es etwas formeller zu, weil sich dort, bedingt durch die Nähe zu Paris, viel mehr Besucher einstellen. Wenn ihr dieses bunte Treiben zuviel wird, ist sie froh über die Möglichkeit, sich nach Navarra zurückziehen zu können. »Wie wohltuend ist doch diese Ruhe!« schreibt sie Eugène.

Ihr Hofstaat ist nach der Scheidung etwas kleiner geworden. So hat sie jetzt beispielsweise nur noch acht Hofdamen. Die tüchtige und treue Mme. d'Arberg ist zur Ersten Hofdame avanciert, nachdem Mme. de La Rochefoucauld Joséphine verlassen hat. Eine gute alte Freundin ist auch Mme. de Rémusat. Andere Hofdamen werden vom Kaiser neu ernannt, so etwa Mme. de Lastic und Annette von Mackau. Bescheiden ist Joséphines Gefolge allerdings noch immer nicht zu nennen. Es umfaßt außer den bereits erwähnten Hofdamen sechs Kämmerer, sechs Kammerherren, vier Kammerfrauen, einen Rittmeister, vier Stallmeister, zwei Ärzte, zwei Kaplane und eine ganze Heerschar gewöhnlicher Bedienten.

Über alle Vorgänge bei Hofe ist Joséphine nach wie vor bestens informiert, durch ihre Kinder und Freunde. Doch

Trauung Napoleons I. mit Marie Louise von Österreich im Palais

auch der Kaiser selbst hält seine geschiedene Frau über alle wichtigen Ereignisse auf dem laufenden. Ihre Beziehungen normalisieren sich mit der Zeit: sie tauschen Briefe, und gelegentlich stattet Napoleon ihr sogar einen Besuch ab, wovon Marie-Luise freilich nichts wissen darf. Als am 20. März 1811 Napoleons Sohn, der König von

du Louvre am 2. April 1810. Stich nach einem Gemälde von Rouget.

Rom, geboren wird, schickt der Kaiser sofort La Valette zu ihr nach Navarra, um ihr die frohe Botschaft zu überbringen. Im ersten Moment huscht leichte Trauer über Joséphines Gesicht, doch sie faßt sich sofort wieder und erklärt dem Generaldirektor der Post lächelnd: »Der Kaiser kann nicht daran zweifeln, daß ich an einem Ereignis, das ihn so beglückt, regen Anteil nehme. Er weiß es, ich bin untrennbar mit seinem Schicksal verbunden, und ich werde immer glücklich sein, wenn er es ist.« Sie schreibt ihm sofort eine Gratulation, und er antwortet ihr am 22. März: »Mein Sohn ist kräftig und gesund. Ich hoffe, daß er gedeihen wird. Von mir hat er die Brust, den Mund und die Augen. Ich hoffe, er wird sein Schicksal erfüllen.« Zu Ehren des Königs von Rom veranstaltet Joséphine sogar einen großen Ball auf Schloß Navarra.

Der Kaiser ist in seinen Sohn völlig vernarrt. Bei seinen Besuchen auf Malmaison schwärmt er von dem Kleinen, und als Joséphine daraufhin den Wunsch äußert, das Kind einmal zu sehen, weiß er auch das zu arrangieren. Die Gouvernante, Mme. de Montesquiou, macht mit dem König von Rom eine Spazierfahrt nach Bagatelle, wo sie ›zufällig‹ mit Joséphine zusammentreffen, die den Kleinen herzt und ihn ›allerliebst‹ findet.

Zum Glück hat Joséphine, die Kinder sehr liebt, ihre Enkel. Von den Verpflichtungen befreit, die das Leben bei Hofe mit sich brachte, kann sie sich ihnen viel mehr als früher widmen. Zu ihrem großen Bedauern hat sie allerdings nur Hortenses Söhne häufig um sich; Eugènes Kinder sieht sie nur ein einziges Mal, als sie im Sommer 1812 in Mailand weilt.

Jede Schwangerschaft ihrer Schwiegertochter, der Vizekönigin von Italien, versetzt Joséphine in helle Begeisterung. Nach der Geburt einer kleinen Joséphine im Jahre 1807 hofft die Kaiserin, daß das nächste Kind ein Knabe sein wird, doch Auguste bringt 1809 abermals ein Mädchen zur Welt, bevor 1810 endlich der heißersehnte

Stammhalter geboren wird. Im folgenden Jahr kündigt Eugène seiner Mutter eine weitere Schwangerschaft seiner Frau an. Die Niederkunft wird für Ende Juli 1812 erwartet, und als Eugène sich auf den Rußlandfeldzug begibt, bittet er seine Mutter, Auguste in Mailand eine Weile Gesellschaft zu leisten.

Joséphine verläßt Malmaison am 16. Juli und trifft nach zwölftägiger Reise am 27. in Mailand ein, erschöpft, aber überglücklich, ihre Schwiegertochter wiederzusehen und die Enkel kennenzulernen. Auguste ist hochschwanger, erfreut sich aber bester Gesundheit. Der zweijährige Stammhalter, nach seiner Mutter Auguste genannt, ist eine erstaunlich kräftiges Kerlchen, ein richtiger kleiner Herkules, wie Joséphine ihrem Sohn schreibt. Seine beiden Schwestern sind sehr hübsch. Die fünfjährige Joséphine ist eine richtige Schönheit, während die vierjährige Eugénie ein sehr ausdrucksvolles Gesichtchen hat.

Joséphine wohnt nicht im Palast, sondern in der Villa Bonaparte, in den Gemächern ihres Sohnes. Drei Tage nach ihrer Ankunft in Mailand setzen bei Auguste die Wehen ein. Die Kaiserin weicht nicht von der Seite ihrer Schwiegertochter, bis am 31. Juli um vier Uhr morgens ein gesundes, kräftiges Mädchen das Licht der Welt erblickt. Erst um fünf begibt sich die glückliche Großmutter völlig erschöpft zu Bett.

Ruft dieser Aufenthalt in Mailand vom 27. Juli bis zum 8. September in Joséphine Erinnerungen an jene glorreiche Zeit wach, als die Bewohner der Gemahlin des Befreiers von Italien zujubelten? Denkt sie zurück an jene Jahre 1796 und 1797, als sie im Palazzo Serbelloni wohnte und nach ihrem Geliebten Hippolyte Charles schmachtete, während Bonaparte sich in rasender Leidenschaft und zärtlicher Liebe nach ihr verzehrte? Denkt sie auch an ihren zweiten Italienaufenthalt, als der Kaiser zum König von Italien gekrönt und sie als Kaiserin hofiert wird? Wer könnte sagen, was in ihrem Kopf vorgeht?

Sie führt ein angenehm ruhiges Leben, nimmt die Mahlzeiten mit Auguste ein, unternimmt nachmittags lange Spaziergänge oder besucht das berühmte Kunstmuseum, das in einem ehemaligen Jesuitenkloster untergebracht ist. Sie betrachtet die Bilder mit Kennerblick und ist von einigen sehr angetan. Besonders die Fresken von Bernardino Luini begeistern sie, und sie hat es bestimmt sehr bedauert, nicht einige Gemälde nach Malmaison mitnehmen zu können. Doch die Zeit, da man ihr kostbare Geschenke machte, ist endgültig vorbei.

Mit ihrer Liebenswürdigkeit und Anmut erobert sie aber wie eh und je alle Herzen. Eugène teilt ihr mit: »Du wirst in Mailand vergöttert, wie überall. Man schreibt mir reizende Dinge, und Du hast allen Leuten, die Dich kennengelernt haben, völlig den Kopf verdreht.«

Die gemütliche Atmosphäre im Palast des Vizekönigs sagt Joséphine sehr zu. Mit ihrer Schwiegertochter versteht sie sich ausgezeichnet; die junge Frau wird ihr von Tag zu Tag sympathischer. Eugène gibt ein schier unerschöpfliches Gesprächsthema ab, und Joséphine ist glücklich, daß Auguste ihren Sohn von Herzen liebt. Ein klein wenig Eifersucht spricht dennoch aus ihr, als sie Eugène schreibt: »Liebe sie und liebe auch mich; ich weiß wirklich nicht, wer von uns beiden Dich mehr liebt.«

Ihr Enkel und sie sind die besten Freunde. Sobald der kleine Auguste sie sieht, läßt er alles liegen und stehen und klettert auf ihren Schoß.

Doch so wohl sie sich in der Familie ihres Sohnes auch fühlt, so muß sie Italien allmählich doch wieder verlassen, um noch vor den ersten Schneefällen die Alpen zu überqueren und in Aix-les-Bains eine Kur zu machen, was ihrer Ansicht nach die beste Vorsorge ist, um im Winter nicht zu erkranken. Schweren Herzens nimmt sie Abschied von Schwiegertochter und Enkeln und macht sich am 8. September auf den Weg. Die kleine Joséphine weint, als die Kutsche ihre Großmutter entführt, und ihr

Bruder Auguste schließt die ›andere Mama‹ von nun an in seine Gebete für die Eltern ein, worüber Joséphine sehr gerührt ist.

Sie wird diese Enkel nicht wiedersehen und muß sich damit begnügen, ihnen teure Spielsachen aus Paris zu schicken.

Wenn Joséphine sich zu kleinen Kindern besonders hingezogen fühlt, so nicht zuletzt deshalb, weil sie so herzerfrischend ehrlich, natürlich und fröhlich sind und einen krassen Gegensatz zu all jenen heuchlerischen Höflingen bilden, mit denen die Kaiserin soviel zu tun hat. Natürlich sieht sie nur die Sonnenseiten von Kindern – für Probleme sind schließlich die Ammen und Gouvernanten zuständig!

Hortenses erstem Sohn, dem leider so früh verstorbenen Napoléon-Charles, konnte sie als regierende Kaiserin nicht soviel Zeit widmen, wie sie gern gewollt hätte. Das holt sie nun bei Hortenses jüngeren Söhnen nach, bei dem 1804 geborenen Napoléon-Louis und dem 1808 geborenen Louis-Napoléon. Die beiden Jungen verbringen zwei Sommer bei ihr auf Malmaison, während Hortense zur Kur weilt. Besonders der kleine Louis erinnert sich noch als Napoleon III. jener Aufenthalte bei seiner Großmutter, an ihre Wärme und Zärtlichkeit.

Joséphine bringt die Knaben in Hortenses Suite in der ersten Etage unter, neben ihren eigenen Gemächern. Sie hält sich peinlich genau an alle Wünsche ihrer Tochter bezüglich des Unterrichts und der Verpflegung der Jungen. Wenn sie die Woche über gut gearbeitet haben, dürfen sie sonntags mit ihr zu Mittag und zu Abend essen. Sie kauft ihnen jede Menge Spielsachen; beispielsweise läßt sie aus Paris zwei kleine goldene Hennen kommen, die silberne Eier legen. Aus Diplomatie sagt sie den Knaben allerdings, dies seien Geschenke, die ihre Mutter ihnen aus Aix-les-Bains geschickt habe. Um ihnen eine Freude zu machen, lädt sie ein Marionettentheater nach Malmaison ein; ein anderes Mal wird eine Laterna magica vorgeführt, mit deren Hilfe man herrliche Bilder auf eine Leinwand projizieren kann. Die größte Attraktion ist allerdings ein dressierter Elefant, der bedauerlicherweise Joséphines Rasen zertrampelt. »Deine Kinder haben sich aber köstlich amüsiert«, berichtet sie Hortense.

Ihr besonderer Liebling ist der kleine Louis, der bildhübsch, lebhaft und wißbegierig ist und ›Prinzessin Louis‹ oder ›Oui-Oui‹ genannt wird. In diesen Enkel ist Joséphine völlig vernarrt. Sie schildert Hortense ausführlich seine drolligen Aussprüche. Als Joséphines Kusine, Mme. de Tascher, Malmaison verläßt, um ihrem Mann zur Kur nachzureisen, sagt Oui-Oui zu seiner Gouvernante: »Die muß ihren Mann aber sehr lieb haben, wenn sie Großmutter verläßt.« Oder er wirft bei einem Waldspaziergang plötzlich seinen Hut in die Luft und ruft: »Wie liebe ich die schöne Natur!«

»Ich entsinne mich, daß wir, mein Bruder und ich, tun und lassen konnten, was wir wollten, waren wir erst einmal in Malmaison«, schreibt Napoleon III. Sie durften in Joséphines geliebten Gewächshäusern sogar Zuckerrohr abschneiden und daran saugen.

Im Jahre 1861 wird Napoleon III. Schloß Malmaison, das für ihn mit so vielen schönen Erinnerungen verknüpft ist, zurückkaufen.

›Königin Hortense mit ihren Söhnen Napoleon Louis und Louis Napoleon (III.)‹ – Gemälde von Anne-Louis Girodet, 1810.

17

»Wie sehr schmerzt es mich, daß der Kaiser so schändlich behandelt wurde«

»Adieu, meine liebe Joséphine, resignieren Sie, so wie ich es getan habe, und vergessen Sie jenen nie, der Sie nie vergessen hat und nie vergessen wird.«

Napoleon

1812... Napoleons Rußlandfeldzug ist der Anfang vom Ende des Kaiserreichs. Das Glück wendet sich vom Kaiser ab, nachdem es ihm fast siebzehn Jahre treu geblieben ist.

Die scharfsichtigsten Ratgeber haben Napoleon vor diesem Abenteuer gewarnt. So hat Hauptmann Leclerc ihm erklärt: »Nur der Russe kann in Rußland Krieg führen.« Auch andere haben ein schlimmes Ende prophezeit. Doch der Kaiser wollte auf niemanden hören. Im Geiste sah er bereits die Mauern des Kreml und die vergoldeten Kuppeln der Moskauer Kirchen vor sich.

Berauscht von seinen größenwahnsinnigen Visionen, führt er im Juni 1812 die ›Große Armee‹, das bisher größte Heer der Geschichte, in die Weite Rußlands. Diese *Grande Armée* besteht aus Polen, Preußen, Österreichern, Italienern, Schweizern, Belgiern und Holländern, die Seite an Seite mit den Franzosen kämpfen sollen. Freilich wird sich bald zeigen, daß diese Vasallenstaaten alles andere als zuverlässige Bündnispartner sind.

Auch Joséphine gehört zu jenen, die düstere Vorahnungen haben. Sie weiß, was geschehen kann, wenn die kaiserlichen Armeen eine empfindliche Niederlage erleiden: Die unterdrückten Völker werden von Napoleon abfallen und zu Bündnispartnern Englands und Rußlands werden.

Zudem weiß Joséphine aus eigener bitterer Erfahrung nur allzu gut, wie wenig Treue es bei Hofe gibt. Ihr ist klar, daß gerade jene, die heute die größte Ergebenheit heucheln, jederzeit bereit sein werden, ihr Mäntelchen nach dem Wind zu hängen.

Die Kaiserin hat Angst um ihren Sohn, der das Vierte Regiment befehligt, aber sie hat vielleicht noch mehr Angst um Bonaparte, um das Schicksal, das ihm beschieden sein könnte. Sehnsüchtig wartet sie auf Eugènes Briefe, und wenn sie auf sich warten lassen, befürchtet sie sofort das Schlimmste. Am 30. September 1812 schreibt sie Hortense, daß sie eine Unruhe nicht unterdrücken könne, die ihr das Leben unerträglich mache. Und die Ereignisse geben ihr bald recht. Die Nachrichten vom Kriegsschauplatz werden immer deprimierender, und natürlich unternimmt General Malet in Paris sofort einen Putschversuch, was Joséphine empört. »Was mich tröstet, ist einzig und allein, daß Paris sich nicht daran beteiligt hat«, schreibt sie ihrem Sohn.

Doch das ist ein schwacher Trost, wenn jeder Kurier aus Rußland neue Schreckensmeldungen bringt. Die Gefallenenlisten werden immer länger; immer mehr Familien haben Tote zu beklagen. Joséphine ist über diese Katastrophe so verstört, daß Hortense sich große Sorgen um ihre Gesundheit macht. Die ständige Nervenanspannung wirkt sich negativ auf ihre Gesundheit aus: immer häufiger leidet sie an unerträglichen Migräneanfällen. Sie bräuchte Ruhe, aber sie kann sich einfach nicht entspannen. Sobald jemand auch nur den Namen des Kaisers erwähnt, erbleicht sie, ihre Lippen beginnen zu zucken,

›*Napoleon zu Moskau, 1812*‹.

Lithographie nach einer Zeichnung von F. A. Frenzel, um 1850.

und Tränen treten in ihre Augen. »Wenn man sie in solchen schmerzlichen Momenten sah«, berichtet Mlle. Avrillion, »kam es einem so vor, als grolle sie dem Schicksal, als klage sie den Himmel an, sie und Napoleon getrennt zu haben, ihn des Schutzes ihrer Nähe beraubt zu haben.«

In der Nacht vom 18. auf den 19. Dezember 1812 kehrt der Kaiser nach Paris zurück. Die Nachrichten von Malets Putschversuch haben ihn dazu bewogen, die Reste seiner *Grande Armée* zurückzulassen, um zumindest im Innern für Ruhe und Ordnung zu sorgen.

Das Jahr 1813 hält noch viel Schlimmeres bereit. Am 28. Februar verläßt Friedrich Wilhelm von Preußen den Kaiser und verbündet sich mit den Russen. Am 27. Juni schließt sich auch Österreich der englisch-russischen Koalition an. In der Schlacht von Leipzig im Oktober wird Napoleon geschlagen. Alle rechtsrheinischen Besitztümer Frankreichs gehen verloren. Joséphine ist völlig niedergeschmettert, denn alles, was den Kaiser irgendwie betrifft, das betrifft auch sie. Daran hat sich noch immer nichts geändert.

Der Aufenthalt ihrer beiden Enkel in Malmaison im Sommer 1813 ist daher eine besonders willkommene Ablenkung. Die fröhlichen, lebhaften Knaben lassen sie vorübergehend die schlimme politische Lage vergessen. »Urteile selbst, wie glücklich Du mich machst, indem Du sie mir läßt«, schreibt sie Hortense. Doch dieses Glück ist nur von kurzer Dauer.

Am 9. November 1813 kehrt der Kaiser zum zweitenmal innerhalb eines Jahres besiegt nach Paris zurück. Er schickt seinen Sekretär, Baron Fain, nach Malmaison, um Joséphine über die neuesten Entwicklungen zu informieren. Mlle. Avrillion, die bei der Unterhaltung zugegen war, berichtet: »Ich sehe noch wie heute Napoleons Sekretär vor mir, der Ende November 1813, zwei Wochen nach der Rückkehr aus Leipzig, nach Malmaison kam.

Ihre Majestät fragte ihn mit der Teilnahme einer Mutter, einer Schwester, einer zärtlichen Gemahlin über die Gerüchte aus, denen zufolge der Kaiser von seinem letzten Feldzug völlig entmutigt zurückgekehrt war. ›Die ersten Tage sind tatsächlich schrecklich gewesen‹, erwiderte er, ›aber Eure Majestät darf sich das nicht so zu Herzen nehmen. Der Kaiser ist jeden Abend todmüde, und seine körperliche Energie kann mit seiner Geisteskraft und Moral nicht immer standhalten.‹ Als die Kaiserin das hörte, füllten sich ihre Augen mit Tränen, sie sah mich an, und erst da bemerkte ich, daß auch ich weinte.«

Zu Joséphines Sorge um Bonaparte gesellt sich die Sorge um Eugène. Die Österreicher überschreiten die Alpen, und auch von Süden her rücken Truppen vor, denn Murat, der seinen Thron von Neapel um jeden Preis behalten will, hat Napoleon verraten und ist zum Feind übergelaufen. Vizekönigin Auguste packt vorsichtshalber schon, für den Fall, daß man Mailand in aller Eile verlassen muß. Während so viele andere dem Kaiser plötzlich in den Rücken fallen, hält Eugène seinem Adoptivvater unverbrüchlich die Treue. Doch bald steht fest, daß auch Italien für Frankreich verloren ist.

Mittlerweile haben die feindlichen Truppen den Rhein überschritten, und der Kampf tobt nun auf französischem Boden. Bernadotte marschiert auf Belgien zu, während Blücher und Schwarzenberg gegen Paris vorstoßen.

Noch will Napoleon sich nicht geschlagen geben, und tatsächlich kann er im Februar 1814 noch einige bemerkenswerte Siege verzeichnen. Doch rückt der Feind unaufhaltsam immer näher an Paris heran. Am 28. März flieht Kaiserin Marie-Luise mit dem König von Rom nach Blois. Kaiserin Joséphine beschließt, sich nach Navarra zurückzuziehen. Ihre Wagen sind schwer beladen mit ihrem wertvollsten Hab und Gut, und ihren Schmuck hat sie vorsichtshalber in den Saum ihres Unterrocks eingenäht. Sie erreicht Navarra am 30. März. Auf der ganzen Flucht hat sie mühsam Ruhe bewahrt und sich nicht der Verzweiflung anheimgegeben. Sie weiß, daß sie jetzt keine Schwäche zeigen darf, daß sie ihren ganzen Mut zusammennehmen muß, wenn sie die nächste Zeit überstehen will.

Am 31. März marschieren die Verbündeten in Paris ein. Joséphine erfährt, daß auch die Brücke von Neuilly vom Feind besetzt wurde. Von dort bis Malmaison ist es gar nicht weit. Und was hat sie dort nicht alles zurücklassen müssen: Vasen, Möbel, Gemälde, Statuen, Kühe, Schafe, ihre Gewächshäuser... Reiche Beute für plündernde Kosaken!

Am 1. April trifft Hortense mit ihren beiden Söhnen in Navarra ein. Joséphine ist erleichtert, daß sie nun wenigstens um ihre Tochter nicht mehr zu bangen braucht. Doch sie steht weiterhin schreckliche Ängste um Napoleon und Eugène aus.

Ein Kammerdiener, dem es gelungen ist, aus dem besetzten Paris zu fliehen, weiß Neues zu berichten: man rechnet mit einer Rückkehr der Bourbonen auf den Thron. Nach den Ereignissen der vergangenen Monate überrascht es Joséphine nicht im geringsten, daß ihr Hofstaat sie im Stich läßt und mit wehenden Fahnen zu Ludwig XVIII. überläuft oder sich bei den ausländischen Fürsten einzuschmeicheln versucht. Jeder spekuliert bereits, welchen Posten er unter dem neuen Regime ergattern könnte.

Der Kaiser hat eingesehen, daß weiteres Blutvergießen sinnlos wäre, und sich von seinen Armeen direkt nach Fontainebleau begeben, da man ihm den Zutritt nach Paris zweifellos verwehren würde. Am 8. April 1814 setzt eine provisorische Regierung, in der Talleyrand das Sagen hat, Napoleon ab.

Was Joséphine am meisten empört, das sind die Beschimpfungen, die nun allerorten gegen Bonaparte laut werden. Es gibt keine Schändlichkeit, die die Presse ihm nicht zur Last legen würde. Joséphine ist gewiß nicht blind für Napoleons Fehler. Sie weiß, daß man ihm zu Recht maßlosen Ehrgeiz und Ruhmsucht vorwerfen kann. Sie hat jedoch seinen Aufstieg vom unbekannten jungen General zum Kaiser hautnah miterlebt und weiß genau, daß gegen den geschlagenen Kaiser eine üble Verleumdungskampagne geführt wird. Und oft sind es gerade jene, die ihm am meisten verdanken, die jetzt über ihn herfallen. Zutiefst deprimiert, bekennt Joséphine einer alten Bekannten, daß die Undankbarkeit der Franzosen ihr das Herz breche.

Napoleons Vorschlag, er wolle zugunsten seines Sohnes abdanken, wird von den Siegermächten abgelehnt. Zar Alexander I. besteht auf einer bedingungslosen Abdankung des Kaisers, garantiert seinem besiegten Gegner jedoch die Insel Elba als Wohnsitz. Leichenblaß, mit wirren Haaren und zerknitterten Kleidern, übergibt Napoleon am 7. April 1814 Caulaincourt jene Urkunde, mit welcher er für sich und seine Nachfolger auf die Throne Frankreichs und Italiens verzichtet.

»Welch eine Woche liegt hinter mir, mein lieber Eugène!« schreibt Joséphine ihrem Sohn am 9. April. »Wie sehr schmerzt es mich, daß der Kaiser so schändlich behandelt wurde! Wieviel Beleidigungen in den Zeitungen, wieviel Undankbarkeit seitens jener, denen er die meisten Wohltaten erwiesen hat. Aber nun besteht keine Hoffnung mehr. Alles ist aus; er dankt ab. Für Dich bedeutet das, daß Du frei und von jedem Treueschwur entbunden bist. Es wäre völlig sinnlos, wolltest Du jetzt noch seiner Sache dienen. Handle zum Wohle Deiner Familie.«

Eine Epoche ist zu Ende. Bis zum Schluß hat Joséphine an Bonaparte geglaubt, auch wenn sie an Napoleon mitunter irre wurde. Mit der Abdankung des Kaisers finden fast zwanzig Jahre einer trotz allem unzerstörbaren Gemeinschaft ihren Abschluß. Ihren Aufstieg und ihre Position hat Joséphine Napoleon zu verdanken, aber letztlich hat diese Position ihr mehr Enttäuschungen als Freuden eingebracht.

»Solange die schreckliche politische Krise andauerte«, berichtet Mlle. Avrillion, »verschlechterte sich der Gesundheitszustand Ihrer Majestät ständig. Das gegenwärtige und zukünftige Schicksal des Kaisers, die Schicksale ihrer Kinder und die ständigen alarmierenden Neuigkeiten machten der armen Kaiserin schwer zu schaffen.«

Joséphine hat aber wirklich allen Grund, sich Sorgen um die Zukunft zu machen. Nach Napoleons Sturz existieren auch die von ihm geschaffenen Königreiche nicht mehr, die er seinen Verwandten sozusagen auf den Leib geschneidert hatte. Was soll nun aus Eugène und Hortense werden? Und was soll aus ihr selbst werden, falls der Senat beschließt, ihr die Jahresrente in Höhe von zwei Millionen Francs zu streichen? Wie bedauert sie nun, Bonapartes Anregungen zum Sparen nicht befolgt zu haben!

Doch sie hat noch einmal Glück im Unglück. Die Verbündeten beschließen, die Familien Bonaparte und Beauharnais nicht über einen Kamm zu scheren, sondern über das Schicksal der Beauharnais gesondert zu entscheiden. Und auch Talleyrand glaubt, es sei im Staatsinteresse Frankreichs, Joséphine zu unterstützen. Ludwig XVIII. ist tatsächlich dringend auf Unterstützung angewiesen. Er ist alles andere als beliebt. Die Anhänger der revolutionären Gesellschaftsordnung erkennen seine dynastisch begründeten Ansprüche auf den Thron nicht an. Er braucht Verbündete, die ihm in verschiedensten Kreisen Anhänger verschaffen könnten. Und wer könnte sich als Verbindungsglied zwischen den beiden sich befehdenden Frankreich besser eignen als Joséphine? Hat sie nicht schon einmal eine ähnliche Rolle gespielt, als sie Bonaparte vor seiner Machtergreifung zu Kontakten mit einflußreichen Leuten verhalf?

Mit ihrer Taktik, so zu tun, als mischte sie sich in nichts ein, während sie sich in Wirklichkeit für alles interessiert, so zu tun, als mäße sie der Politik keinerlei Bedeutung zu, während sie in Wirklichkeit ständig manövriert, ist es der Kaiserin tatsächlich gelungen, sogar das Napoleonische Abenteuer unbeschadet zu überstehen. Sie hat ihre Position über den Sturz des Kaisers hinweggerettet. Im April 1814 ist sie bei allen Parteien sehr gefragt. Man hat Napoleon entmachtet, aber man hofiert jene ›unver-

Der Kaiser nach der Übergabe von Paris in Fontainebleau. Fotogravure nach einem Gemälde von Delaroche.

gleichliche Frau‹, die – wie viele glauben – sein Glücksstern war. Niemand würde es wagen, sich offen als ihr Feind zu bezeichnen, denn das würde nur lächerlich wirken. Wie Mme. de Chastenay betont, vereint Joséphine Anmut, Güte, Gerechtigkeit, Kunstsinn und verschiedene andere Talente mit einer perfekten Kenntnis sowohl des Ancien Régime als auch der Revolution und des Empire.

Am 16. April kehrt die Kaiserin nach Malmaison zurück, wo sie erleichtert feststellt, daß nur einige wenige Möbel von geringem Wert beschädigt worden sind. Eine russische Schutzwache hat Zerstörungen und Plünderungen verhindert.

Die Sieger hegen für Joséphine durchaus freundliche Gefühle. Zar Alexander will mit den Beauharnais großmütig verfahren, um die Bonaparte noch mehr zu isolieren. Und manche der deutschen Fürsten kennen und schätzen die Kaiserin von früher her. So setzt sich beispielsweise Prinz Leopold von Sachsen-Coburg, der sich in den Dienst des Zaren gestellt hat, tatkräftig für sie und ihre Tochter ein und arrangiert einen Besuch des Zaren in Malmaison. »Als es ihnen gut ging«, schreibt er seiner Schwester Sophie, »brachten sie mir viel Freundschaft entgegen, und jetzt, da niemand sich mehr um sie kümmert und ich auf eine Protektion von ihnen nicht mehr rechnen kann, habe ich ihnen mit Taten meine Dankbarkeit bewiesen und sie meinerseits protegiert.«

Zar Alexander kommt am 17. April 1814 nach Malmaison. Er legt Joséphine gegenüber ausgesuchte Höflichkeit und erstaunliches Zartgefühl an den Tag. Wenn das Gespräch auf die Besetzung von Paris oder auf Napoleons Abdankung kommt, vergißt er niemals, daß er die Gemahlin seines besiegten Gegners vor sich hat. Und die Kaiserin verbirgt ihm nicht, daß sie noch immer tiefe Zuneigung für Napoleon empfindet. Trotzdem ist sie liebenswürdig und charmant zu dem Mann, der den Kaiser zur Abdankung gezwungen hat. Hortense hingegen legt ein sehr kühles und reserviertes Benehmen an den Tag. Als ihre Mutter ihr deswegen später Vorwürfe macht, erklärt sie, sie fände es deplaciert, freundlich zu einem Mann zu sein, der ein erklärter Feind des Kaisers ist.

Am 9. Mai kommt Eugène in Paris an und begibt sich sofort in die Tuilerien, um Ludwig XVIII. zu sprechen. Der König begrüßt ihn huldvoll und soll sogar erklärt haben, er wolle Eugène ein Vater sein und danach trachten, ihm jenen Vater zu ersetzen, den er während der Revolution verloren habe. Der Duc de Berry äußert sich sehr anerkennend über Eugènes militärstrategische Begabung. Der Zar schreibt ihm einen freundschaftlichen Brief. Doch niemand will sich festlegen, welche Pläne man mit dem einstigen Vizekönig von Italien hat. »Nach allem, was ich seit meiner Ankunft erfahren habe«, schreibt er seiner Frau, »dürfen wir nicht erwarten, allzu gut behandelt zu werden. Jeder will jetzt sein Stück vom Kuchen abhaben; es ist unvorstellbar, welche Ansprüche gestellt werden, und es erweist sich wieder einmal, daß die geheiligtesten Familienbande in der Politik nichts gelten. Man wollte uns mit Genua abfinden, um uns nichts am Rhein geben zu müssen. Ich weiß nicht, welchen Winkel man für uns finden wird.«

Dem Zaren ist es mittlerweile gelungen, Hortenses ablehnende Haltung in freundschaftliche Gefühle zu verwandeln. Er stattet ihr und Joséphine häufig Besuche ab und zieht es am 14. Mai sogar vor, den Tag mit den beiden Damen zu verbringen, als am feierlichen Gedenkgottesdienst für Ludwig XVI. und Marie-Antoinette teilzunehmen. Trotz des kalten und feuchten Wetters wird eine Spazierfahrt durch den Park unternommen. Nach der Rückkehr fröstelt Joséphine und läßt sich Lindenblütentee aufkochen. In den nächsten Tagen klagt sie über einen Katarrh. Was aber schlimmer ist – sie macht einen apathischen Eindruck, ohne daß sie starke Schmerzen hätte.

»Ich kann eine furchtbare Traurigkeit nicht überwinden«, gesteht sie Mlle. Cochelet. »Ich gebe mir alle Mühe, sie vor meinen Kindern zu verbergen, leide darunter aber noch mehr. Ich beginne den Mut zu verlieren. Gewiß, der Zar bringt uns Wertschätzung und Zuneigung entgegen, aber das alles sind nur Worte. Was tut er für meinen Sohn, für meine Tochter und ihre Kinder? Wissen Sie, was geschehen wird, sobald er abgereist ist? Nichts von dem, was man ihm verspricht, wird geschehen. Ich werde meine Kinder unglücklich sehen, und diesen Gedanken kann ich nicht ertragen, er bereitet mir einen furchtbaren Schmerz. Das Schicksal des Kaisers Napoleon hat mir schon mehr als genug Leid beschert. Muß ich nun auch noch meine Kinder heimatlos und mittellos sehen? Ich fühle, daß solche Gedanken mein Tod sind.«

Die Ärzte diagnostizieren zunächst nur eine harmlose Erkältung, doch allen, die Joséphine gut kennen, ist klar, daß sie an einem viel schlimmeren Leiden erkrankt ist, an einer Art Lebensüberdruß. Trotzdem empfängt sie die vielen Gäste, die nach Malmaison strömen, seit der Zar den Reigen eröffnet hat, und noch einmal erliegen alle ihrem Charme, ihren vollendeten Umgangsformen und ihrer Natürlichkeit.

Am 23. Mai empfängt sie den König von Preußen und seine Familie, obwohl sie eine unruhige Nacht hinter sich hat und ihr Körper mit einem Ausschlag bedeckt ist. Am 24. Mai kommt der Zar und bringt seine jüngeren Brüder mit – die Großfürsten Nikolaus und Michael. Wieder weigert sich Joséphine, im Bett zu bleiben. In einem tief dekolletierten Kleid, das Leroy ihr soeben erst geliefert hat, erscheint sie zum Abendessen. Hinterher wird getanzt. Joséphine eröffnet den Ball mit dem Zaren, und danach gehen die beiden im Park spazieren, obwohl es ein kühler Abend ist.

In der Nacht bekommt sie hohes Fieber, und ihr Zustand scheint Eugène besorgniserregend, wie er seiner

Frau schreibt. Am Abend des 26. Mai legt Doktor Horeau ihr ein Zugpflaster am Hals an, das der Kranken etwas Linderung zu verschaffen scheint. Trotzdem zieht der Arzt vorsichtshalber zwei Kollegen hinzu.

Der Puls der Kaiserin ist schwach und unregelmäßig, ihr Atem geht keuchend, und sie wird von trockenem Husten gequält. Am 27. stellt Doktor Horeau beunruhigt fest, daß ihr Schlund stark gerötet ist. Das Fieber steigt weiter.

Am 28. kann sie kaum noch etwas sehen, und ihr Puls ist kaum noch spürbar.

Als Hortense und Eugène am Morgen des 29. das Zimmer ihrer Mutter betreten, streckt sie ihnen die Arme entgegen und murmelt mit verzerrtem Gesicht einige unverständliche Worte. Ein Geistlicher wird gerufen, um die Sterbende mit den Sakramenten zu versehen. Hortense stürzt neben dem Bett ohnmächtig zu Boden.

Die Kaiserin stirbt gegen Mittag in den Armen ihres Sohnes.

Halbfigur der Kaiserin Joséphine.
Wiedergabe einer Miniatur, die der Kaiser auf seinen Feldzügen immer bei sich führte.

Epilog

›Joséphine de Beauharnais‹

»Allmächtiger Gott, welch ein Unglück, welch unersetzlicher Verlust für uns! Ich werde diese zärtliche Mutter also nicht mehr sehen, die so gut zu mir war, der ich eine zärtliche Liebe entgegenbrachte, so als wäre ich ihre Tochter. Sie lebte doch nur, um andere glücklich zu machen. Nein, meine Schwester, Sie können nicht trauriger sein als ich, Sie können nicht mehr Tränen vergießen als ich. Ich bin in einem Zustand, der Ihr Mitleid erregen würde. Wenn das so weitergeht, wird meine Gesundheit einem solchen Kummer nicht standhalten. Adieu, meine Schwester. Es gibt für uns kein Glück mehr auf dieser Welt, das Unglück hat uns niedergeschmettert.«

Auguste tränkt diesen Brief an ihre Schwägerin Hortense mit ihren Tränen. Die Beauharnais haben ihre Mutter, ihr Oberhaupt, ihr Licht verloren. Doch nicht nur die Familie trauert um Joséphine. Ganz Frankreich fühlt sich plötzlich verwaist.

2. Juni 1814... Trommelwirbel begleiten das Glockengeläut aus den umliegenden Dörfern. Marschälle, Generäle, Pairs, ausländische Botschafter, verschleierte Damen, Gelehrte, Künstler, Abgesandte des Zaren und des preußischen Königs füllen die Kirche von Rueil, während sich auf dem Vorplatz eine dichte Menschenmenge drängt. Die Chöre sind verstummt. Die Stimme des Monseigneur de Barral, Erzbischof von Tours, hallt in der Kirche wider.

»Selig sind die Barmherzigen, denn sie werden Barmherzigkeit erlangen.« Unter dieses Motto aus der Bergpredigt stellt der Erzbischof seine Predigt. Er bezeichnet Joséphine als Engel der Barmherzigkeit, als Engel des Friedens; er rühmt ihre Güte, ihre Anmut, ihre schlichte Natürlichkeit, ihren beweglichen Geist, ihre Noblesse. »Weinen wir, meine Brüder! Beweinen wir jene, die sie liebte und die nun ohne sie weiterleben müssen! Beweinen wir ihren würdigen Sohn, der über diesen schweren Verlust unglücklich ist! Beweinen wir ihre geliebte Tochter, deren liebevollste und edelste Stütze sie war! Doch beweinen sollten wir auch all jene Unglücklichen, deren Mutter sie ebenfalls war!«

Dies ist die Geburtsstunde der Legende, die sich um Joséphine de Beauharnais rankt, eine Legende, die von einigen Royalisten erfunden wurde, weil sie von der Popularität der Verstorbenen profitieren wollen. Zu Lebzeiten Joséphines konnten die Agenten Ludwigs XVIII. die Gemahlin des Ersten Konsuls nicht dazu bewegen, sich dem Lager des Thronanwärters anzuschließen. Nun, da sie tot ist und von ganz Frankreich beweint wird, kann die geschiedene Frau des Kaisers sich nicht mehr gegen die Einvernahme ihrer Person wehren. Die Anhänger des Königs bemächtigen sich ihrer zum Nutzen des neuen Herrschers und rauben ihr sogar ihren Namen, indem sie ›Bonaparte‹ durch ›Beauharnais‹ ersetzen. Kurioserweise lassen sie ihr aber jenen Vornamen, den Napoleon ihr gegeben hat. Skrupellos ändern sie ihren Lebenslauf ab, wie es ihnen genehm ist. Napoleon wird auf diese Weise zum Ungeheuer, Joséphine zur Märtyrerin.

»Während seiner Herrschaft war sie schrecklich unglücklich und flüchtete sich vor seiner Menschenverachtung und Brutalität in ihre Pflanzenzucht. Die Öffentlichkeit wußte, welche Kämpfe sie ausfocht, um Bonaparte zur Herausgabe irgendeines Opfers zu bewegen; die Öffentlichkeit wußte ihr Dank dafür, daß sie sich ihm zu

Füßen geworfen und seine Knie umschlungen hatte, um den Duc d'Enghien zu retten. Einsam inmitten all dieser prunksüchtigen Korsen, sprach nur sie allein die Sprache der Franzosen und verstand ihre Herzen.«

Dutzende kleiner anonymer Broschüren erscheinen in der folgenden Zeit. In all diesen Machwerken wird Joséphine als vorbildliche Royalistin, als ergebene Beschützerin von Thron und Altar hingestellt. Schließlich kann man sogar lesen, sie sei an der angeblichen Entführung von Ludwig XVII. aus dem Gefängnis beteiligt gewesen!

Bis zur Unkenntlichkeit verwandelt, wird Joséphine zur *Mater Patriae*, zu einer Art Schutzmantelmadonna, deren Güte Frankreich vor der Grausamkeit des korsischen Ungeheuers beschützt hat.

Von dieser Heiligenlegende profitieren zunächst Joséphines Kinder. Eugène und Hortense sind als einzige vom Befehl Ludwigs XVIII. ausgenommen, den gesamten Besitz aller Mitglieder der Familie Bonaparte zu konfiszieren. Doch diese Gunst währt nicht lange.

»Sie hatte das große Glück, im richtigen Augenblick zu sterben«, schreibt Pasquier. Und hat er nicht recht? In den letzten Wochen ihres Lebens wurde sie noch einmal von allen Parteien umworben. Doch während der Hundert Tage hätte sie sich entscheiden, hätte Partei für die Bourbonen oder für Bonaparte ergreifen müssen. Und alles deutet darauf hin, daß sie sich Napoleon angeschlossen hätte, so wie auch Hortense das getan hat, wodurch sie alles verlor.

In diesem Sinne starb sie tatsächlich im richtigen Augenblick, als Kaiserin und als Freundin von Königen und Fürsten, gefeiert sowohl von den Anhängern des Ancien Régime als auch von den Kindern der Revolution.

ANHANG

Zeittafel

1726 Ankunft der Familie Tascher de la Pagerie auf Martinique

1760 (28. Mai) Geburt von Alexandre de Beauharnais in Fort-Royal auf Martinique

1761 (9. November) Heirat von Joseph-Gaspard de Tascher und Rose-Claire des Vergers de Sannois

1763 (23. Juni) Geburt von Marie-Joseph-Rose de Tascher de la Pagerie in Trois-Ilêts auf Martinique

1773 Eintritt ins Mädchenpensionat in Fort-Royal auf Martinique

1779 (Ende Oktober) Ankunft in Brest mit dem Vater

(10. Dezember) Unterzeichnung des Ehekontraktes mit Alexandre de Beauharnais

(13. Dezember) Kirchliche Trauung in der Kirche Noisy-le-Grand

1781 (3. September) Geburt von Eugène de Beauharnais

1783 (10. April) Geburt von Hortense-Eugénie

(Ende November) Zieht sich in die Abtei von Panthemont zurück

1785 (Juli) Zieht mit ihrem Schwiegervater und ihrer Tante nach Fontainebleau

1788 (Juni) Reist für zwei Jahre nach Martinique

1790 (6. September) Verläßt Martinique

(29. Oktober) Kommt in Toulon an und begibt sich nach Paris

(7. November) Tod von Joseph-Gaspard de Tascher auf Martinique

1794 (21. April) Wird verhaftet und ins *Carmes* in Paris gebracht
(23. Juli) Hinrichtung von Alexandre de Beauharnais
(6. August) Wird aus dem Gefängnis freigelassen
1795 (17. August) Mietet das Haus in der Rue Chantereine
1796 (8. März) Unterzeichnung des Ehekontraktes mit Napoleon Bonaparte
(9. März) Ziviltrauung mit Napoleon Bonaparte
(26. Juni) Reist zu Bonaparte nach Italien
1798 (2. Januar) Kehrt nach Paris zurück
(26. März) Kauf des Hauses in der Rue Chantereine
1799 (21. April) Kauf von Schloß Malmaison
(9. November) Staatsstreich vom 18. Brumaire. Bonaparte wird Erster Konsul
1800 (19. Februar) Einzug in die Tuilerien
1802 (3. Januar) Heirat von Hortense de Beauharnais mit Louis Bonaparte
(11. Oktober) Geburt des ersten Enkels, Napoléon-Charles
1804 (18. Mai) Wird zur Kaiserin der Franzosen proklamiert
(2. Dezember) Wird in Notre-Dame von Napoleon gekrönt
1805 (April – Juli) Italienreise anläßlich Napoleons Krönung zum König von Italien
(Dezember) Hält sich in München auf
1806 (14. Januar) Heirat von Eugène de Beauharnais und Auguste von Bayern
1807 (5. Mai) Tod des Enkels Napoléon-Charles
(2. Juni) Tod von Mme. de la Pagerie
1808 (20. April) Geburt des Enkels Louis-Napoléon, genannt ›Qui-Qui‹, zukünftiger Napoleon III.
1809 (15. Dezember) Scheidung von Napoleon

1810 (April/Mai) Erster Aufenthalt im Schloß von Navarra
(September/Oktober) Schweizreise
(Ende Oktober) Kauft ein Schlößchen bei Genf
1814 (6. April) Abdankung Napoleons
(29. Mai) Stirbt auf Malmaison im Alter von 51 Jahren
(2. Juni) Bestattung in Rueil

Bibliographie

Aubenas, Joseph: *Histoire de l'impératrice Joséphine* (Paris, 1857)

Avrillion: *Mémoires sur la vie privée de Joséphine* (Paris, 1833, 2 Bde.)

Castelot, André: *Joséphine* (Paris, 1964)

Driault, Edouard: *L'Impératrice Joséphine* (Paris, 1928)

Ducrest, Georgette: *Mémoires sur l'impératrice Joséphine* (Paris, 1828, 3 Bde.)

Fleischmann, Hector: *Joséphine infidèle* (Paris, 1910)

Gavoty, André: *Les amoureux de l'impératrice* (Paris, 1961)

Hanoteau, Jean: *Joséphine avant Bonaparte* (Paris, 1935)
Les Beauharnais et l'Empéreur (Paris, 1936)

Hastier, Louis: *Le grand amour de Joséphine* (Paris, 1955)

Imbert de Saint-Armand, Arthur-Léon: *La jeunesse de l'impératrice Joséphine* (Paris, 1883)
La citoyenne Bonaparte (Paris, 1885)
La femme du Prémier Consul
La cour de l'impératrice
Les dernières années de l'impératrice Joséphine

Knapton, Ernest John: *Empress Josephine* (Harvard University Press, 1963)

Masson, Frédéric: *Joséphine de Beauharnais* (Paris, 1898)
Madame Bonaparte (Paris, 1920)
Joséphine, impératrice et reine (Paris, 1899)
Joséphine repudiée (Paris, 1900)

Mauguin, Georges: *L'Impératrice Joséphine, anecdotes et curiosités* (Paris, 1954)

Pichevin, René: *Impératrice Joséphine* (Paris, 1909)
Sainte-Croix de la Ronciere: *Joséphine impératrice des Français* (Paris, 1934)
Tourtier-Bonazzi, Chantel: *Napoléon, Lettres d'amour à Joséphine* (Paris, 1981)
Turquan, Joseph: *La générale Bonaparte* (Paris, 1895)
L'Impératrice Joséphine (Paris, 1896)

Bildnachweis

Archiv für Kunst und Geschichte, Berlin
Seite 5, 34, 41, 101, 146, 157, 163, 173, 176, 183, 199, 217, 229, 237, 254, 265, 268/269

Interfoto, München
Seite 12/13, 102/103, 115, 128, 143, 151, 170

Süddeutscher Verlag, Bilderdienst, München
Seite 15, 25, 56/57, 73, 107, 137, 233, 250/251, 280/281

Historisches Farbarchiv Albert Messerklinger, München
Seite 19, 26, 190, 203

Bildarchiv Preußischer Kulturbesitz, Berlin
Seite 31, 51, 63, 66/67, 75, 80/81, 89, 91, 119, 125, 155, 159, 161, 167, 179, 186/187, 196/197, 209, 215, 228, 234, 235, 239, 243, 245, 249, 258/259, 275

Keystone Pressedienst, Hamburg
Seite 69, 84/85, 96/97, 111, 134

Archives de la Manufacture Nationale des Sèvres
Seite 94

Personenregister

Aiguillon, Armand-Désiré du Plessis de Richelieu, Duc d' 62, 64
Aiguillon, Jeanne-Victoire-Henriette de Navailles, Duchesse d' 76, 83, 104
Alexander I., Zar von Rußland 218, 237, 242, 273, 276 ff.
Amelot du Chaillou, Monique-Euphraisie Durollet 64
Amélie (Enkelin) 260
Angoulême, Louis-Antoine de Bourbon, Duc d' 168 f.
Antraigues, Emmanuel-Louis-Henri de Launay, Comte d' 174 f., 182
Appiani, Andrea 204
Arberg, Françoise-Claude d' 184, 257
Arenberg, Stéphanie de Tascher, Duchesse d' 219
Arnault, Antoine-Vincent 108 f.
Artois, Charles-Philippe, Comte d' 168, 171, 175
Aubusson de la Feuillade, Pierre-Raymond-Hector, Comte d' 184
Augié, Mlle. 148
Auguste (Enkel) 261 ff.
Auguste-Amalie von Bayern, Vizekönigin von Italien 232, 260 ff., 271, 281
Avrillion, Marie-Jeanne-Pierrette 270, 274

Ballouhey, Jean-Claude 220, 222, 225
Barère de Vieuzac, Bertrand 68, 71
Barral, Louis-Mathias de 281
Barras, Paul-François-Jean-Nicolas, Vicomte de 71, 82, 91 94, 96–100, 105, 108, 110, 113, 124 f., 132 f., 138 ff., 145 f., 148 f., 153 f., 158, 222, 230
Bassan, Mme. 188
Baudin, Nicolas 208, 210
Bausset, Louis-François-Joseph de 244
Beauharnais, Alexandre-François-Marie 14, 21, 27–30, 32 f., 35–40, 42 ff., 45–50, 52–55, 57, 61–65, 67 f., 70–74, 76–81, 83, 89 f., 106, 109, 112, 122, 132, 140, 182, 185, 220

Beauharnais, Claude, Comte de 220
Beauharnais, Claude, Comte de (Großvater v. A.) 19
Beauharnais, Claude de (Onkel v. A.) 37
Beauharnais, Eugène, Vizekönig von Italien 43, 47, 54, 56, 67, 77 f., 83, 96, 98, 105, 136, 144 f., 152, 188, 201 f., 217, 219, 221 ff., 230–233, 236, 241 f., 256 f., 260 ff., 267, 271–274, 277 ff., 283
Beauharnais, François de (Bruder v. A.) 37, 72, 166, 220
Beauharnais, François, Marquis de (Vater v. A.) 27 ff., 32 f., 35 f., 39, 43, 50, 55, 58, 77
Beauharnais, Françoise-Marie, Marquise de 72
Beauharnais, Hortense, Königin von Holland 47, 54 ff., 67, 73, 76 ff.,96, 104, 118, 123 f., 138, 140, 143, 148, 152, 162 f., 169, 173, 194, 199, 201 f., 213, 217, 219, 222 f., 226 f., 230, 232, 234 f., 244, 260, 263 f., 267, 270, 274, 277, 279, 281, 283
Beauharnais, Marie Pyvart de Chastullé, Marquise de (Mutter v. A.) 21, 26, 32
Beauharnais, Marie-Anne-Françoise ›Fanny‹ de 48, 72, 220
Beauharnais, Renée Hardouineau de 19
Bégon, Michel 37
Bernadotte, Jean-Baptiste-Jules 151 ff., 271
Berry, Charles-Ferdinand de Bourbon, Duc de 277
Berthault, Louis-Alexandre 120 ff., 126, 143, 235, 245
Bertrand, Henri-Gratien, Comte 133
Bertrix, Jacob-Pierre de 259 f.
Bessières, Jean-Baptiste 199
Béthisy, Anne-Julie de 71, 74
Béthisy, Eléonore Sutton, Vicomtesse de 56
Béthisy, Eugène-Marie, Vicomte de 56
Béthisy, Marie-Catherine de 53, 56
Blücher von Wahlstatt, Gebhard Leberecht Fürst 271
Bodin, Louis, Charles und Victor 132 f., 135 f., 138, 149
Bonaparte, Caroline, Königin von Neapel 169
Bonaparte, Jérôme, König von Westfalen 105
Bonaparte, Joseph, König von Neapel und Spanien 9 f., 105, 108, 126, 135 f., 139, 144, 164, 171, 219, 226 f., 241
Bonaparte, Letizia 105, 199
Bonaparte, Louis, König von Holland 9 f., 105, 145, 172 f., 226, 234
Bonaparte, Louis-Napoleon, Napoleon III. 263 f., 270
Bonaparte, Lucien 10, 105, 164, 172, 201, 226
Bonaparte, Napoleon I. 9 ff., 14, 64, 71, 83, 97 f., 101, 104–114, 116–124, 126 f., 130–133, 135 ff., 139,

141–145, 147, 150–158, 160–174, 176–185, 188, 191–194, 196, 199–202, 207, 211 ff., 216, 218, 222 f., 225–236, 238–246, 248–253, 255 ff., 259, 261, 266 f., 271–274, 276, 278, 282 f.
Bonaparte, Napoleon-Charles (Enkel v. J.) 202, 227, 234, 263, 270
Bonaparte, Napoleon-Louis (Enkel v. J.) 263
Bonaparte, Napoleon-François-Charles-Joseph, König von Rom, Napoleon II. 259 f.
Boos, Franz 207
Boscawen, Édouard 18
Bosio, François-Joseph 202
Botot, François-Marie 71, 125, 133, 148
Bourrienne, Louis-Antoine Fauvelet de 136, 142, 201, 213
Boze, Joseph 55
Brigitte (Sklavin) 49
Bruix, Eustache 158
Brune, Guillaume-Marie Anne 138
Brunville, Angélique-Marie des Vaux de Saint-Maurice 112

Cabarrus, François 82
Cadoudal, Georges 171, 175
Calmele, Étienne-Jacques-Jérôme 105
Cambacérès, Jean-Joseph-Régis de 178
Cambis, Adélaide-Louise Le Lièvre de la Grange 139 f.
Campan, Jeanne-Louise-Henriette Genet 96, 124, 148, 188, 220
Canova, Antonio 202
Cartellier, Pierre 202
Caulaincourt, Armand-Auguste de 64, 242, 273
Caulaincourt, Gabriel-Louis, Marquis de 64
Chaptal, Jean-Antoine 205
Charles, Louis-Hippolyte Quentin 110, 113, 115 f., 123 f., 127, 130, 132 f., 135, 143, 225, 261
Chastenay, Victorine de 56, 276
Chateaubriand, François-René, Vicomte de 208
Chéron, Mme. 221
Chevreuse, Françoise-Marie-Félicité-Hermessinde de Narbonne-Pelet 184
Clermont-Tonnerre, Stanislas-Marie-Adélaide, Comte de 62
Cobenzl, Johann Ludwig Joseph Graf 126
Cochelet, Louise 278
Colle, Jean-Théodore 140
Collot, Jean-Pierre 121, 222
Collot d'Herbois, Anne-Catherine-Joséphine Catoir 222
Compoint, Louise 133
Condé, Louis de Bourbon de 175
Constantin, Guillaume-Jean 204
Corneille, Arie 207
Corvisart, Jean-Nicolas Baron 189

Crillon, François-Félix-Dorothée de Balbis de Berton, Duc de 64
Croisoeuil, Jeanne-Rose-Désirée Hoste, de 76
Custine, Delphine de Sabran de 76

Dalberg, Carl Theodor von 219
Danton, Georges-Jacques 72
Daru, Pierre-Antoine-Noel-Bruno, Comte 217
David, Jacques-Louis 205
Decaen, Charles-Mathieu-Isidore 210
Delarive, Pierre-Louis 205
Delarue, Louis-François 223
Demarne, Jean-Louis 203
Denuelle de la Plaigne, Éléonore 236
Deschamps, Jean-Marie 193
Desrez, Louis 87
Devin de Fontenay, Jean-Jacques 82
Divoff, Elisabeth Petrovna Boutourline 165
Dou, Gérard 204
Dubois de Crancé, Édouard-Louis-Alexis 154
Ducos, Pierre-Roger, Comte 160
Ducrest, Georgette 14
Duperreux, Alexandre-Louis-Robert Millin 203
Dupont, Denis-Julien 207
Dupoert, Bernard-Jean-Marie 133
Duroc, Géraud-Christophe de Michel 199, 227
Emmery, Jean-Marie-Joseph 87, 99
Enghien, Louis-Antoine-Henri de Bourbon, Duc d' 175 ff.
Enville, Marie-Louise-Nicole de la Rochefoucauld, Duchesse d' 28 f.
Ernouf, Jean-Augustin 210
Estissac, Marie de la Rochefoucauld, Duchesse d' 28
Eugénie (Enkelin v. J.) 261

Fain, Agathon-Jean-François, Baron 270
Ferdinand III., Großherzog von Toskana 117
Ferdinand IV., König von Sizilien 202
Ferdinand VII., König von Spanien 241
Fesch, Joseph Kardinal 116, 199, 230
Foncier, Edme-Marie 216, 223
Fontaine, Pierre-François-Léonard 195, 198
Fouché, Joseph 82, 153–156, 158, 166, 170 ff., 237 ff., 242
Franklin, Benjamin 28
Franz II., als Franz I. Kaiser von Österreich 126, 231
Fréron, Stanislas-Louis-Marie 82
›Freundin von Paris‹ 174 f., 182
Friedrich I., König von Württemberg 112 ff., 116 f.
Friedrich-August I., König von Sachsen 245
Friedrich-Wilhelm III., König von Preußen 270, 278

Gazzani, Charlotte
Bartoni 193, 226
Genlis, Stéphanie-Félicité du
Crest de Saint-Aubin de 64,
193
George, Marguerie-Joseph
Weimer 226
Gérard, François-Pascal-Simon
Baron 204
Gohier, Louis-Férôme 150 f.,
153–158, 160
Gohier, Madeleine-Louise-
Charlotte Dumoulin 150,
156 ff.
Gontier 86
Grassini, Giuseppina 225
Grace, Charles-Alexandre Rase,
Comte de 185
Gros, Antoine-Jean Baron 204
Guérin, Pierre-Narcisse 205

Hamelin, Antoine-
Romain 112 ff., 116 f.
Harville, Louis-Auguste
Juvénal, Comte d' 185
Hébert, Jacques 72, 74
Hérault de Séchelles, Marie-
Jean 64
Herbault (Kammerdiener) 189
Hoche, Lazare 76, 92
Hohenlohe-Sigmaringen,
Amalia von 64
Horeau, C.E. 99
Hosten-Lamotte, Marie-
Françoise de Louvigny 65,
70, 74, 76
Hottinguer, Jean-Conrad 99
Hüe, François 56

Isabey, Jean-Baptiste 201, 204

Janssens, Jean-Guillaume 210
Joséphine (Enkelin) 262
Jourdan, Jean-Baptiste, Comte
153
Jubié, Pierre-Joseph-Fleury
135 f.
Junot, Andoche, Duc
d'Abrantès 116, 131, 133,
142 f., 199
Junot, Laure-Adélaide-
Constance Permon, Duchesse
d'Abrantés 201

Karl, Großherzog von Baden
220
Karl IV., König von Spanien
241
Karl-Emanuel IV., König von
Sardinien 113
Kennedy, John 207
Krény, Mme, de 86, 148, 151

La Bussière, Hippolyte
Delpeuch de 83
Lacoste, Mlle. 193
La Fayette, Adrienne de
Noailles de 83
La Fayette, Marie-Joseph,
Marquis de 28, 63 f.
Lafitte, Louis 195
La Gallissonière, Jeanne Poisson
de Malvoisin de 104
Lahorie, Victor-Claude-
Alexandre Fanneau du 140 f.
Lally-Tollendal, Trophime-
Gérard, Marquis de 62
Lameth, Marie-Anne de Picot de
Chateaumorand de 76, 104
Lannes, Jean, Duc de
Montebello 199

La Place, Marie-Anne-Charlotte Courty de 77 f., 86, 222
La Rochefoucauld, Adélaide-Marie-Françoise Pyvart de Chastulé de 167, 182, 189, 220, 257
La Rochefoucauld, Louis-Alexandre, Duc de 28, 30, 43, 52, 62, 68
Lastic-Vigouroux, Gertrude-Charlotte-Marguerite-Octavie de Lastic-Sieujac de 152
Lauriston, Claudine-Antoinette-Julie Le Duc, Marquise de 201
La Valette, Antoine-Marie Chamans, Comte de 184, 199, 220
La Valette, Emile de Beauharnais de 184, 220
Lebrun, Charles-François 168
Leclerc (Hauptmann) 166
Leclerc, Claude 189
Leclerc, Victor-Emmanuel 110, 116, 131
Lecomte, Hippolyte 203
Le Couteulx du Molay, Jacques-Jean 147
Lee, John 207
Lefèvre, Euphémie 222
Lejeune du Gué, Louis-Jules 220
Le Marois, Jean-Léonor-François, Comte 105
Léon, Comte de 236
Leopold I., Herzog von Sachsen-Coburg-Gotha, König von Belgien 276
Leopold II., König von Österreich 65
Leroy, Louis-Hippolyte 192, 212 f., 278
Levassor de la Touche, Louis-Charles 21
Liancourt, François-Alexandre-Frédéric de la Rochefoucauld, Duc de 61
Longpré, Marie-Françoise-Laure de Girardin de 49, 50, 52
Louis (Sklave) 49
Louis-Napoleon s. Bonaparte
Luçay, Jeanne-Charlotte-Félicité 174
Ludwig XIV., König von Frankreich 9
Ludwig XV., König von Frankreich 18, 131, 222
Ludwig XVI., König von Frankreich 18, 55, 61, 63, 70, 161, 221, 277
Ludwig XVII., König von Frankreich 283
Ludwig XVIII., König von Frankreich 153, 166–169, 174, 272, 274, 277, 282 f.

Mac Dermott, Patrice 96
Mackau, Annette von 257
Malet, Charles-François de 141, 267, 270
Mallard (Amme) 221
Marbot, Jean-Baptiste-Antoine-Marcelin, Baron 212
Marco de Saint-Hilaire, Louise-Françoise Besson 188
Maret, Hugues-Bernard, Duc de Bassano 235
Maret, Marie-Madeleine Lejas, Duchesse de Bassano 184

Marguerite, Bernard-Amand 216
Maria Feodorovna, Zarin von Rußland 240
Marie-Antoinette, Königin von Frankreich 70, 96, 117, 162, 277
Maria-Josepha von Sachsen 18
Marie-Louise, Kaiserin von Frankreich 212, 214, 255, 259, 271
Marion (Amme) 24
Marmont, Auguste-Frédéric-Louis Viesse de, Duc de Raguse 113
Marmont, Hortense Perregaux, Duchesse de Raguse 141
Maximilian I. Joseph, König von Bayern 232, 245
Menou, Jacques-François de Boussay, Baron de 62, 64
Metternich, Klemens Wenzel Fürst von 237
Michael Pavlovitsch, Großfürst von Rußland 278
Miot de Mélito, André-François, Comte de 116, 164, 177 f.
Mirabeau, Honoré-Gabriel Riqueti, Comte de 63
Monaco, Honoré IV. Grimaldi, Fürst von 83
Montglas, Charles 112, 114
Montesquiou, Louise-Charlotte-Françoise Le Tellier de Louvois de 260
Montesson, Jeanne-Charlotte Bérault de la Haye du Riou, Marquise de 64, 162, 166
Montholon, Charles-Tristan, Comte de 158
Montmorency, Anne-Louise-Carolone Gouyon de Matignon, Duchesse de 184
Montmorency-Laval, Mathieu-Jean-Félicité, Duc de 62
Montmorin, Anne-Pauline Chaspoux de Verneuil de 71, 166, 222
Montmorin, Luce, Comte de 56, 71
Moore, Sir John 20
Moreau, Jean-Victor 153, 175
Mortemart, Anne-Éléonore-Pulchérie de Montmorency de 184
Moulins, Marquise de 56, 71
Murat, Joachim, König von Neapel 10, 108 f., 131, 169, 271

Nadau du Treil, Charles-François-Emmanuel 20 f.
Napoleon s. Bonaparte
Nikolaus I., Zar von Rußland 278

Orange, Guillaume I., Prince d' 200
Orléans, Louis-Philippe, Duc d' 62, 162
Orléans, Louis-Philippe, König von Frankreich 168
Orléans, Louis-Philippe-Joseph, Duc d', ›Philippe-Égalité‹ 62, 71
Orléans, Marie-Amélie, Königin von Frankreich 218
Ouvrard, Gabriel-Julien 92, 131, 223

Paisello, Giovanni 201
Pancémont, Antoine Mayneaud, Abbé de 71
Pasquier, Étienne-Denis 70, 93, 165, 176, 246, 283
Patricol, Antoine 28 f., 39 f., 43
Percier, Charles 195, 198
Perregaux, Alphonse-Claude-Charles-Bernadin, Comte 99, 131
Pichegru, Jean-Charles 175
Pius VII., Papst 11, 14, 122, 230
Potter, Paulus 204
Poussin, Nicolas 204
Pradt, Dominique-Georges Dufour de 230
Prud'hon, Pierre-Paul 204 f.

Rapp, Jean, Comte 199
Raucourt, Françoise-Marie-Antoinette Saucerotte, la 208
Réal, Pierre-François 68, 71, 172
Redouté, Pierre-Joseph 205, 208
Regnaud de Saint-Jean-d'Angély, Michel-Louis-Étienne, Comte 247
Rembrandt, Harmenszoon van Rijn 204
Rémusat, Antoine-Laurent de 176
Rémusat, Claire-Élisabeth-Jeanne Gravier de Vergenne de 11, 174, 178, 180, 226, 251, 257
Renaudin, Alexis de 20, 23
Renaudin, Marie-Euphémie-Désirée de Tascher de la Pagerie de 17, 20–24, 27–30, 32–38, 40, 42 ff., 48–51, 53 ff., 57, 118, 162
Reubell, Jean-François 132 f.
Rible, Agathe 86
Robbé de Lagrange, Joseph-Pierre-Honoré 112, 114
Robespierre, Charlotte 64
Robespierre, Maximilien de 64, 70, 72, 74, 82, 86, 90
Rochambeau, Jean-Baptiste de Vimeur de 65
Roederer, Pierre-Louis, Comte 162, 164, 207, 227, 230
Roehn, Adolphe-Eugène-Gabriel 203
Rohan-Chabot, Alexandre-Louis de 28 f.
Rohan-Chabot, Armand-Charles de 28 f., 68
Rougemont du Löwenberg, Denis de 59, 99
Rousselin de Saint-Albin, Alexandre 151 f.
Roustan, Raza 226

Saint-Léger de la Saunaye, Marquis de 37
Salm-Kyrburg, Frédéric III. von 64, 67, 76, 81
Saulx-Tavannes, Aglaé-Marie-Louise de Choiseul-Gouffier, Duchesse de 165
Saulx-Tavannes, Charles-Marie-Casimir, Duc de 166
Savary, Anne-Jean-Marie-René, Duc de Rovigo 201

Savary, Marie-Charlotte-Félicité de Faudoas-Barbezan 184
Schérer, Barthélémy-Louis-Joseph 104, 132 f., 141
Schwarzenberg, Charles-Philippe de 271
Ségur, Philippe-Henri, Marquis de 43, 45
Sieyès, Emmanuel-Joseph 152 ff., 158, 160
Sophie von Sachsen-Coburg-Gotha 276
Stephánie de Beauharnais, Großherzogin von Baden 220, 230

Talhouet, Élisabeth-Françoise Baude de la Vieuville, Marquise de 174 f., 182
Talleyrand-Périgord, Charles-Maurice de, Prince de Bénévent 127, 129 f., 153 f., 158, 168, 175, 200, 242, 274
Tallien, Jean-Lambert 68, 71, 83, 88, 91, 100, 105, 154
Tallien, Joséphine de Narbonne-Pelet 222
Tallien, Thérèse Cabarrus 82, 88, 91 ff., 96, 100, 104, 114, 123 f., 154, 191
Talma, François-Joseph 95, 201
Talma, Julie Carreau 95, 136
Tascher, Amélie von der Leyen de 219
Tascher, Charles-Marie (Tascher l'Aîné) 219, 264
Tascher, Henri, Comte de 219
Tascher, Louis, Comte de 219
Tascher, Louis-Samuel de 37
Tascher, Marcelle-Clary 219
Tascher, Sainte-Rose de 219
Tascher de la Pagerie, Catherine-Désirée 23, 27, 32
Tascher de la Pagerie, Gaspard-Joseph de 16–19, 21
Tascher de la Pagerie, Joseph-Gaspard de 17 f., 21 ff., 32–37, 44, 46, 50, 59 f., 87
Tascher de la Pagerie, Madeleine de 219
Tascher de la Pagerie, Marie-Françoise Boureau de la Chevalerie 17, 21, 23 f.
Tascher de la Pagerie, Marie-Françoise ›Manette‹ de 23, 33 ff., 46
Tascher de la Pagerie, Marie-Françoise-Rose ›Rosette‹ de 17, 219
Tascher de la Pagerie, Marie-Paule 17, 21
Tascher de la Pagerie, Robert-Marguerite, Baron de 17, 59 f., 219
Tascher de la Pagerie, Rose-Claire des Vergers de Sannois de 22 f., 87, 218 f.
Tascher de la Pagerie, Stanislas-François-Marie de 18
Thibaudeau, Antoine-Claire, Comte 165, 172, 207
Thibault, Jean-Thomas 198
Thouin, André 205
Trutat, Denis 59
Turgot, Anne-Robert-Jacques 29

Vadier, Marc-Guillaume-Albert 71 f.
Van Bree, Mathieu-Ignace 203

Van Dyck, Anton 204
Ventenat, Étienne-Pierre 208
Vergers de Sannois, Joseph de 23
Vignon, Barthélemy 198
Vilmorin-Andrieux 207
Virolle 79

Walewska, Marie Laczynska Fürstin 236